2012 年国家自然科学基金项目：城市公共基础设施利用效益研究
项目批准号：71273186
天津商业大学青年科研培育基金项目：公共住房建设与管理的模式创新及政策协同研究

房地产市场管理

Administration of the Real Estate Market

席 枫 著

南开大学出版社
天 津

图书在版编目(CIP)数据

房地产市场管理／席枫著. —天津：南开大学出版社，2015.2

ISBN 978-7-310-04762-8

Ⅰ.①房… Ⅱ.①席… Ⅲ.①房地产市场—市场管理 Ⅳ.①F293.35

中国版本图书馆 CIP 数据核字(2015)第 031361 号

南开大学出版社出版发行

出版人:孙克强

地址:天津市南开区卫津路 94 号　邮政编码:300071

营销部电话:(022)23508339　23500755

营销部传真:(022)23508542　邮购部电话:(022)23502200

*

天津午阳印刷有限公司印刷

全国各地新华书店经销

*

2015 年 2 月第 1 版　2015 年 2 月第 1 次印刷

230×170 毫米　16 开本　18.625 印张　2 插页　330 千字

定价:40.00 元

如遇图书印装质量问题,请与本社营销部联系调换,电话:(022)23507125

顾问寄语

运用科学理论就我国房地产市场发展必经阶段的重要研究课题和重大民生问题开展了富有特色的分析和思考，很有意义。

——李家祥

运用历史唯物主义的科学研究方法，依托马克思主义经济学的生产方式理论、地租理论和生产价格理论等科学分析范式，深刻阐述我国房地产市场存在的基本问题和基本规律。从生产力和生产关系的矛盾运动中，解释了房地产市场存在的诸多问题及其变迁；在历史形成的社会经济结构的整体约束下，解释了房地产市场的个体经济行为；在房地产市场发展与管理的社会实践中，才能最终实现房地产经济发展合规律性与合目的性的统一。这种分析，既有助于拓展马克思经济学的研究广度和研究深度，也有助于房地产市场实现可持续的理性繁荣。

——张宇

房地产市场既是商品市场，也是资本市场，与人民群众的生产、生活息息相关，也与资本运动紧密相连。中国的房地产市场，还是政府高度介入的市场。房地产市场是各种主体参与和较量的场所，是高度敏感区和利益交集点。对房地产市场的管理非常重要，难度极大。希望席枫博士的著作能够给广大读者带来启示和收获，推动我国的房地产市场逐渐走向理性和秩序。

——丁为民

房地产市场正处于新型城镇化和新型工业化快速发展的历史时期，借助于理论模型工具和计量模型工具，深入研究房地产市场错综复杂的基本国情和表象掩盖的客观规律，有助于破解房地产市场管理难题。

——孙钰

一个古老的文明国家像这样从工场手工业和小生产向大工业过渡，并且这个过渡还由于情况极其顺利而加速的时期，多半也就是“住房短缺”的时期……在伦敦、巴黎、柏林和维也纳这些地方，住房短缺曾经具有急性发作的形式，且现在多半还像慢性病似地继续存在着。

目前报刊上十分引人注目的所谓住房短缺问题，并不是指一般工人阶级住房恶劣、拥挤、有害健康。这种住房短缺并不是现代特有的现象……而今天所说的住房短缺，是指工人的恶劣住房条件因人口突然涌进大城市而特别恶化；房租大幅度提高，每所住房更加拥挤，有些人根本找不到栖身之处。

——Engels，*“On Residential Issue”*，
1887 年第二版（原文是德文，
选自《马克思恩格斯全集》
第 21 卷第 372~382 页）

前 言

房地产市场管理是房地产经济学的一个分支，其研究领域为房地产市场化与房地产生产、再生产过程中所出现的房地产经济、房地产调控、住房建设与住房保障规律，是研究和阐述城镇化过程中房地产健康发展与房地产经营管理等生产关系的学科。由于中国目前的房价上涨成为全社会普遍关注的社会问题，加之中央政府调控房价的基调很明确，那就是让全国人民实现“居者有其屋”的生活理想，这必然不能允许房价过度上涨。然而，目前的商品房价格不仅存在继续上涨的市场动力，而且存在继续上涨的地方政府动力。于是，有效管理房地产市场，已经成为中央及地方政府宏观调控的主要任务之一。

运用历史唯物主义研究方法，本书从马克思主义理论的经典文献中发现，支撑房价上涨的理论有三个：其一是生产方式理论，其二是地租理论，其三是生产价格理论。恩格斯（1872）认为，房价上涨是资本主义生产方式下不可避免的问题，而解决办法在于消灭资本主义生产方式。《资本论》第三卷和大卫•李嘉图（2005，中译本）的地租理论都认为，农产品的高价值导致了地租的高价格，是土地产品的价格决定了土地的地租，而不是相反。这一观点引入房产领域，就形成了房价决定地价的重要理论。此外，生产价格形成后，生产价格已经成为商品交换的基础，而市场价格以生产价格为中心，不再以价值为中心上下波动。因此，在分析房屋价格问题上的着眼点是生产价格，在房屋交换问题上的着眼点也应该是生产价格，而不再是价值本身。

历史经验表明，房价上涨和住房短缺问题是工业化过程带来的必然结果之一，是单纯市场经济制度下难以避免的。恩格斯（1887）在其名著《论住宅问题》第二版序言中曾经指出：“一个古老的文明国家像这样从工场手工业和小生产向大工业过渡，并且这个过渡还由于情况极其顺利而加速的时期，多半也就是‘住房短缺’的时期。”大批农村工人被吸引到以工业为中心的大城市的同时，老城市的布局由于不适应大工业的条件和交通状况而大批拆除工人住房。于是，普通工人的住房短缺问题急性发作。中国目前正在加快进行工业化和城市化建设，而工业化和城市化过程中必然会发生房价过高和住房短缺等问题。此外，导致房价上涨的现实因素，还有房改政策因素和普遍存在的“圈房运动”等。

中国目前房价上涨的微观依据是房屋有效供给不足。如果有效供给增量持续小于市场需求增量即△S＜△D，如果卖方市场不能转变成买方市场，如果不存在其他强势外生变量的系统性风险，我国未来的房价总体上仍然会趋于上涨。因此，房产市场的有效供给不足以满足市场需求，成为中国目前房价上涨的根本原因。

而对房屋属性的诸多模糊认识使得中国的住房制度改革沿着市场化的方向越走越远，甚至忽视了社会主义制度的制度属性。这不仅影响到中国住房市场的健康发展，而且为今后的政策调控增加了难度，甚至还可能会错失最佳调控时机。国务院参事陈全生（2011）认为，只有把房地产市场的投机炒作清除出去，恢复住房的居住功能而非投资功能，房地产市场才能够正常发展。

2011 年底至 2013 年中期，中国的房地产市场已经出现类似于当年美国、日本房地产市场的危险信号与泡沫特征，比如对房价只涨不跌的乐观预期、金融机构聚集资金大规模进入的无序性、企业抽调生产资金从事房地产投资的盲目性以及局部地区商品房的大量闲置等。而马克思经济周期理论告诉我们，经济具有复苏、高涨、危机、萧条的循环变化。中国房价持续上涨的时候，其实也是积累泡沫等危机因素的阶段，房价越是高涨，也就越是预示着风险的加剧和房价掉头下跌的危险。

一旦中国潜在的房价风险变成现实，其可能性后果将是极其严峻和极具打击性的。房价快速上涨的经济风险在于房地产行业及其相关产业将会迅速下滑；失业将会急剧增加，诸多已经买房且正在还贷的“房奴”甚至会迅速破产；经济增长可能会严重下滑甚至不增长；转变经济发展方式与建设消费型社会或许将推迟实现等。而房价的不断上涨及其引发的社会后果等问题，却很有可能弱化党的执政基础，甚至是破坏执政党的社会基础，并加剧国际风险。房地产领域在很大程度上已经聚集了中国经济、政治和社会等各个方面的矛盾与问题，房地产行业也已经成为中国政府目前所面临的最大政策挑战之一。

本书要说明的问题是，实现经济发展对执政党非常重要，但并非所有类型的经济增长都对执政党有利。只有那些对社会有利的经济增长，才可能会有利于党的长期执政。如果房地产泡沫只是经济泡沫，问题还可以解决。一旦形成严重的政治后果，社会的稳定或者政权的安全就会变成更加棘手的问题。而且祛除严重的经济政治后果，越早越好，其原因非常简单，就是涉及严重后果的人数少而且社会危害程度也低。如果到一个社会大多数人都难以忍受的时候，势必会影响社会稳定和党的执政基础。[①]

---

①郑永年.中国“圈房运动”弱化执政党社会基础.新加坡联合早报，2010 年 4 月

在解决房价问题的对策方面，我们从恩格斯的观点可以知道，单纯依靠市场经济的自发力量是不可能解决普通百姓尤其是低收入阶层的住房短缺问题的，要想彻底解决房价上涨和住房短缺这个难题，只有依靠社会主义制度的制度力量。展望未来，也正是因为房地产行业聚集着中国经济、社会与政治问题，只要房价问题解决得好，就能够推进全社会各方面的进步，就可以实现经济增长、社会和谐、政治稳定与国家安全。

考虑到目前我国房价走高的复杂性，并为了保证研究结论的科学性，使研究结论有助于指导宏观调控实践，本书采取了多样化的研究方法。具体来说，本书的研究方法主要有以下几种：

（1）文献研究与实证研究相结合。笔者从2006年开始关注房价走高问题，曾经陆续发表多篇文章用于表达学术观点，比如我国高房价下的有效供需分析（《价格理论与实践》，2007），至今依然在关注房价进展和政策调控。同时，更注重查阅已有文献，基本厘清了国内外学者关于房价、土地政策、房产税、限购等问题的研究状况。在撰写的过程中，本书也不断关注房地产市场发展与调控的相关进展情况，并及时作了补充。

（2）理论分析和计量分析相结合。对于货币政策、房产税、供给政策、土地供应模式等问题的探讨，笔者不仅从理论上作分析，而且更重视数据，重视用计量的手段对宏观经济数据加以分析和整理，并对未来的发展趋势作简单分析和预测，期望本书得出的研究结论能够更加真实而可信。

本书试图在房地产市场调控的基本理论、基本定义、基本判断、结构体系等方面做些创新，尽可能做到房地产理论联系实际，但客观上依然存在时间、研究数据等因素的制约，难免存在缺点甚至错误。敬请读者朋友批评指正。

作　者

2013年10月

目 录

第 1 章 绪 论……1
导 言……1
1.1 市场与房地产市场……1
1.2 房地产市场管理的研究对象及其特征……6
1.3 房地产市场的发展时期……7
1.4 房地产市场的主要状况……13
第 2 章 房地产市场发展的理论支撑……23
导 言……23
2.1 生产方式理论……23
2.2 地租理论……26
2.3 生产价格理论……36
2.4 住房市场发展的认识基础……40
第 3 章 房地产市场发展的现实因素……43
导 言……43
3.1 城市化加快进行……43
3.2 工业化快速发展……47
3.3 住房货币化改革需要继续推进……50
3.4 “圈房运动”行为……51
3.5 分税制改革与高地价、高房价……52
3.6 其他影响因素……54
第 4 章 房地产市场发展的微观模型……59
导 言……59
4.1 微观角度的研究成果……59

4.2 微观角度的模型研究 66
第5章 房地产市场发展的协整关系分析 73
导 言 73
5.1 相关理论的简要说明 73
5.2 数据收集与特征分析 81
5.3 协整模型的构建与分析 99
第6章 房地产用地与城镇土地规划利用管理 110
导 言 110
6.1 城镇土地利用规划概述 110
6.2 城镇土地利用规划的国际经验 117
6.3 我国城镇土地利用规划 124
6.4 房地产市场的土地储备与交易方式 131
6.5 房地产市场的用地管理 141
第7章 房地产产权与产权制度管理 144
导 言 144
7.1 房地产市场产权概述 145
7.2 房地产产权制度的国际经验 150
7.3 我国房地产产权登记制度 152
7.4 房地产产权制度管理 157
第8章 房地产金融与融资管理 161
导 言 161
8.1 房地产金融概述 161
8.2 房地产金融的国际经验 164
8.3 我国房地产金融市场 168
8.4 房地产市场的融资管理 172
第9章 房地产税收与税收管理 176
导 言 176
9.1 房地产税收概述 176

9.2 房地产税收的国际经验 179
9.3 我国房地产税收制度 184
9.4 房地产税收管理 192
第 10 章 房地产市场风险与风险管理 196
导 言 196
10.1 不确定性与房地产市场风险概述 196
10.2 风险分析的理论基础 200
10.3 房地产市场风险 205
10.4 国内外房地产市场的风险案例 208
10.5 当前国内房地产市场的价格风险分析 212
10.6 房地产市场的风险管理 222
第 11 章 房地产市场预期与预期管理 226
导 言 226
11.1 预期理论 226
11.2 房地产市场中的预期及其传导机制 233
11.3 房地产市场预期的数据分析 236
11.4 房地产市场的预期管理 245
第 12 章 社会主义制度与住房管理 248
导 言 248
12.1 社会主义制度与房屋属性 248
12.2 社会主义制度下住房问题管理 253
第 13 章 房地产低碳与低碳管理 258
导 言 258
13.1 低碳经济与房地产低碳 258
13.2 国外房地产低碳发展的典型案例 264
13.3 我国房地产低碳发展的现状 269
13.4 房地产低碳发展管理 271
参考文献 275

第1章　绪　论

通过学习本章，可以掌握：

※ 市场与房地产市场的内涵

※ 房地产市场管理的研究对象及其特征

※ 房地产市场的发展时期

※ 房地产市场发展的基本特征

导　言

房地产经济对于国民经济发展来说非常重要，它关系到企业生产与民众就业。什么是房地产市场？房地产市场的发展时期有何不同？房地产市场有什么发展特征？基于房地产市场的现实情况，房地产市场管理的研究对象及其特征又是什么？以上这些问题构成了房地产市场管理的基础知识，本章将分别阐述。

1.1　市场与房地产市场

1.1.1　市场

研究房地产市场管理问题，如同研究其他问题一样，都需要研究被研究主题——市场本身的内容。而且，更多地了解市场自身的内涵与特征，有助于我们了解我国当前的房地产市场所面临的问题。

1.1.1.1　市场的起源

“市场”的称呼起源于古时人类在固定时段或地点进行交易的场所。《周易·系辞》就市场的起源问题写道：“神农日中为市，致天下之民，聚天下之货，交易而退，各得其所。”司马光在《资治通鉴》中也提到：“神农日中为市，致天下之民，聚天下之货，交易而退，此立市始。”这两种说法一致认为，原始市场是从神农氏时代开始出现的。

我国古代社会进入农业时期，社会生产力有了一定发展后，先民们就开始有了少量剩余产品可以交换，因而产生了原始市场：市井。“市”在古代也称为“市井”，这是因为最初的交易都是在井边进行的。《史记·正义》写道：“古者相聚汲水，有物便卖，因成市，故曰‘市井’。”古时在尚未修建正式市场之前，常是“因井为市”。这样做有两点好处：一是解决商人、牲畜用水之便，二是可以洗涤商品。《风俗通》云：“于井上洗涤，令香洁。”后来，陕西省城镇附近，均设有井让商人饮马之用。古时的这一遗风一直延续了下来，直到解放前，仍能在乡镇中见到。“市井”一词也一直沿用至今。

随着社会交易网络虚拟化的快速发展，市场不一定有真实的场所和地点。当今许多买卖都是通过计算机网络来实现的，中国最大的电子商务网站淘宝网就是提供交换的虚拟市场。淘宝网——亚洲第一大网络零售商圈，致力于创造全球首选网络零售商圈，由阿里巴巴集团于2003年5月10日投资创办。淘宝网目前业务跨越C2C（消费者间）、B2C（商家对个人）两大部分。截至2008年，注册用户超过9800万，拥有中国绝大多数网购用户，覆盖了中国绝大部分网购人群；2008年交易额为999.6亿元，占网购市场的80%。[①]

由此可见，市场是社会分工和商品经济发展的必然产物；同时，市场在其发展壮大的过程中，也推动着商品经济和社会分工的进一步发展。市场通过信息机制，直接影响着人们生产什么、生产多少、为谁生产以及上市时间与产品销售状况等环节。市场联结着商品经济发展过程中的产、供、销三方，为产、供、销三方提供交易场所、交易时间以及其他交易条件，以此实现商品生产者、经营者与消费者各自的经济利益。

1.1.1.2 市场概念的一般解释

市场（Market）是由一切具有特定需求和欲望，并且愿意和能够通过交换的方式来满足需求和欲望的顾客构成的。狭义上的市场是买卖双方进行商品交换的场所。广义上的市场是指为了买和卖某些商品而与其他厂商和个人相联系的一群厂商和个人。市场的规模即市场的大小，是购买者的人数。市场体系是由各类专业市场，如房地产市场、文化市场、旅游市场、商品服务市场、金融市场、劳务市场、技术市场、信息市场、服务市场等组成的完整体系。同时，

①乔均.市场营销学.清华大学出版社，2010

在市场体系中的各专业市场均有其特殊功能，它们互相依存、互相制约，共同作用于社会经济。

1.1.1.3 市场的分类

市场按照不同的分类标准可以分成不同类型。按购买者的身份和购买目的，可以分为生产者市场、消费者市场、中间商市场、政府市场。按市场竞争状况，可以分为完全竞争市场、垄断竞争市场、寡头垄断市场、完全垄断市场。按交易对象的最终用途，可以分为生产资料市场、生活资料市场。按交易对象的内容，可以分为商品市场、现货市场、期货市场。按交易对象的物质实体，可以分为有形产品市场、无形产品市场。[①]

1.1.2 市场问题的理论解释

古典经济理论认为市场具有“自由放任”的秩序。亚当·斯密的《国富论》以“个人满足私欲的活动将促进社会福利”为逻辑起点，推演出市场遵循“自由放任”的秩序。政府完全不能干预个人追求财富的活动，也完全不用担心这种自由放任将制造混乱，这是因为“一只看不见的手”将把自由放任的个人经济活动安排得井井有条。也就是说，亚当·斯密的市场概念重点是限制政府对个人经济活动的干预。《国富论》也花相当大的篇幅去抨击干预个人经济活动、限制个人经济权力（产权）的重商主义政策。之后的古典经济学家也一直坚持自由放任的观点。

新古典经济学家Marshall创立了“完美”的价格机制。新古典经济学在引入边际概念和数学论证的基础上，为新古典“自由放任秩序”建立了形式上“完美”的数学模型：一般均衡。在这个模型中价格是最重要的自变量，因此该模型也可以称为价格机制。达到一般均衡的过程，也是社会资源在价格的指引下进行流动的过程，所以，价格机制调节着社会资源的配置。

新古典经济学的市场概念除了增加形式上的“完美”以外，实际上并没有给古典经济理论增加新的思想内涵。也就是说，新古典“完美”的数学模型，依然认可的是古典的自由放任秩序，其“新”主要是“新”在形式上。而且，这种形式上的完美是以牺牲思想上的深度为代价的，精美的一般均衡模型抽象掉了“个人追求满足私欲的活动促进社会福利”的逻辑支撑。

宏观经济学强调“政府干预”。20世纪二三十年代的经济“大萧条”，迫使西方经济理论家反思古典理论对市场的定义。最后发现，完全“自由放任”是

① 科技名词：市场.百科名片.2013

不行的，“看不见的手”有时并不起作用，市场也会失灵，而政府应该对经济活动进行“总量”上的干预，于是创立了“宏观经济学”。罗斯福总统接纳了凯恩斯的建议，实施政府干预经济的“新政”。现在的国际社会在政府干预经济的手段上基本达成共识：财政政策和货币政策。

新制度经济学认为，“产权明确是前提”。同样面对市场失灵，英国著名经济学家科斯却给出了截然相反的回答。他认为，外部性问题无需政府干预，可以通过明确相关产权并利用市场来解决。而张五常尤其强调，市场根本就不存在所谓的外部效用，只存在不明确的产权状态。

如果说古典经济学家阐释了“市场”是“自由放任秩序”，那么科斯就回答了怎么去实现“自由放任秩序”或者“价格机制”。科斯给市场概念带来了革命性的创新。他让人们意识到，市场的关键并不在于非人格化的机械的“价格机制”，而在于经济活动参与者的权力（产权）。①

1.1.3 房地产市场

1.1.3.1 一般解释

房地产市场是指那些从事土地与房产的出售、租赁、买卖以及抵押等交易活动的场所或领域。房地产既包括作为居民个人消费资料的住宅，也包括企事业单位作为生产资料的厂房、办公楼等。所以，住宅市场属于生活资料市场的一部分，非住宅房产市场则是生产要素市场的一部分。

房地产市场实质上是以房地产作为交易对象的流通市场，是房屋商品交换关系的总和。房地产市场流通的房产，有一定的房屋所有权和使用权。狭义的房产，是指已经脱离了房屋生产过程且属于地上物业的房屋建筑物财产。广义的房产，是指房屋建筑物与土地作为一个统一体而构成的财产，包含相应的土地使用权。

房地产市场也是生产要素市场的重要组成部分。由于土地是四大生产要素之一，因而从事土地买卖、租赁、抵押等活动的房地产市场，也是生产要素市场的重要组成部分。在中国，城市土地归国家所有，农村土地归集体所有，不允许永久出让土地所有权。通常情况下，房地产市场的交易活动是土地使用权的转让或者租赁。

1.1.3.2 房地产市场的分类

房地产市场按照不同的标准，有不同的分类。从房地产交易对象角度，房

①科技名词：市场.百科名片.2013

地产市场可以划分为住宅市场和非住宅市场两大类。其中，住宅市场是房地产市场的主体。依据住宅的档次，可细分为豪华型商品住房、普通型商品住房、经济实用型住房和保障型住房四个具体的市场。而非住宅市场也可细分为办公住宅、商用住宅、厂房以及仓库等不同类型的市场。

从房地产组成要素角度，房地产市场可以分为以下几类：

（1）土地使用市场。土地使用市场是指在国家对城市土地使用权进行有偿出让后，那些获得土地使用权的单位或者企事业单位再做有偿转让的场所。

（2）房地产市场。房地产市场是指房产的转让、租赁、抵押等交易活动的场所，包括现房交易场所和期房交易场所两种。

（3）房地产劳务市场。房地产劳务市场是指为房屋住户或用户提供物业管理、房屋修缮、房屋加固、住房改造、危房鉴定、方案设计、房屋室内外装修、房屋附属建筑与设备的维护，以及提供房屋经纪活动等综合服务的市场。

（4）房地产金融市场。房地产金融市场是指通过银行等金融机构，用信贷、抵押贷款、住房储蓄、发行股票、债券、期票等工具进行融资，或者开发企业运用商品房预售方式进行融资的市场。

从房地产流通角度，房地产市场可以分为：

（1）房地产一级市场，又称土地一级市场，实际上是土地使用权出让的市场。国家通过其指定的政府部门，将城镇国有土地或农村集体土地征用为国有土地，之后出让给土地使用者的市场。土地一级市场目前由国家垄断。

（2）房地产二级市场，又称房地产增量市场。房地产二级市场是指生产者或者经营者把新建且初次使用的房屋销售给消费者，主要是消费者与生产者或经营者之间的交易市场。

（3）房地产三级市场，又称房地产存量市场。房地产三级市场是指那些已经购买房地产的单位或个人，再次将房地产租赁或转让的市场。也就是说，房地产再次进入流通领域进行再次交易所形成的市场，即所谓的“二手房”市场。

房地产二、三级市场是房地产一级市场的延伸与扩大，其交易量的增加和交易活动的频繁进行，起到了促进房地产市场繁荣的重要作用。

1.1.3.3 房地产市场的主要作用

（1）能够促进房地产自身的良性发展。房地产市场通过价格机制，能够及时实现房地产商品的价值和使用价值，进而提高房地产业的经济效益，最终促进房地产资源的有效配置与房地产建设资金的良性循环。

（2）能够带动相关产业的快速发展。房地产市场是房地产业进行社会生产和再生产的基本条件，该市场可以带动钢铁、水泥、建筑业、交通、通信、劳动力等诸多产业的较快发展。

（3）能够改良居民的居住环境，提高居民的幸福指数。健康、合理的房地产市场能够引导居民消费结构的合理化，有利于改善居民的居住条件，从而提高居民的居住水平。

由此可见，房地产市场是房地产市场体系中最有代表性的市场，在整个房地产市场体系中处于主体地位，也是其最为重要的组成部分。[①]

1.2 房地产市场管理的研究对象及其特征

1.2.1 房地产市场管理的研究对象

房地产市场管理学研究房地产市场这一特定领域内存在的特有的经济关系和经济规律，主要包括两个方面的内容：

其一是研究房地产市场中人与自然之间的物质交换活动，其中包含土地开发与房屋建设的自然经济关系。人们进入房地产市场的所有索取都有一定的劳动消耗与物质消耗，必然存在相应的投入产出方面的经济效益问题。房地产市场管理也就需要尊重房地产市场中存在的人与自然之间的客观经济规律。这是做好房地产市场管理研究工作的前提。

其二是房地产市场中人与人之间的社会经济关系，比如土地所有权制度、土地使用权制度、房屋所有权制度、房屋使用权制度等。这是因为，无论是什么社会抑或什么社会场合，人们进入房地产市场进行相关交易的直接目的都是要在经济方面有所收获，或是出售土地、房屋的使用权，或是获取土地、房屋的使用权，或是出售、获取房屋商品。这是做好房地产市场管理研究工作的重点。

1.2.2 房地产市场的主要特征

（1）差别性。由于人口数量、生态环境、文化教育、经济发展水平等众多因素的叠加影响，房地产市场在各个地区的供给与需求情况是不尽相同的。

（2）区域性。局部房地产市场供给与需求往往只是明显影响本地区的房地产价格，因此，房地产市场的微观分层特性也较为明显。具体表现在，一个地

①科技名词：房地产市场.百科名片.2013

区或城市土地的不同利用，导致该地区或该城市的不同分区，而且不同分区内的房地产类型存在差异，甚至同一分区内的建筑档次也存在不同程度的差异。[①]

（3）多样性。房地产市场上进行交易的商品，既包括样式不同、用途不同的建筑物，也包括与其相关的各种权利与义务的交易。另外，交易方式不仅有买卖和租赁，还有抵押、典当以及其他的让渡方式。

（4）双重性。房地产商品可以保值甚至增值，有着良好的抵御通货膨胀的能力，因而该商品既可以作为消费品，也可以用作投资品，具有消费与投资的双重属性。而且，房地产商品的投资属性还伴随收入的提高获得进一步的拓展。

（5）不平衡性。房地产市场的供求关系经常会发生失衡状态。虽然价格机制和供求机制等市场机制会调整供求之间的非均衡状态，但众多市场因素的发展变化会不断打破原本的均衡状态。因此，房地产市场供求之间的不平衡性是长时期存在的，而其均衡状态始终是相对的、短暂的。

（6）易涨难跌。以 2013 年 2 月的“国五条”为例，该条款中明确提出要大幅提高首套贷款利率，且对出售自有住房的情况，要按照转让所得的 20%计征所得税。然而，从 2013 年 3 月下旬各地方颁布的实施细则来看，仅有北京等少数地区勉强执行上述条款，其余城市基本没有有效执行。当前中国房价出现易涨难跌的格局明显受到两大因素的影响：一是地方政府对土地出让金的严重依赖，二是地方政府对各项调控政策的有限执行。[②]

1.3 房地产市场的发展时期

有关我国房地产发展阶段划分的研究资料比较多，但本书从房地产价格上涨的角度进行研究后认为，中国房地产行业过热发展的时期，迄今为止大致有两个：一是 1991～1993 年的房地产局部过热时期，二是自 2002 年至今的房地产整体过热时期。

1.3.1 房价上涨的时期研究

1.3.1.1 1991～1993 年的房地产局部过热时期

中国最早的楼市高速上涨阶段，发生于 1991～1993 年海南、广西北海和广

①科技名词：房地产市场.百科名片.2013

②郭施亮. 中国房价为何易涨难跌？价值中国网，2013 年 5 月

东惠州等地区。这主要表现在以下几个方面：

（1）房地产开发投资呈现高速增长态势。20 世纪 90 年代初期，中国南方的部分省市掀起了规模空前的房地产热。1988 年 8 月 23 日，海南岛脱离广东省成为中国第 31 个省级行政区。1992 年，在海南岛注册的房地产公司多达 4020 家；当年的房地产投资额，占到全省固定资产投资总额的 50%。而北海于 1992 年开始执行“土地成片批租、成片开发”政策，全市都是开发区。房地产开发公司从 1992 年年初的 3 家，发展到 1993 年 5 月的 1100 多家。局部的地产过热推高了全国的房地产开发投资规模，房地产开发投资规模的上涨幅度在 1992 年和 1993 年分别高达 117.52%和 164.98%，而房地产投资占固定资产投资规模的比重在 1993 年达到历史性的 14.82%。无论是房地产开发投资规模以及增速，还是房地产投资占固定资产投资规模比重，都明显高于 1988～1991 年的基本情况，其具体数据如表 1-1 所示。

表 1-1　中国 1988～1993 年房地产开发投资基本情况

年份	房地产开发投资规模（亿元）	房地产开发投资增速（%）	固定资产投资总量（亿元）	房产投资占固定资产投资比重（%）
1988	257.23	NA	4753.8	5.41
1989	272.7	5.99	4410.38	6.18
1990	253.3	-7.12	4517	5.61
1991	336.16	32.74	5594.5	6.01
1992	731.20	117.52	8080.09	9.05
1993	1937.51	164.98	13072.31	14.82

资料来源：中国统计年鉴 2010，国家统计数据库；NA 表示此处无数据

（2）土地出让规模和地价呈现高速“双高”增长态势。20 世纪 90 年代初期，海内外炒家云集海南等地，其炒作对象包括土地、报建申请批复、半成品楼以及成品楼，有些土地项目被转手加价 20 次以上，乡村甚至部队营区的土地也被购置。地价从 1991 年的每亩 10 万元，飙升到 1993 年的每亩 600 万元。而广西北海市的土地出让价从 1992 年年初的每亩 9.7 万元，涨到 1992 年 10 月的每亩 120 万元，其速度接近疯狂。1992 年到 1993 年，海南岛全省财政收入的 40%来自海南岛的房地产领域。

（3）房地产价格呈现高速增长态势。海南的商品房均价从 1991 年的 1400

元/平方米，涨到1992年的5000元/平方米，再涨到1993年的7500元/平方米，两年时间暴涨400%以上。而海口1992年的经济发展速度更是因此达到惊人的83%，三亚则高达73.6%。这使得当时全国的房地产价格和销售额都呈现明显上涨的趋势，商品房销售均价的上涨幅度在1992年和1993年分别高达26.51%和29.84%，而商品房销售额的上涨幅度在1992年和1993年更是分别高达79.35%和102.47%。无论是商品房销售均价以及增速，还是商品房销售额以及增速，都明显高于1988～1991年的基本情况，具体数据如表1-2所示。

表1-2 中国1988～1993年房地产价格等相关情况

年份	商品房平均销售价格（元/平方米）	商品房平均销售价格的增速（%）	商品房销售额（亿元）	商品房销售额的增速（%）
1988	502.93	NA	147.22	NA
1989	573.48	14.03	163.75	11.23
1990	702.86	22.56	201.83	23.25
1991	786.19	12.28	237.86	17.85
1992	994.66	26.51	426.59	79.35
1993	1291.46	29.84	863.71	102.47

资料来源：中国统计年鉴1995～2000，国家统计数据库；NA表示此处无数据

1.3.1.2 2002年至今的房地产整体过热时期

中国房地产行业新一轮的过热时期开始于房价快速上涨的2002年，至今已经长达10多年之久。这次房地产的过热发展具有明显特征，那就是全国整体性过热，不再是局部地区性过热。

中国房地产市场整体过热的主要表现，有以下几个方面：

（1）房地产开发投资呈现高速增长态势。全国房地产开发投资自2002年以来持续上涨，甚至在2003年、2007年和2010年分别高达30.33%、30.20%和33.15%，而房地产投资占固定资产投资规模的比重在2003年、2004年、2007年和2008年也都突破了18%。无论是房地产开发投资规模以及增速，还是房地产投资占固定资产投资规模比重，都明显高于1994年至2001年的基本情况，具体数据如表1-3所示。

表 1-3 中国 1994～2011 年房地产开发投资基本情况

年份	房地产开发投资规模（亿元）	房地产开发投资增速（%）	固定资产投资总量（亿元）	房地产投资占固定资产投资比（%）
1994	2554.08	31.82	17042.1	14.99
1995	3149.02	23.29	20019.3	15.73
1996	3216.44	2.14	22913.5	14.04
1997	3178.37	-1.18	24941.1	12.74
1998	3614.23	13.71	28406.2	12.72
1999	4103.20	13.53	29854.7	13.74
2000	4984.05	21.47	32917.7	15.14
2001	6344.11	27.29	37213.49	17.05
2002	7790.92	22.80	43499.91	17.91
2003	10153.80	30.33	55566.6	18.27
2004	13158.30	29.59	70477.4	18.67
2005	15909.25	20.91	88773.6	17.92
2006	19422.92	22.09	109998.2	17.66
2007	25288.8	30.20	137323.9	18.42
2008	31203.2	23.39	172828.4	18.05
2009	36241.8	16.15	224598.8	16.14
2010	48259.4	33.15	251683.80	17.35
2011	61796.9	28.05	311485.1	23.76

资料来源：中国统计年鉴 2000～2012，国家统计数据库

（2）土地出让金和房产税税收都呈现较高增长态势。全国房地产税收收入从 1998 年开始保持上涨，其上涨幅度在 2011 年高达 23.3%。而土地出让金从 1998 年以来也是一直保持快速上涨，其上升幅度在 2003 年达到历史性的 124.31%。曹建海（2011）认为，2010 年，中国公众对房价调控寄予希望，但也最为失望；同年却是中国地方政府卖地收入和房地产开发商销售住房的丰收年，两者相加大大超过 3 万亿元人民币，这相当于 2010 年全年中国经济的净增长部分。这是因为全产业链的房地产在 2010 年的经营收入近 7.4 万亿元，按照利润率 45%估算，2010 年我国房地产业能创造约 3.33 万亿元的超级利润，占 2010 年我国名义 GDP 的 9%。总之，无论是房地产税收收入规模以及增速，还是土地出让金的规模以及增速，2002 年以来都明显高于 2002 年以前的基本情况，具体数据如表 1-4 所示。

表 1-4 2002～2011 年中国土地出让金和房产税税收基本情况

年份	房产税税收（亿元）	房产税税收增速（%）	土地出让金（亿元）	土地出让金增速（%）
2002	282.38	NA	2416.79	NA
2003	323.86	14.69	5421.08	124.31
2004	366.32	13.11	6411.45	18.27
2005	435.96	19.01	5882.46	-8.25
2006	514.85	18.10	8077.64	37.32
2007	575.46	0.12	12000.00	48.56
2008	680.34	18.23	9600	-20
2009	803.66	18.13	14239.7	48.33
2010	894.07	11.23	27000	89.62
2011	1102.39	23.30	31500	16.67

资料来源：中国统计年鉴 2000～2012，国家统计数据库；2002～2011 年中国国土资源公报；NA 表示此处无数据

（3）房地产价格呈现高速增长态势。我国商品房平均销售价格从 2002 年以来保持着快速上涨的态势，其上涨幅度甚至在 2009 年高达 23.18%。而商品房销售额从 2002 年以来也是一直保持快速上涨，其上升幅度在 2005 年和 2009 年分别达到历史性的 69.40%和 76.94%。无论是商品房平均销售价格以及增速，还是商品房销售总额以及增速，在排除受全球金融危机影响最严重的 2008 年的前提下，2002 年以来都明显保持着高速增长态势，具体数据如表 1-5 所示。

1.3.2 房价上涨时期的楼市悖论

楼市悖论是指，普通住房严重短缺但其供应却持续不足，而中高档房屋空置率和空置面积居高不下但其供应却持续增加。住房空置面积是指，在某一时点上已经售出，但实际无人居住的住房总面积。房屋空置率是指报告期房屋空置数量占报告期可供销售和出租的房屋数量的权重。报告期可供销售和出租的房屋数量包括两个组成部分：上一年房屋空置面积和当年的房屋竣工面积，减去当年不可销售和出租的面积。房屋空置率能反映当年可供销售和出租的房屋数量中没能销售和出租的房屋的空置程度。

表 1-5 中国 2002～2011 年房地产价格等相关情况

年份	商品房平均销售价格（元/平方米）	商品房平均销售价格的增速（%）	商品房销售额（亿元）	商品房销售额的增速（%）
2002	2250	NA	6032.34	NA
2003	2359	4.84	7955.66	31.88
2004	2778	17.76	10375.71	30.42
2005	3168	14.04	17576.13	69.40
2006	3367	6.28	20825.96	18.50
2007	3864	14.76	29889.12	43.52
2008	3800	-0.19	25068.18	-16.13
2009	4681	23.18	44355.17	76.94
2010	5032	7.5	52721.24	18.86
2011	5357.1	6.5	58588.86	11.13

资料来源：中国统计年鉴 2012，国家统计数据库；NA 表示此处无数据

早在 2005 年 12 月，《中国证券报》就认为，我国商品房的空置率已经达到 26%，这明显超过 10%的国际警戒线标准。①为便于使用数据进行比较分析，笔者用待售商品房面积替换空置房面积，尽管这两者并不相等。商品房待售面积是指房地产开发企业已经竣工的商品房中，至报告期尚未售出或出租的面积总和。近几年的待售商品房空置面积如表 1-6 所示。

表 1-6 2005～2010 年我国待售商品房面积

时间	商品房待售面积（万平方米）	商品房待售面积同比增长（%）	住宅待售面积（万平方米）	住宅待售面积同比增长（%）
2005.12	14679	2.7	8564	-0.4
2006.12	14550	-0.9	8099	-5.4
2007.12	13463	-7.5	6856	-15.3
2008.12	18626	38.3	1.660	55.5
2009.12	19947	7.1	11494	7.8
2010.6	19182	6.4	10646	0.2

资料来源：国家统计局网站

广发证券等研究机构（2011）认为，11 个重点城市的商品房存货总量达到

① 商品房空置率 26% 超警戒线.中国证券报，2005 年12 月14 日

63.4 万套，环比上涨 0.9%，存货总量再创新高。其中，北京市新房库存总量攀升至 10.76 万套，也再创新高。专家预计，促销和降价不仅会被越来越多的楼盘采用，而且促销和降价的幅度还会越来越大，买方市场或将到来。①

1.3.3 房价上涨时期的政策转变

“新国十条”颁布以前，地方政府在具体执行楼市发展政策的过程中，选择了最有利于扩大地方财政的房地产发展模式。这一点能够从土地出让金和房产税税收方面加以印证。全国房地产税税收收入从 1998 年开始保持快速上涨，其上涨幅度在 2007 年甚至高达 40.44%；而土地出让金从 1998 年以来也是一直保持快速上涨，其上升幅度在 2003 年达到历史性的 124.31%。无论是房地产税税收收入规模以及增速，还是土地出让金的规模以及增速，2002 年以来都明显高于之前的年份。

2010 年“新国十条”颁布以后，强调保障房建设这一政策的推出转变了以前发展房地产的政策思路，房地产市场开始逐步步入稳妥的发展轨道。推动保障房建设本身，就是要纠正此前单边、片面发展商品房的政策失误，是政府落实保障责任的再次回归。保障房建设既属于经济问题，也属于政治体制问题。党中央明确要求大量建设保障房，体现了大胆改革的勇气，但能否建立比较完备的保障房运行机制，还要取决于中央进行宏观调控和体制改革的集体智慧。

1.4 房地产市场的主要状况

改革开放 20 年后，我们于 1998 年在全国城镇住房制度方面进行改革，全面停止住房实物分配制度，实行住房分配的货币化。当时，国务院出台的第 23 号文件标志着我国城乡住房制度的市场化改革正式全面推进，其目标为住房商品化、社会化，其主要手段为停止实物分房、实行住房分配的货币化。

实践证明，住房制度改革坚持市场化方向是符合市场经济发展规律的。城镇住房制度改革 14 年以来，不仅有效克服了计划经济模式下资源配置效率低下的缺点，大幅提高了城乡居民的居住水平；而且加快了国内住房需求的释放，促进了国民经济的平稳增长。比如到 2009 年底，全国城镇人均住房面积已经接近 30 平方米，比 1998 年的 18.6 平方米增加了 10 平方米以上。同时，居民自

---

① 11 个重点城市住宅库存 63.4 万套 买方市场或到来，上海证券报，2011 年 7 月 13 日

有住房数量大幅度提高，住房自有率达到 80%以上。房地产行业也逐渐成为我国国民经济发展的重要产业之一。

但房地产价格却在超出中低收入居民的支付能力之后，依然沿着较高价格继续快速上涨。对其出现的问题、面临的复杂局势以及有效的解决办法进行深入研究，对于保持房地产行业乃至整个国民经济的稳健运行，意义重大而长远。

1.4.1 房地产价格持续且快速上涨

城镇住房制度改革启动以后，我们的住房价格就已经开始快速上涨。23 号文件的颁布，有效释放出我国城镇居民的住房需求，大大激发出广大人民群众的购房愿望和购房热情。于是，短期内的供小于求导致原本廉价的商品房价格偏离价值一路飙升，尤其是 2004 年、2005 年、2007 年和 2009 年分别高达 17.76%、14.03%、14.45%、23.2%，如表 1-7 所示。其中，2005 年尤其是 2006 年房价的下降主要是受宏观调控的影响，而 2008 年房价的负增长则主要是源自全球金融危机的影响。

表 1-7 我国商品房按用途分类的平均销售价格及增速

年份	商品房平均销售价格（元/平方米）	商品房价格增长速度（%）	住宅平均销售价格（元/平方米）	住宅价格增长速度（%）
1997	1997	NA	1790	NA
1998	2063	3.30	1854	3.58
1999	2053	-0.48	1857	0.16
2000	2112	2.87	1948	4.90
2001	2170	2.75	2017	3.54
2002	2250	3.69	2092	3.72
2003	2359	4.84	2197	5.02
2004	2778	17.76	2608	18.71
2005	3168	14.03	2937	12.61
2006	3367	6.29	3119	6.21
2007	3864	14.45	3645	16.86
2008	3800	-1.66	3576	-1.90
2009	4681	23.2	4459	2.47
2010	5032	7.5	4725	6.0
2011	5357	6.5	4993	5.0

资料来源：中国统计年鉴 2002～2012；NA 表示此处无数据

众多国民对于上涨的房价不仅敏感而且麻木，这是因为房地产价格从房地产制度改革以来已经持续上涨长达 14 年之久。[①] 2010 年，政府为遏制房价过快上涨，对房地产市场进行了“史上最严厉”的调控。从年初的“国十条”、年中的“二次调控”到年底的“限购令”，从土地出让方式变更、限制个人贷款与开发商贷款到清查囤地、打击捂盘等方面，政府政策出台之频繁、持续时间之长、调控政策之细、调控力度之大前所未有。然而，调控后的 2010 年 12 月份，全国 70 个大中城市房屋销售价格同比依旧上涨 6.4%[②]。因此，国民表现出来的“淡定”实则是无可奈何。

1.4.2 快速上涨的房价催生出诸多风险

房产价格的过快上涨使得中低收入阶层的货币支付能力变得更加脆弱。2009 年，我国农村居民全年的人均纯收入为 5153 元，而城镇居民人均可支配收入为 17175 元[③]，月均 1413.25 元。这样的收入水平，面对快速上涨的房价只能是望尘莫及。中低收入阶层的货币支付能力，对于上涨的房价而言，不仅没能增强，反而是在相对下降。于是，房价飞涨所导致的房奴遍地、蚁族群居、胶囊公寓等新生社会现象层出不穷也就不足为奇了。

房地产价格的过快上涨也增加了经济的结构性风险。投资尤其是固定资产投资依然是我国当前经济增长的关键因素之一，而房地产行业的投资又是固定资产投资的重中之重。2009 年我国全年全社会固定资产投资 224846 亿元，而房地产行业全年全社会固定资产投资 43065 亿元[④]，所以房地产行业投资占整个社会固定资产投资的 1/5。国民经济对房地产的依赖性越大，所承受的风险就会越大。而且高房价的泡沫一旦破灭，就会引起整个房地产行业的全面萎缩，势必要导致钢铁、电力、煤炭、运输、水泥、建材、装饰装修等行业遭受严重冲击。房地产价格过快上涨背后所潜在的结构性经济风险，由此可见一斑。

房地产价格的过快上涨削弱了城市竞争力、加大了地区差距，甚至严重威胁着社会的公平与稳定。城市竞争力主要分为八个方面：人才素质竞争力，企业竞争力，产业竞争力，公共部门竞争力，城市生活环境（比如居住、教育、购物等环境）竞争力，城市商务环境竞争力，创新环境竞争力和城市社会环境竞争力。城市竞争力的每个方面都与房价密切相关。比如我国东部地区的相关

①韩丹.网民：对房价上涨已经很“淡定”.经济参考报，2011 年 1 月 19 日

②国家统计局. 2010 年全国房地产市场运行情况. 国家统计局网站，2011 年 1 月 17 日

③国家统计局. 2009 年国民经济和社会发展统计公报. 国家统计局网站，2010 年 2 月 25 日

④国家统计局. 2009 年国民经济和社会发展统计公报. 国家统计局网站，2010 年 2 月 25 日

程度是 0.9，城市竞争力的上升能够带动房价的上涨，但房价的上涨却不一定带动城市竞争力的上升，就算是能起到带动作用，那也是低效率的。[①]过高的房价不仅会导致房地产及其相关领域过度发展，而且会制约其他产业的发展，增大城市的居住成本，导致高素质人才的不必要流失，最终会削弱城市竞争力，加大区域发展差异，严重时还会引起社会秩序的不公和不稳，因为高房价加剧了社会分配的两极分化，使得越来越多的中低收入者的住房货币支付能力越来越差。

同时，房地产价格的过快上涨所导致的房产暴利，还导致诸多社会腐败现象的出现。相关报道证实，房地产领域的腐败案件约占整个腐败案件的 40%，约占工程领域腐败案件的 1/2。2009 年 8 月，中央决定用两年时间集中整治工程建设领域的腐败问题，于是，房地产领域的腐败记录不断被刷新。第一，涉案金额越来越大，上亿元受贿不再新鲜。辽宁省抚顺市的“三最”干部罗亚平受贿 1.45 亿元创造新纪录。据《法制晚报》2011 年 1 月 30 日统计数据显示，在 2009～2010 年 30 个发生在土地、建设领域的腐败案件中，涉案人员平均涉案金额超过 870 万元，量刑都在 10 年以上。2011 年 7 月 19 日，最高人民法院对杭州原副市长许迈永、苏州市原副市长姜人杰依法核准死刑，并于 19 日上午执行死刑。其中，许迈永在土地出让等项目中贪腐 2.13 亿元，姜人杰在土地使用权的取得与置换等项目上收受贿赂 1.08 亿元。第二，腐败链条越来越长，从项目规划、项目审批、工程发包、工程监理到工程验收无一幸免。第三，腐败官员的级别越来越高。腐败主角不仅涉及规划建设部门，而且涉及金融、交通等部门，比如上海市原“炒房区长”康慧军和原房管局副局长陶校兴等。据人民论坛调查显示，62%的受调查者认为“国土局长”风险最高，位居官场 10 大高危岗位的第 1 名。

1.4.3 宏观调控政策逐渐严厉

2001 年以来，房地产业在快速增长的同时，出现了投资增长和部分地区房价上涨过快、住房供给结构不合理、中低收入居民住房需求难以得到满足等社会问题，很快成为国家宏观调控的重点行业。

2004 年初，中央政府的宏观调控政策是“管严土地、看紧信贷”。一方面加大房地产用地的整治力度，清理整顿建设用地，严格审批管理，从紧土地供应，逐步推行经营性土地的“招、拍、挂”，从源头控制土地供给。另一方面，

---

①白晓云. 城市竞争力与房价相关分析. 南京财经大学硕士学位论文，2008 年 1 月

央行两次提高存款准备金率，将房地产开发项目（不含经济适用房项目）资本金比例提高到35%及以上，从而收紧银根，减少房地产开发的资金支持。房地产投资增长速度由年初的50.2%，逐月下降到年末的28.1%，回落了22.1个百分点。

2005年4月28日，国务院出台《加强房地产市场引导和调控的八条措施》。中央政府的调控目标由单纯控制房地产投资规模，向既要控制投资速度又要抑制商品房价格上涨过快的双重目标转换。

2006年5月29日，建设部等九部委联合下发《关于调整住房供应结构稳定住房价格的意见》。该文件要求，新开工面积的70%以上，都应该是90平方米以下的商品房。其目标是发展满足当地居民自主性需求的中低价位、中小套型普通商品房，有步骤地解决低收入家庭的住房困难。①

2007年9月12日，国土部发布《关于加大闲置土地处置力度的通知》。9月27日，人民银行、银监会联合发布《关于加强商业性房地产信贷管理的补充通知》。该通知的经济效果十分明显，直接导致房屋价格在2008年出现下跌。

2008年12月，国务院颁布《关于促进房地产市场健康发展若干意见》，其政策结果是明显降低第二套房屋的贷款成本。2009年的中国住房市场，不仅出现复苏的现象，而且涨幅明显，因为其他相关的金融政策也都降低了购房成本。

2009年12月14日，国务院常务会议决定实施《完善促进房地产市场健康发展的政策措施》，其实质是把个人住房转让营业税的免征时间从之前的2年延长到当时的5年。“二手房”成交量应声下降，直到2010年春节后才逐渐恢复。

2010年1月10日，国务院发布了《关于促进房地产市场平稳健康发展的通知》，这就是我们常说的“国十一条”。“国十一条”明确了综合运用土地、信贷、税收等手段的调控方式，要求二套房贷款首付款比例不得低于40%。

之后，房地产市场进入第1轮严厉调控时期。2010年4月17日，国务院下发《坚决抑制部分城市房价过快上涨的通知》，这就是地产界所讲的“国十条”。差别化的信贷政策是“国十条”的鲜明特征，如果购买第二套住房需要贷款，那么首付款比例不能够低于50%，而且贷款的利率必须是基准利率的1.1倍及以上；如果购买的是首套房但大于90平方米，那么首付款的比例必须是30%；同时，如果部分地区的商品住房价格过高、上涨过快且供应紧张，就要暂停办理第三套及以上的住房贷款。差异化的信贷政策打击的是投资投机性质的炒房

---

①国务院发展研究中心课题组. 2004年以来我国房地产行业宏观调控政策总体评价. 中国发展观察，2007年1月16日

客，显示了中央调控房地产价格的坚定决心。

2010 年 5 月 19 日，国家税务总局下发《关于土地增值税清算有关问题的通知》。该通知详细规定了土地增值税清算时的诸多问题，比如房地产开发费用扣除问题、收入确认问题等。土地增值税真正目的是调节高房价。土地增值税是按照四级超率累进税率进行征收的，开发商把房价提得越高，缴的税就越多。这在一定程度上抑制了开发商的涨价热情，对于抑制房价过快上涨有积极作用。

2010 年 6 月 12 日，住房城乡建设部等七部门联合制定的《关于加快发展公共租赁住房的指导意见》出台。该《意见》首次提出，公共租赁房在有条件的地区可用于两类人群：一是就业职工；二是具备条件的外来务工人员，即在城市有稳定职业而且已经居住了一定年限的外来务工人员。公租房最大的优势是房子始终处于“流动”状态，低收入者可以申请，条件改善了就会离开，再转给更需要的人。随着公租房对外来人群的开放，“北上广深”的年轻人将获益。

房地产市场第 2 轮严厉调控从 2010 年 9 月份开始。国家几大部委于 2010 年 9 月 29 日出台相关政策，以图巩固房地产市场的调控成果。这些政策措施的含义是，如果购买首套房，则首付比例要达到 30%及以上；如果购买第三套及以上房屋，则要暂停发放房贷；如果房价过高而且上涨过快，则该城市要执行限购政策；如果自有住房进行交易，则调整税收优惠政策，主要是契税以及个人所得税方面。

中国住房和城乡建设部等四部委于 2010 年 11 月 3 日再次发布通知，严厉执行楼市管制政策。其中，如果购买第三套住房，则不能使用公积金进行贷款；如果个人购买第二套住房且用公积金进行贷款，则首付不低于 50%。

房地产市场第 3 轮严厉调控时期开始于 2011 年。2011 年 1 月 26 日，国务院常务会议出台“新国八条”。“新国八条”从政府监管、金融、税收、土地交易、房源供给、需求管理等多个方面，进一步落实政府责任，加大保障性安居工程建设，落实住房保障和稳定房价工作的约谈问责机制，围剿炒房。“新国八条”是近几年来最严厉的政策组合，其目的是继续遏制投资投机性购房，逐步解决城镇居民的住房问题。

重庆市和上海市成为征收房产税的试点城市。重庆市规定，房产税的主要征税对象是高端房以及投机投资房，且税率不超过 1.2%。重庆市政府明确规定，要对三类房产进行征税，且税率标准是 0.5%至 1.2%：存量以及增量的独栋别墅；在重庆新购买的高档商品住房；外地炒房客如果在重庆购买第二套住房，也要征税。此举主要针对高端房产业主和炒房客，而且征收的房产税将全部用于公租房建设，为中低收入群众提供住房保障。

上海市规定，如果住房增量超出规定部分，则超出部分要征税，且税率标准是 0.6%以及 0.4%。上海市出台的政策明确规定，征税对象是两类人群：如果是本市居民家庭，则征税需具备两个条件，一是新购买的住房是家庭的第二套及以上的住房，二是需要缴税部分的是超出人均 60 平方米以上的那部分；如果不是本市居民家庭，则该家庭在本市新购住房也要征收房产税。

2013 年 2 月 20 日，温家宝主持召开国务院常务会议，研究部署继续做好房地产市场调控工作。会议确定了五项加强房地产市场调控的政策措施，称为“国五条”。会议不仅再次重申坚持执行以限购、限贷为核心的调控政策，坚决打击投资投机性购房，还在继 2011 年之后再次提出要求各地公布年度房价控制目标。北京等地区在细则中明确要求，对于个人转让住房的，要按照转让所得的 20%征收个人所得税。

总之，自 2009 年 12 月份开始楼市严厉调控以来，房地产调控政策共经历了 5 次升级，分别是 2010 年 1 月的“国十一条”、4 月的“国十条”、9 月的“9·29 新政”，2011 年 1 月的“新国八条”，而 2013 年 2 月 20 日出台的“国五条”是第 5 次调控升级。

1.4.4 房地产市场调控悖论：宏观政策严厉，但楼市多次回暖

严厉调控中的楼市第 1 次回暖，出现于 2010 年 3 月至 5 月，如表 1-8 所示。2010 年的“国十一条”虽然综合运用土地、信贷、税收等手段的调控方式，虽然要求二套房贷款首付款比例不得低于 40%，但高价地王却继续产生，3 月和 4 月上半月的房价逆势飙升，其直接后果是国家第 1 轮楼市调控即“国十条”的出台。尽管调控政策十分严厉，但是房价却强劲上涨。

第 2 次回暖出现于 2010 年的 8 月份，如表 1-8 所示。当时的情况是，楼市量价齐升，市场出现回暖迹象，其主要原因如下：一是市场逐步消化了政府首轮调控的政策效果；二是购房人群预期房价将进一步上涨，从而迫不及待地入市购房。这种局面迫使政府推出第 2 轮楼市调控政策。如果购买首套房，则首付比例要达到 30%及以上；如果购买第三套及以上房屋，则要暂停发放房贷；如果房价过高而且上涨过快，则该城市要执行限购政策，比如当时的深圳市；如果自有住房进行交易，则调整税收优惠政策，主要是契税以及个人所得税方面。

第 3 次楼市回暖出现于 2011 年初。全国一线城市房价全面上升，北京、上海同比上涨 40%以上，深圳同比上升 33%。于是第 3 次楼市严厉调控全面启动，即“新国八条”颁布和房产税试点征收。房产税的征收意味着楼市调控手段从

购买环节扩展到持有环节，手里有多套房子就要定时交税，从而降低了人们持有多套房产的意愿，有效遏制了投机投资、囤房和炒房行为。

虽然楼市调控措施逐步严厉，但是处于调整状态之中的房价依然坚挺。随着成交量的萎缩，市场观望情绪逐渐浓厚，开发商在资金压力下理论上只能以价换量，但是高房价的“真摔”依旧没能到来。

表 1-8 全国 70 个大中城市房价同比涨幅（%）

月份	全国 70 个大中城市房价同比涨幅（%）	月份	全国 70 个大中城市房价同比涨幅（%）
2010 年 1 月	9.50	2010 年 11 月	7.7
2010 年 2 月	10.70	2010 年 12 月	6.4
2010 年 3 月	11.7	2011 年 3 月	5.59
2010 年 4 月	12.8	2011 年 4 月	4.71
2010 年 5 月	12.4	2011 年 5 月	4.42
2010 年 6 月	10.3	2011 年 6 月	4.42
2010 年 7 月	10.3	2011 年 7 月	4.53
2010 年 8 月	11.7	2011 年 8 月	4.41
2010 年 9 月	9.1	2011 年 9 月	3.82
2010 年 10 月	8.6	2011 年 10 月	3.09

资料来源：国家统计局网站；凤凰网；腾讯财经：聚焦房地产调控

1.4.5 宏观调控政策需要坚定不移

从短期来看，房产税的出台、限购、限贷等政策作用的叠加，确实能对房地产市场产生直接或者间接的影响，能对疯狂上涨的房产价格起到一定的威慑甚至抑制作用。中国指数研究院的数据显示，2011 年 1 月监测的 30 个城市中，有 23 个城市的一手住宅成交量环比下跌，其中有 15 个城市的跌幅超过 20%，大连、长沙、包头等城市的跌幅超过 50%。另据网上房地产统计数据显示，2011 年 1 月 28 日是上海房产税试点首日，上海一手商品房当日签约套数 571 套，环比前一日 933 套下降近四成，其中住宅方面 28 日成交 419 套，环比 27 日下滑 78%。这说明，投资投机性购房需求明显受到打击。

但是，严厉调控中的 2010 年全年，部分城市的房价却是越调越高，宏观调控政策的效果大打折扣。部分城市的房产成交量和房产价格可谓“冰火”两重天：一边是迅速下降的成交量，一边是越调控越上涨的房价。以杭州为例，受到“国十一条”的打压，其成交结构发生改变，这导致其 5 月份的商品房成交均价上涨约20%。而重庆和天津的房价从2010年下半年起一路高走，多次刷新纪录，并在当年12月份达到历史最高点。①

从长期来看，影响房产价格的主要因素是供求关系和后市预期，楼市调控措施不仅仅要做到治标，更要做到治本。不论是治标措施还是治本措施，都不能允许高房价成功突围宏观调控，都不能允许已经高涨的房价继续大幅走高，因为世界经验已经表明，房价过高会带来经济秩序的恶性混乱甚至是社会秩序的严重动荡。

分析思考

一、基本概念

土地使用市场　房地产市场　房地产金融市场　房地产劳务市场　房地产存量市场　土地一级市场　房地产增量市场　楼市悖论　房地产调控悖论

二、思考题

1.市场与社会分工的关系是什么？

2.经济学流派对市场的理论解释都有哪些？

3.房地产市场的实质是什么？

4.房地产市场起到什么作用？

5.房地产市场管理的研究对象是什么？

6.房地产市场的特征有哪些？

7.政府对房地产行业的调控政策前后有什么样的变化？

8.应该如何看待1998年的住房制度改革？

9.我国当前的房地产市场是否存在风险？

推荐阅读

1.亚当·斯密.国富论[M]. 北京:中央编译出版社（第1版），2010

2.马克思，恩格斯.资本论（第三卷）[M].北京:人民出版社，1975

3.恩格斯.论住宅问题[M].北京:人民出版社，1975

4.林岗，张宇.历史唯物主义与马克思主义政治经济学的分析范式[J].政治经济学评论[J]，2004（3）

5.国务院发展研究中心课题组.2004年以来房地产业宏观调控政策的总体评价[J].中国发展观察，2007（1）

①中国指数研究院课题组.2010年中国主要城市住宅市场交易情况.中国指数研究院，2010年1月6日

6.毕宝德.土地经济学[M].北京:中国人民大学出版社，2004

7.中国人民大学经济研究所，东海证券研究所等.中国宏观经济分析与预测（2010-2011）——流动性回收与新规划效应下的中国宏观经济[M].北京：中国人民大学出版社，2010

8.郭峰，任宏.中国商品房空置问题研究[J].华中科技大学学报（城市科学版），2004（12）

9.高凌江.地方财政支出对房地产价值的影响——基于我国 35 个大中城市的实证研究[J].财经理论与实践，2008（1）

10.姚先国，黄炜华.地价与房价的关系[J].中国土地，2001（9）

11. 陈灿煌.房价上涨与城市居民收入差距的关系[J].统计与决策，2007(22)

第 2 章　房地产市场发展的理论支撑

通过学习本章，可以掌握：

※ 生产方式理论、资本主义生产方式下的房地产市场问题

※ 地租理论及其多种解释

※ 生产价格理论及其革命意义

※ 住房市场发展的认识基础

导　言

房地产市场管理是一门复杂的学科，需要有良好的理论作为支撑。通过收集文献资料，本书认为，造成目前房价上涨的理论是多种多样的。从马克思主义理论的经典文献中，我们发现，支撑房价上涨的理论有三个：其一是生产方式理论，其二是地租理论，其三是生产价格理论。本章将就这三个重点理论逐一展开论述。

2.1　生产方式理论

2.1.1　理论内容

生产方式理论是马克思主义经济学的科学分析范式，生产力与生产关系的矛盾运动揭示着社会经济制度的变迁。生产方式（Mode of Production）是指社会生活所必需的物质资料的取得方式，以及在生产过程中所形成的人与自然界之间、人与人之间的相互关系的体系。生产方式的物质内容是生产力，生产方式的社会形式是生产关系，生产方式是生产力与生产关系在物质资料生产过程

中的统一。

生产力是指生产主体利用劳动工具对劳动对象进行加工改造的能力，表现为人类征服和改造自然的现实物质力量，其实质是人与自然界之间的关系。我们这里所讲的生产力，是指发挥着实际作用并带来物质成果的现实生产力，是实际地实现着职能并生产经济成果的力量。在许多教科书或者辞典中，生产力被定义成“人们改造和征服自然的能力”。按照这个定义，生产力被理解成了潜在的生产力，而不是实际地发挥着作用并带来物质成果的现实力量。①

生产力的本质指的是生产主体与客体之间的关系。具体可表现为：一是科学技术，即人们利用什么样的劳动资料进行怎样的生产以及生产规模的大小程度，而且生产资料的性质决定了劳动的技术组织形式，在生产资料性质基本不变的情况下，劳动的技术组织形式可能会发生变化，而这种变化可能会为新的生产资料的产生创造条件(马克思说:“我们关于生产资料决定劳动组织的理论，在哪里能比在杀人工业中得到更光辉的证实呢？”②)。二是绝对产权，如经济主体对生产资料所拥有的所有权、使用权、收益权、处分权等权利内容。由于生产力常常以生产主体生产的单位产品数量和质量来衡量，因此生产力常常用生产效率来衡量。

生产关系是指在生产劳动过程中所形成的人与人之间的相互关系，这类关系有着各种各样的内容，其中包括政治关系、经济关系、军事关系、文化关系、外交关系等。广义的社会生产关系，是一个包括直接的物质产品生产、产品流通和再分配等各个环节的生产关系体系。在这个体系中，人们在直接的物质生产过程中形成的社会关系，亦称为直接生产领域的社会关系、劳动的社会组织形式、生产资料所有制等，是基础的或者初始的环节；而产品的流通和再分配领域所形成的经济关系的社会性质，都是由这个初始环节的性质决定的。这在制度经济学中称为相对产权，其具体的表现形式有资本家与劳动者之间形成的雇佣关系、委托人与代理人之间所形成的委托代理关系等。

生产方式的两个方面是相互联系、相互作用的。(1）人与自然界之间的关系决定人与人之间的关系，即生产力决定生产关系。生产力决定生产关系、经济基础决定上层建筑是历史唯物主义的逻辑主线。这里所讲的科学原理，是指一定历史阶段上的生产力及其发展形式是一定的生产方式由以产生的历史条件和现实基础，一定性质的物质生产力对于与之互相适应的社会生产关系的决定

①林岗. 论“生产力决定生产关系”的原理.哲学研究，1987（4）

②马克思恩格斯全集（第31卷）.人民出版社，1972：236

作用，必定是直接通过一定劳动技术组织形式对这种社会生产关系下生产资料所有制的决定作用表现出来的。[①]（2）人与人之间的关系又反过来制约着人与自然界之间的关系，也就是生产关系反过来影响生产力的发展。马克思主义经济学认为，资源配置具有二重性，即物质内容和社会形式。虽然我们要研究资源配置的一般规律，但更要重视研究资源配置的特殊社会形式，也就是建立在生产力即主体与客体关系基础之上的人与人之间的生产关系，尤其是人与人之间的经济关系。

生产方式理论具有重要的理论地位和现实意义，甚至是人类社会发展的决定力量。这表现为：（1）生产方式是人类社会赖以存在和发展的基础；（2）生产方式决定着社会制度的性质，制约着整个社会政治生活、经济生活和精神生活的全过程；（3）生产方式决定了社会制度的更替；（4）生产方式是划分社会类型的基本标志。人类历史大致经历了原始生产方式、奴隶制生产方式、封建制生产方式、资本主义生产方式、社会主义生产方式五种生产方式，正是以此为判断依据，人类历史社会也可以相应地划分为原始社会、奴隶制社会、封建制社会、资本主义社会、社会主义社会五种社会类型。而且，人类社会的发展历史，归根结底是生产方式依次更替的历史。[②]

生产方式理论不是一个僵硬的公式，它具有丰富而具体的理论内容。比如在研究货币时所提出的著名的“劳动二重性”学说，正是运用生产力与生产关系矛盾运动的原理来研究社会经济制度现象的范例，甚至可以说，它提供了一个如何运用生产力与生产关系原理来解析社会经济制度的理论框架。

2.1.2 资本主义生产方式下的房地产市场问题

详细阅读恩格斯的著作后发现，恩格斯在用资本主义生产方式理论解释房地产市场问题的时候，有两个基本判断：

（1）房价上涨和住房短缺问题是资本主义生产方式下不可避免的问题。恩格斯（1872）在《资产阶级怎样解决住宅问题》中这样写道：“住房短缺究竟是从哪里来的呢？它是怎样发生的呢？善良的资产者萨克斯先生可能不知道，它是资产阶级社会形式的必然产物。这样一种社会没有住房短缺就不可能存在……只有在产生这种现象的整个社会制度都已经发生根本变革的时候，才能够消除。但是，资产阶级社会主义不可能知道这点的，它不可能弄清楚住房短

①林岗. 论“生产力决定生产关系”的原理.哲学研究，1987（4）

②于金富.生产方式：经典理论与当代现实.社会科学文献出版社，2009

缺是现存条件造成的。因此，它别无他法，只好用一些道德说教来把住房短缺归之于人的邪恶，也就是原罪。”

（2）解决住房短缺问题的办法就是消灭资本主义生产方式。恩格斯在《资产阶级怎样解决住宅问题》的最后依然认为，只要资本主义性质的生产方式还存在，那么，要想单独解决住房难题，或者彻底解决其他任何同工人命运相关的社会问题，都是不可能实现的。唯一的解决办法，就是首先消灭资本主义性质的生产方式。

2.1.3 社会主义生产方式下的房地产市场问题

我们今天虽然不存在资本主义社会制度，但存在市场经济制度。运用经典的生产方式理论分析中国的房地产市场发展，可以得出如下几个判断：

（1）在社会主义市场经济制度下，改革后的房地产市场获得快速发展是符合生产关系能够促进生产力发展基本规律的。我们改革的目的是解放生产力、发展生产力，而1998年的住房改革亦是如此，改革之后逐渐促进房地产市场的繁荣发展。这正如列宁所说：“只有把社会关系归结于生产关系，把生产关系归结于生产力的高度，才能有可靠的根据把社会形态的发展看作自然历史过程。不言而喻，没有这种观点，就不会有真正的社会科学。”[①]

（2）在解决住房短缺等房地产市场发展过程中所出现的问题方面，我们不能够完全依赖市场经济自身来解决，而要依靠社会主义制度的制度属性和制度优势。恩格斯的观点至少告诉我们，单纯依靠市场经济的自发力量只会加剧问题的严重性，是不可能解决中低收入阶层的住房短缺问题的。要想彻底解决房价上涨和住房短缺这个难题，只有依靠社会主义制度的制度力量。

2.2 地租理论

2.2.1 地租及其形成

土地作为四大生产要素之一，如同资本、劳动力、企业家才能一样，其所有者能够从要素所创造的价值或者提供的服务中获取收益。因此，地租是指土地所有者将土地出租给使用者以后所得到的相应补偿，主要是经济补偿或者物

① 列宁选集（第1卷）．人民出版社，1995：9

质补偿。

地租也可以理解为一种流量指标，即土地所有者出租土地后，土地使用者能够在租期内持续从土地中获取土地所提供的服务流。因此，地租在本质上可以理解为土地在一定时期内所提供的服务流量的价格。①

如同其他生产要素的要素价格一样，土地的价格由土地要素的边际产品价值决定。在完全竞争的市场结构下，厂商使用生产要素从事生产所遵循的利润最大化条件是边际产品价值等于要素价格。其利润最大化条件可以表示成如下公式：

$$P \cdot MP = R$$

其中，P 是指土地所生产的产品价格，MP 是指土地的边际产出，R 是指土地要素的投入价格即地租。在充分竞争的市场结构中，产品价格是不变的，因此，土地要素价格完全取决于土地要素的边际产出。

与其他生产要素一样，土地要素价格由土地供给和土地需求共同决定。我们在分析问题时通常假定土地的供给是没有弹性的，但土地的需求却不尽相同。这是因为同一行业内部或者不同行业之间的技术水平与管理水平存在客观差异，导致土地的边际产出各不相同，而且在正常情况下，土地的边际产出越大，则对土地的需求就相应会越大，如图 2-1 所示。在该图中，横轴表示土地的数量 Q，纵轴表示租金水平 R；S 表示土地的供给曲线，由于没有弹性，所以是一条垂直于横轴的垂线；D_1 表示土地的需求曲线，向右下方倾斜；E_1 表示土地市场的初始均衡点，由土地供给和土地需求共同确定，其中，地租水平是 R_1。

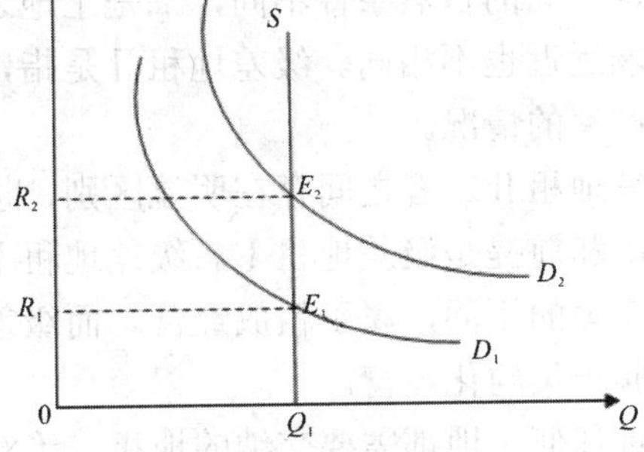

图 2-1 地租的确定及其变化

另外，土地要素价格不是一成不变的。伴随着工业化的发展和城市化的进

① 蔡孝箴.城市经济学.南开大学出版社，1998：210-213

步，城市人口、交通、地产等方面以及工业规模扩大对于土地需求数量的快速增加，使得土地需求曲线会明显向右上方移动变成D_2，导致土地市场的均衡点由E_1变成E_2,其地租水平变成R_2。此外，导致地租水平出现变化的还有其他因素，比如知识经济、技术进步、税收制度、房地产市场发展等因素。但是，在土地供给数量和土地供给政策没有改变的情况下，土地供给就没有弹性，而租金的价格水平实际上就会随着土地需求因素的改变而改变，或者说，租金价格由土地需求确定。①

2.2.2 马克思主义地租理论

地租理论是马克思详细解释的重要理论，该理论主要分布于《资本论》第三卷。马克思主义的地租理论是在批判和继承古典经济学地租理论的基础上创立的科学理论。该理论不仅深入分析了资本主义地租的形成前提，而且分析了资本主义地租的形成条件以及形成原因等内容，深刻揭示出地租在商品经济条件下形成的一般规律。

（1）马克思主义地租理论的主要内容。地租是直接生产者在农业中所创造的生产物被土地所有者占有的那部分。根据地租产生的不同原因和不同条件，马克思把资本主义地租分为两类：其一是级差地租，其二是绝对地租。

级差地租是等量资本投入在同等面积的土地上产生的不同生产率造成的。它是由超额利润转化来的地租形式，是由个别生产价格和社会生产价格的差额构成的。级差地租又可以分为两类：一是级差地租Ⅰ，二是级差地租Ⅱ。其中，级差地租Ⅰ是指农业资本家在不同的土地上获得有差异的产出。其差异主要源自以下理由：一是土地之间的自然条件不同，二是土地之间的肥沃程度不同，三是土地之间距离市场远近也不相同。级差地租Ⅱ是指，在同一地块上连续投资从而提高了劳动生产率的情况。

级差地租Ⅰ与级差地租Ⅱ二者之间存在明显区别，也存在明显联系。其中，级差地租Ⅱ形成的基础和前提是级差地租Ⅰ。级差地租Ⅰ产生于土地的自然肥力或者土地的自然生产力的不同，属于粗放经营。而级差地租Ⅱ却是以技术条件的不同为基础的，属于集约化经营。

绝对地租是指租种任何土地都需要交纳的地租。绝对地租形成的原因是对土地所有权的垄断。绝对地租来自农业工人创造的部分剩余价值，实质是农产品的价值高于社会生产价格的差额。

---

①周京奎.城市土地经济学.北京大学出版社，2007：115-116

级差地租和绝对地租是有区别的。级差地租形成的条件是土地所有权与土地经营权的垄断，而绝对地租只是土地所有权的垄断。级差地租的农产品是个别生产价格低于社会生产价格，而绝对地租却是社会生产价格低于农产品的价值。绝对地租归土地所有者所有，但级差地租却归农业资本家和土地所有者所有。

除了级差地租和绝对地租这类“正常形式”的地租以外，还有一种被马克思称为特殊形式的地租，即垄断地租。垄断地租是指由某一地块的产品的垄断价格带来的超额利润而产生的地租。某些地块具有特别优越的自然条件，可以生产出名贵且稀有的产品。这类产品会按照高于生产价格或价值的垄断价格出售，而垄断价格高于价值的部分就是垄断地租，主要是由需求者的支付能力决定的，最终归土地所有者支配。

（2）马克思主义地租理论的主要思想。第一，地租产生的前提是土地所有权。马克思认为，土地所有人对土地的所有权在经济上的表现就是地租。而土地的所有者从土地上获取地租收益，所凭借的条件恰恰是对土地拥有的所有权。中国《土地管理法》已经明确要求：“城市的土地属于国家所有，农村和城市郊区的土地，除由法律规定属于国家所有的以外，属于集体所有。”从这里我们不难看出，中国大地上的任何土地都是有所有权的，这同样是社会主义社会地租存在的前提。

第二，地租产生的条件是土地所有权与使用权的分离。土地所有者拥有对土地的完整所有权。土地所有者收取地租收益，所凭借的条件就是对土地的所有权。农业资本家不占有任何土地，只能通过租种别人的土地获取对土地的使用权。这样，土地所有者与农业资本家就分别拥有土地的所有权与土地的使用权了。

第三，资本主义社会与社会主义社会都存在地租。农业雇佣工人的劳动，既是资本主义社会绝对地租的来源，也是其级差地租的来源。农业雇佣工人所创造的部分剩余价值，通过资本主义分配方式形成绝对地租和级差地租。而农户的劳动而非雇佣工人的劳动所创造的价值，是社会主义社会中地租的源泉。这是因为，社会主义社会已经不存在农业工人的剩余价值被土地所有者和农业资本家双方共同剥削的资本主义现象。当然，无论是在资本主义社会里，抑或是在社会主义社会里，地租的源泉都是劳动，其实质都是由农业劳动创造的价值。

2.2.3　地租理论的其他解释

地租问题在古典经济学与现代西方经济学那里有不同的分析方式。古典经济学、19世纪前半期经济学以及马克思主义经济学对地租的解释侧重于生产关系角度，主要从农业地租入手，扩展至建筑地租、矿山地租等方面；而其他经济学学者则采用供求分析、均衡分析、边际分析、生产费用、效用分析、数量分析等研究方式，主要探讨地租的形成与变化等问题。[①]

（1）地租剩余理论

地租剩余理论起源于威廉•配第和亚当•斯密时期，主要观点是：地租是从土地收益中减去成本（包括农民收入）后的剩余部分。威廉•配第是西方古典经济学的创始人。他认为，从农产品的价值中扣除掉生产费用，余下的价值部分就成为地租，而且地租是土地的恩赐，而不是劳动的产物。斯密是最早系统研究地租问题的学者。他认为，正如工资是劳动的收入、利息是资本的收入一样，地租是土地所有者的收入，地租是土地资本所带来的利息。斯密在《国富论》中就曾把地租看作产品价格超过预付资本和正常利润后的余额，其余额大小取决于农产品的需求和供给成本，而供给成本则取决于土地的位置和肥沃程度。

（2）马歇尔的地租理论

阿尔弗雷德•马歇尔（A.Marshall）是剑桥学派的创始人，属于新古典经济学家。他关于地租问题的观点主要集中于以下几个方面：①地租受供需规律支配，主要是受土地需求的影响。他认为，土地供给是固定不变的，没有生产费用，也没有供给价格。②土地的纯收益是真正的地租。马歇尔认为，土地收益分为自然特性产生的收入和投资改良产生的收入两部分，但前者是非人为因素产生的收入，是真正的地租。③地租的价格水平由土地的边际生产力决定。他认为，农业报酬的基本趋势是递减的，即耕种者对同一地块连续追加资本和劳动投入，虽然农产品的总量会连续增加，但其增加率是递减的。而农产品总量冲抵耕种者支出所需要的生产物后，其余额就是著名的“剩余生产物”，这将会演变成地租。一旦农产品的收益递减至仅仅足够补偿耕种者的劳动和开支的时候，就会到达耕种者的耕种边际。④其他观点：使用同一块土地的权利，就是对同一空间的支配权；土地的位置和形状都是固定的，人类无法制造；创造性地提出“级差地租”、“稀有地租”概念；首次论述了城市工商业的地租问题，提出了城市地租论等。

（3）克拉克地租理论

克拉克（J.B.Clark,1900）对地租理论有比较深入的研究。他的主要观点是：①地租实际上是土地生产力的报酬，是土地对产品生产所做的贡献。他提出生

①曹振良.房地产经济学通论.北京大学出版社，2003：237-244

产要素的“边际产量”概念，也就是在一种生产要素数量不变的情况下，另一种生产要素增加一单位而增加的产品总量，以确定各要素对产品生产所做的贡献。②他认为，受边际收益递减规律的支配，生产要素的边际产量也是递减的。③产品价格减去工资等生产费用，所得余额就是地租，应归土地所有者。

（4）胡佛的地租理论

胡佛是美国土地利用学派的著名代表，首先创立了竞价曲线理论。学者们在分析城市土地问题时，一般都会把住宅和商业等不同用途的土地加以区分处理，但胡佛从不同类型的土地使用者相互竞标的角度出发建立土地供需函数，以说明不同使用者之间的关系，其竞价曲线理论能同时处理多种不同类型土地使用情况。

从本质上来说，竞价曲线是一种需求曲线，表示买地者在任一区位愿意付出的成本。竞价曲线越陡峭，就说明土地使用者的竞价能力越强，其选择区域越是靠近城市中心；竞价曲线越平缓，就说明土地使用者的竞价能力越弱，其选择区域越是靠近城市外部，如图 2-2 所示。横轴表示距离 *CBD* 的远近 *KM*，纵轴表示土地价格 *P*，D_1、D_2、D_3 分别是商业用地、住宅用地、农业用地的竞价曲线，其竞价能力依次减弱。

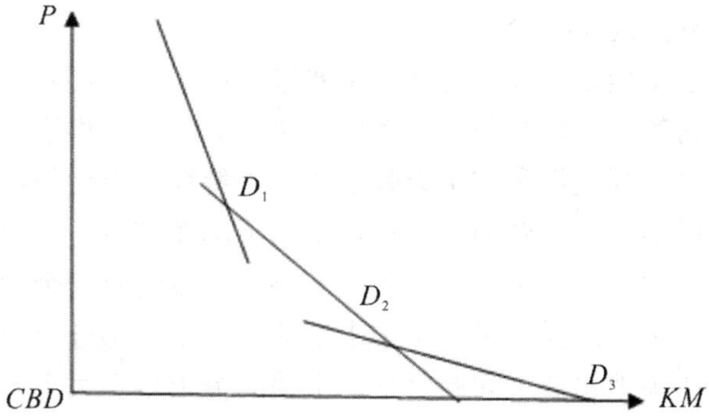

图 2-2　竞价曲线图

胡佛在分析经济曲线后认为，作为消费者，一般会选择居住于生活舒适、安全和生活成本低的地区；而生产者则会选择收入有保障、工作条件好的地区生活。

（5）阿隆索的地租理论

阿隆索（Alonso）是新古典地租理论的开创者，其作品《区位和土地利用》

是新古典地租理论的奠基之作。阿隆索将杜能（1826）的农业土地利用模型引入城市土地研究，以阐明城市内部土地价值与土地利用之间的相互关系。该模型在严格假设的基础上，采用数学的方法分别考察城市家庭和厂商选择区位的市场均衡时机，在此基础上提出相应的竞价曲线（Bid Price Curve），构建了包括交通成本在内的土地竞价租金模型。

该模型表明，当一个家庭要到城市定居时，最关心的问题很可能是到工作场所的距离和住宅面积之间的替代关系。人们需要作出抉择：在离市中心多远的地方购买多大面积的住宅？假定家庭支出用于土地投资（购买住房）、通勤费用和其他商品支出，则该家庭的预算约束线方程可以表示为：

家庭收入=土地投资+通勤费用+其他支出

由于家庭收入在一定时间内是固定不变的，所以每个家庭都希望用一定的支出实现最大化的效用。该家庭对于住宅区位的平衡就取决于这三者的比例关系。

阿隆索用竞价曲线来表示地价和距离的相关组合。他认为，竞价曲线是一个家庭在不同的距离都有支付能力且又能保证同等满意度的价格曲线。竞价曲线的位置越低，满意度就会越高。如果地租按此曲线变化，那么家庭就不会计较具体的区位。

（6）萨缪尔森的地租理论

萨缪尔森关于土地地租理论的观点主要包括：①土地不同于其他生产要素的重要特征是，它的总供给不是由经济力量决定的。其总供给曲线是垂直于横轴的一条垂线，具有固定性和完全无弹性的基本特征。土地的数量不会随着土地价格的提高而增加，也不会随着土地价格的下降而减少。②土地的需求曲线是向右下方倾斜的曲线。③土地需求曲线与供给曲线会有一个均衡点。如果地租高于均衡价格，土地的需求量会小于土地的供给量，部分土地无法出租，从而会压低地价；如果地租低于均衡价格，土地的需求量会大于土地的供给量，土地需求未获得满足的企业会抬高地价，实现均衡价格。只有在土地均衡价格位置上，土地的需求量恰好等于土地的供给量，土地市场才会处于稳定状态。

2.2.4 土地价格对房地产价格的影响

土地价格对房价的影响可以细分为土地供应模式、土地供应量、土地价格、土地规划管制等方面对房价的影响。1997 年，Phang 和 Wong 研究新加坡的政府政策与私人住房价格的关系后发现，政府提供土地用来建造组屋的方式会严重影响私人住房价格。2003 年，Yu-Hung Hong 通过研究我国香港土地的公共供给政策（Public Land Leasing，即政府垄断型）与房价关系后认为，公开拍卖土地的形式较为符合香港政府的财政需要，但这种供给模式必然会抬高土地价格和住房成本，尤其是那些对土地需求比较旺盛的城市。2005 年，李宁衍等研究港府土地政策对房价的作用，用虚拟变量表示土地政策的效应并构建模型，其结果表明政府的城市政策会影响住宅市场预期，进而改变政策执行的效果。政府要想避免住宅价格过高，就要在宣布计划以前彻底了解房价飞涨的原因。

2007 年，金娟芬通过构建数理模型发现，2002 年下半年开始实行的土地出让“招、拍、挂”制度明显影响城市地价。2007 年，高荆民、何芳认为“招、拍、挂”制度造成土地的垄断性高价，侵占了部分消费者剩余，引起市场效率的部分损失。高萍莉、宋东梅（2007）认为“招、拍、挂”制度引起地价上涨，这是北京市商品房价格上涨的重要原因之一。以上学者都认为土地供应模式尤其是垄断型土地供应模式会影响房价。但 2007 年，雷永泰、李立新研究了沈阳市土地出让方式对房价的影响后认为，“招、拍、挂”制度没有引致地价上升，该制度不是沈阳市和全国房价上涨的原因。2008 年，郑鹏尔通过建立土地开发周期模型认为，在房价快速上涨期内，开发商会囤积土地或者捂盘惜售，因此变革土地供应方式、增加土地供应量对于降低房价的作用并不明显。2010 年，张占录、张远索认为土地供应计划决定土地市场交易现状，编制土地年度供应计划有利于政府调控房地产市场。

不少学者对土地供应量的分析得出差别较大的结论。1985 年，Segal 和 Srinivasan 通过对美国经验型数据的研究发现，可开发土地数量的减少会引起房价升高。Alastair Jackson 还认为一旦房价升高，即使加快土地供应也不会抵消对土地需求的增长。1993 年，Hannah L.、Kim K-H 和 Mills E.S.对韩国的土地供应和房价进行了研究，发现韩国住房价格上涨的大部分因素在于政府供地不足。1994 年，Ruijue Peng 和 William C. Wheaton 对 1965～1990 年间我国香港住房价格和土地供应量之间的关系，建立存量模型进行研究，认为土地供应量会影响房价，但不会影响住房建设数量。

1998 年，Raymond Y.C. Tse 运用 Granger 因果关系检验法对 1976 年至 1995 年间我国香港的住房价格和土地供应量进行研究，认为后者对前者没有影响，而且政府出让土地是为了获取最大化的收益，如果利率提高，那么政府提供的土地供应量和地产商囤积的土地数量就会明显减少。Neng Lai 和 Ko Wang 用我国香港 1973 年至 1997 年的数据进行回归研究，发现土地供应量和住房供应量没有明显关系，开发商供应住房的决策与其土地储备量和政府土地供应总量也不相关，而与宏观经济状况相关：牛市增加住房供应，熊市减少住房供应。2004

年，Paul Cheshire 对英国住房数据进行研究，发现人们收入的提高和土地供应的管制是导致房价上涨的主要因素。2004 年，Eddie Cjo-man Hui 基本同意 Tse 的观点，认为土地供应数量会缓慢影响住房价格，至少统计数据上的影响不迅速，这是因为地产商会持有土地，直到房产价格达到其预期水平时才会选择开发。

2007 年，项卫星、李宏瑾用广义差分回归、协整检验、误差修正模型等计量方法研究后认为，短期内土地供应紧缩会导致地产市场的供给相对短缺，加剧供求矛盾，引起商品房价格上涨。2009 年，郑鹊尔认为一年前的土地供应量对房屋供给的影响值是正的，而对房价的影响值是负的，但土地供应量的增加对降低房产价格的作用却比较小。2010 年，邵挺和袁志刚利用全国 35 个大中城市 2001～2007 年的数据进行了实证研究，发现要想抑制住宅价格的快速上升，既要实现全国基本公共物品供给的均等化，又要大量增加住宅土地的供给规模。

大多数学者都认为土地规划管制会影响房价。1989 年，Cheshire 和 Sheppard 使用 Hedonic 价格模型比较了美国规划作用力强和弱的两个不同区域后认为，两地区的房价都受到规划管制的影响，尽管两区在住宅需求上相差较大。1992 年，Gerald 通过研究英国土地规划对房价的影响后发现，规划会从限制土地总供给量、限制可开发土地区位、限制土地开发方式、改变土地开发时序四个方面影响土地供给。1992 年，Landis 研究了美国加利福尼亚州的地产市场后发现，限制住宅开发政策会刺激房产价格飙升。1993 年，James Barlow 对英国、法国、瑞士等欧州三国进行研究发现，土地规划对房价的影响方式不是绝对的，各国住房制度不同会产生有差异的结果：英国规划的不确定性引起投机进而产生高房价，法国严格控制房价以致投机成分少，而瑞士的地方政府是根据房价变化投放土地供应量。1994 年，Staley 发现增长控制政策对住宅价格和土地价格都有明显影响。1997 年，Stephen Malpezzi 和 Stephen K. Mayo 研究了马来西亚的规划对住房供给的影响后，不仅证实了 Mayo 和 Sheppard1996 年的研究观点，而且得出如下结论：马来西亚的住房成本之所以高，主要原因在于政府管制，这阻碍了住房市场健康发展。1998 年，Barrie Needham 研究了以色列和荷兰的土地政策效应后发现，土地开发过程对房价具有重要影响作用。2003 年 Eddie Chi-man Hui 和 Vivian Sze-mun Ho 研究了我国香港的情况后认为，土地规划管制从用地规划条件、绿化带、开放空间、准许建设量等方面对房价产生了明显影响。2007 年，Alan Moran 通过研究澳大利亚的土地规划发现，土地管制引起新建住房成本明显增加，取消管制对于降低租金和房价的作用要远远大于政府的住房补贴。郑颖（2008）认为，改善城市空间结构和完善城市配套设施能够提升房地产投资价值，并提升房地产价格。

到目前为止，在地价与房价相互关系的问题上，存在三种不同的学术观点。

第一种是马克思主义地租理论，认为是房价决定了地价。《资本论》第三卷和大卫·李嘉图（2005，中译本）的地租理论都认为，农产品价值高导致地租价格高，土地产品的价格决定地租，而不是相反。这一观点引入房产领域形成了房价决定地价的重要分支，为大多数学者所接受。1992 年，Monks. 通过实证研究证实了房价对地价的影响。1994 年，Peng、Wheaton 通过对我国香港地区房屋市场的研究发现，高房价引起较高的住宅用地价格，从而导致资本和土地的相互替代。1999 年，Christoper Tsoukis 和 Ahmed Alyousha 研究了英格兰和威尔士的基本情况后认为，长期来看，房价对于地价来说是外生变量。2002 年，丹尼斯·迪帕斯奎尔和威廉·C. 惠顿就认为高住宅价格会产生较高的土地价格，如果减少每套住宅的平均土地使用量，就会导致较高的土地使用密度。张同龙（2011）认为，是房价影响了地价，而不是相反，现阶段房价上涨的主要原因是需求拉动。

第二种从住房成本角度出发，认为高地价决定高房价。1976 年，H.Craig Davis 研究土地储备制度时认为，储备土地会降低土地成本价格，进而产生较低的住房成本。2005 年，Kim 研究韩国的住房市场时认为，高地价是高房价的原因。2006 年，Arthur Grimes & Andrew Aitken 的研究发现，新西兰的土地价格对房价影响较大，通过实证得出结论：地价每增加 1 个百分点，房价就会增加 0.27 个百分点；而且统计上是显著的。因此，他们认为，应该确保土地成本处于最小值。徐润萍（2007）认为，土地价格是导致房价虚高的外推力，另外还有银行信贷管理缺陷和商品房预售制度。

第三种是前两种的融合，形成了综合性的观点。1988 年，Evans 研究后发现，如果给定土地供应，那么是房价决定着地价，但不能据此认为土地供应不会影响地价或者房价。Monk、Royce 和 Dunn（1994），Leishmann 和 Jones（1997）及 Tse（1998）研究了地产商的行为后发现，地产商的策略、投机行为、屯地行为等都会影响地价和房价的关系。1998 年，Alyousha 和 Tsoukis 通过计量研究后发现，房价不是地价的格兰杰原因。他们于 1999 年再次检验后发现，房价和地价不存在长期的因果关系。2002 年，Cheshire 和 Sheppard 通过研究认为，地价对房价的影响力在下降，而平均收入已经成为影响房价升降的主要因子。2003 年，Kauko 引用英格兰不同地区的数据指出，房价和地价的因果关系是因地而异的。2005 年，望晓东认为，土地价格并非以买入价而是以最近的土地市场价格影响房价，因此，短期内地价房价相互影响，但长期来看，两者之间影响不大。2006年，严金海用格兰杰因果关系检验后认为，短期内房价决定地价，但长期内两者相互影响。李双海（2007）认为，不能简单说短期或者长期内房价和地价具有格兰杰因果关系。

2.3 生产价格理论

生产价格理论是《资本论》第三卷（1894）中详细阐述的重要理论，它探讨了商品价格形成的基础，论述按生产价格而非价值来交换商品的问题。该理论深入分析了价值转变成生产价格、剩余价值转变成利润等内容，揭示了商品经济条件下生产价格形成的一般规律，从而正确构建了马克思主义的生产价格理论。其核心思想在于说明产业资本在资本主义自由竞争条件下参与瓜分剩余价值的规律问题。

2.3.1 生产价格理论的主要内容是“七个转化”

（1）所费资本转化为成本价格。商品的价值 w 包括三个组成部分：c、v 和 m。从资本家的角度进行分析，商品生产过程中所消耗掉的资本价值只是他的不变资本 c 和可变资本 v，而剩余价值 m 是资本家无偿获得的。$c+v$ 构成商品的生产成本或者成本价格，用 k 来表示。这样，商品的价值就等于其生产成本与剩余价值之和，用公式表示为：$w=k+m$。因此，成本价格 k 会明显小于商品的价值 w，二者之间的差额就是剩余价值 m。

成本价格掩盖了资本的剥削关系。这是因为，成本价格是指生产商品所耗费的不变资本 c 和可变资本 v 的转化形式。这就抹杀了不变资本 c 和可变资本 v 之间的区别，更加忽视了二者在价值增值过程中所承担的不同作用。

（2）剩余价值 m 转化为利润。把剩余价值看成全部预付资本的产物或者增加额，而不是雇佣工人剩余劳动的产物时，剩余价值就转化为利润 p 了。剩余价值和利润虽然本质上不同，但其数量上是相等的。剩余价值转化成利润，这就掩盖了剩余价值的本质，进一步掩盖了资本的剥削关系。

然而，即使马克思假定剩余价值率是相同的，但不同生产部门的利润率仍然可以不同，其原因主要有两个：一是资本有机构成不同，二是资本周转时间不同。由此，马克思得出结论：“如果其他条件不变，不同生产部门所使用的资本的周转时间不同，或者这些资本的有机组成部分的价值比率不同，那么，同时并存的不同生产部门的利润率就会不同。”①

（3）剩余价值率转变为利润率。剩余价值率是指剩余价值 m 与可变资本 v 的比率，用公式表示为：$m'=m/v$。利润率则是指剩余价值 m 与全部预付资本 $c+v$ 的比率，用公式表示为：$p'=m/(c+v)$。

剩余价值率与利润率存在着明显区别，不仅实质不同，而且数量也不会相等。m' 反映的是资本家对工人的剥削程度，而 p' 反映的是资本价值的增值程度，后者掩盖了资本家对工人的剥削。

利润率变动的影响因素有许多，归纳起来主要有以下几个：一是剩余价值率的高低，二是资本有机构成的高低，三是资本周转速度的快慢，四是不变资本的节约程度等。

在工作日相同、劳动剥削程度相等时，不同生产部门由于资本有机构成不同以及资本的可变部分不同，它们所推动的活劳动量也就不同，“因而所创造的剩余价值从而利润也不等，所以，它们的利润率，即那个正好由剩余价值对总资本用百分比计算得出的利润率也就不同”②。因此，在商品按价值出售的条件下，不同部门的等量资本不可能具有相同的利润率。③

（4）利润转变为平均利润。生产部门不同，则利润率也会不完全相同，这是因为不同部门具有不同的资本有机构成和不一样的资本周转速度。但资本的规则是：等量资本要求获得与之相等的利润。因此，部门之间的激烈竞争最终形成了平均利润率。用公式可以表示为：平均利润率=剩余价值总额/社会总资本，而平均利润=预付资本×平均利润率。

决定平均利润率的因素是哪些呢？马克思在平均利润率的形成上，不仅考虑到不同生产部门的差别，而且考虑到不同生产部门所投资本在总资本中所占的比重。他的结论是：“一般利润率取决于两个因素：1.不同生产部门的资本的有机构成，从而各个部门的不同的利润率；2.社会总资本在这些不同部门之间的分配，即投在每个特殊部门因而有特殊利润率的资本的相对量，也就是，每个特殊生产部门在社会总资本中所吸收的相对份额。”④如果利润率高的部门的资本所占的比重较大，那么平均利润率就会高些；反之则会低些。

对于不同的资本家来说，他们的利润量之所以有差别，只是因为他们投入的资本量不同。由于投在不同生产部门的资本有机构成不同，等量资本就不会

①马克思恩格斯文集（第7卷）.人民出版社，2009：161

②马克思恩格斯文集（第7卷）.人民出版社，2009：167

③《资本论》导读.高等教育出版社、人民出版社，2012：376

④马克思恩格斯文集（第7卷）.人民出版社，2009：182

生产等量的剩余价值，因而才会有不同的利润率；而平均利润率是所有不同生产部门的利润率的平均数。虽然不同部门的资本家在出售商品时收回了他们所用掉的资本价值，但是，他们并不是得到本部门所生产的剩余价值或者利润，而只是得到按资本平均分配到的那部分剩余价值或者利润，即只是得到平均利润。[①]

马克思指出，关于部门利润率的一般规律，实际上具有双重意义：第一，个别利润率的变动不会直接引起平均利润率的变化。一般利润率在一定时期内是相对稳定的。第二，在每个生产部门中，利润率的波动会持续或长或短的时期，直到充分固定下来以后，才会影响一般利润率。平均利润率的这种稳定性，也使得平均利润与利润、剩余价值的联系变得难以直接观察。

平均利润率规律是资本主义制度的客观经济规律，但它掩盖了利润的本质与来源问题。因为利润转化成平均利润后，资本家获得利润的多少，从表面上看，仅仅与他的资本总量有关，于是，利润的本质和来源问题就被完全掩盖了。事实上，资本主义社会的工人不仅要受到本部门资本家的剥削，而且还要受到整个资本家阶级的剥削。

（5）商品的价值转化成生产价格。生产价格以平均利润率的形成为前提条件，因为随着利润转变为平均利润，商品的出售价格不再是成本价格与剩余价值之和，而是变成了生产成本与平均利润之和。马克思指出：“求出不同生产部门的不同利润率的平均数，把这个平均数加到不同生产部门的成本价格上，由此形成的价格，就是生产价格。”[②]

在每个具体的生产部门中，商品生产价格的变动，可以由以下三种情况引起：①商品价值不变，但平均利润率发生了不以该部门为转移的变化；②平均利润率不变，而该部门的生产技术或作为该部门不变资本的商品价值发生了变化；③商品价值和平均利润率同时变化。[③]平均利润率的变化一般需要经历很长的时间才能确定下来，因此，“在任何一个较短的时期内（把市场价格的波动完全撇开不说），生产价格的变化显然总是要由商品的实际的价值变动来说明”[④]。

全社会各部门的生产价格总和与价值总和相等。马克思指出，对各个部门的资本家来说，“谁也不会把自己的利润算到自己的成本价格中”，“从总的计算来看，只要一个生产部门的利润加入到另一个生产部门的成本价格，这个利润

---

①《资本论》导读.高等教育出版社、人民出版社，2012：379

②马克思恩格斯文集（第7卷）.人民出版社，2009：176

③《资本论》导读.高等教育出版社、人民出版社，2012：382

④马克思恩格斯文集（第7卷）.人民出版社，2009：186

就已经算在最终产品的总价格一方，而不能再算在利润一方”[①]。马克思还指出：“总的说来，在整个资本主义生产中，一般规律作为一种占统治地位的趋势，始终只是以一种极其复杂和近似的方式，作为从不断波动中得出的、但永远不能确定的平均数来发生作用。”[②]

生产价格不同于市场价格。生产价格形成前，价值规律发生作用的形式是市场价格围绕价值上下波动。生产价格形成后，生产价格就成为商品交换的基础，市场价格以生产价格为中心，而不再以价值为中心上下波动。这样的改变却没有否定价值规律的客观性，只是平均利润和生产价格的形成进一步掩盖了剩余价值的来源。[③]

（6）个别价值转变为市场价值。首先要把市场价值与个别价值区分开。个别价值取决于个别劳动者生产商品的实际劳动消耗。而“市场价值，一方面，应看作一个部门所生产的商品的平均价值，另一方面，又应看作是在这个部门的平均条件下生产的并构成该部门的产品很大数量的那种商品的个别价值”[④]。作为价格波动中心的价值应该是市场价值。

市场价值是同种商品不同个别价值平均化的结果，是通过部门内的竞争实现的。马克思指出：“竞争首先在一个部门内实现，是使商品的不同的个别价值形成一个相同的市场价值和市场价格。”而市场价值到底是由中等、优等还是劣等生产条件决定，其关键在于，哪种条件生产的产品数量在满足社会需要的总量中占据优势。

（7）市场价值转变为生产价格。当平均利润率形成以后，生产价格就代替商品价值起市场价值的作用，称为价格波动的中心因素。马克思得出如下结论：①价值规律仍然支配着价格运动，生产商品的必要劳动时间减少或者增加，会使生产价格降低或者提高。因此，以生产价格为中心的价格波动并不是对价值规律的否定，而是价值规律在更高发展阶段的表现。②平均利润总是与按照资本的相应部分分得的剩余价值接近相等。因此，生产价格规律不过是价值规律的转化形式，平均利润率形成以后，价值规律并没有消失，而是通过生产价格继续发挥它的作用和实现它的要求。[⑤]

市场价值与市场价格的关系。市场价格是市场价值的货币表现。决定市场

---

① 马克思恩格斯文集（第 7 卷）.人民出版社，2009：179

② 马克思恩格斯文集（第 7 卷）.人民出版社，2009：181

③《资本论》导读.高等教育出版社、人民出版社，2012：384

④ 马克思恩格斯文集（第 7 卷）.人民出版社，2009：199

⑤《资本论》导读.高等教育出版社、人民出版社，2012：387

价格的根本因素是市场价值，而不是供求关系。但供求关系又会影响市场价格的确定，调节着市场价格对市场价值的偏离。长期来看，市场价格与市场价值的变动趋势是一致的。

2.3.2 生产价格理论在探讨房价问题上具有明显的现实意义

生产价格形成后，生产价格已经取代价值理论成为商品交换的基础，而市场价格开始围绕生产价格并且以生产价格为中心，而不再以价值为中心进行上下波动。因此，在分析房屋价格问题上的着眼点是生产价格，在房屋交换问题上的着眼点也应该是生产价格，而不再是价值本身。这就不难理解，土地出让价与商品房价格脱离其生产材料费用和劳动支出费用等生产费用基础，而在生产价格规律的支配下所呈现出来的价格上涨问题了。

2.4 住房市场发展的认识基础

2.4.1 住房的多重属性

房屋按用途分类有多重属性，既有民生属性、消费属性，又有投资属性。韩国、澳大利亚、加拿大等国家的法律明确规定，住房是消费品，不是投资品。但在房屋价格暴涨的局面之下，房产已经不再单纯地具有民生属性或者消费属性，而是成为资本逐利的载体，具有明显的投机投资属性。也正是由于房屋具有明显的投机投资属性，才导致房价在上涨之后又进一步上涨。

社会达尔文主义者认为，房屋的主要功能是投资，房屋与钻石一样是收藏品，而且房屋占有多了也不应该纳税。不作为主义者会解释房屋为什么涨价，认为未来还会涨价，而且把政府调控看成对国民的恩赐，而不是责任。这些虽然都是违背社会主义制度下房屋真实属性的错误理论，都会混淆视听、误导政府决策、贻误最佳调控时机，但在客观上为房价上涨提供了动力，也提供了条件。

2.4.2 住房投机投资视角的缺陷

在房屋投资投机的暴利之下，这些论调还会误导普通国民，甚至在一段时期内会使全社会普遍忽视两个基本问题：（1）房屋的第一属性是民生属性，房屋首先是国民民生的保障需要。在社会主义制度下，房屋的基本功能是居住属性，是给普通百姓提供基本的生存保障。房屋的第一属性是民生属性，不是投机投资属性，也不是保值增值属性。（2）在社会主义制度下，房子不应该成为少数人转移和获取多数普通民众财富的手段。住宅市场发展的基本思路应该是，生产出让普通居民居住舒适又有经济承受能力的房屋。即使是韩国、澳大利亚、加拿大这样的发达国家，其住宅市场的炒作也会受到严格限制。社会主义国家更应该限制对住宅的炒作，绝不能允许少数人通过炒作住宅市场转移多数普通民众的财富。

2.4.3　中国商品住宅的属性难以区分

目前，中国对房屋属性的认识，可以说还是模糊不清，或者说还存在诸多自相矛盾的方面。中国的住宅不是纯粹的民生产品。如果房屋是民生产品，那么各级地方政府就应该负责，并彻底解决中低收入居民的居住权问题。

它不是消费品，因为中国居民消费价格指数（CPI）包括国民的各种消费品价格，唯独不包括普通居民的住宅价格。如果房屋是消费品，那么中国政府对于外国资本进入中国住宅市场问题，应该进行严格的用途审查，甚至进行严格的进入管制。据商务部统计，2010年1～7月份，外商直接投资中国房地产开发及城镇固定资产的累计资金总额为248亿元，同比上涨10%。经不完全统计，包括摩根斯坦利、美林、华平投资、高盛、凯雷投资、凯德置地、麦格理、瑞银、软银亚洲等众多国际投资公司均以不同形式进入我国国内房地产业。比如2008年10月，全球最大的私募投资公司黑石（Black Stone）集团投资首个中国房地产项目，以9.5亿元的总价格获得上海长寿商业广场95%的股权，“借道”进入中国的住宅市场。

它具有投资品的功能，因为不仅部分国民热衷于炒房赚钱，而且国外资本在中国住宅市场的比重也很高。据央行的统计报告显示，国外资本在中国住宅市场所占的比重已经高达15%，国外资本成为助推中国房价上涨不可忽视的动力之一。而统计学观点也认为，住宅是投资品，其价格变化反映资产价格的变化，它不能存在于CPI之中。

但它又不是投资品，因为非居民投资住宅的统计数据放在经常项目下，而不是放在资本项目下进行管理，使得大量外资顺利进入国内住宅市场，轻易从中国房地产市场获利。如果房屋是投资品，那么，中国政府在没有开放资本市场的条件下，应该严格限制外国资本进入中国住房市场攫取国民财富。

上述对房屋属性的诸多模糊认识，使得中国的住房制度改革沿着市场化的方向渐行渐远（2010年以前），甚至忽视了社会主义制度的制度属性。这不仅影响到中国住房市场的健康发展，而且为今后的政策调控增加了难度，甚至还可能会错失最佳调控时机。国务院参事陈全生（2011）认为，只有把房地产市场的投机炒作清除出去，恢复住房的居住功能而非投资功能，房地产市场才能够正常发展。

分析思考

一、基本概念

生产方式　级差地租　绝对地租　垄断地租　胡佛竞价曲线　生产价格　平均利润率

二、思考题

1. 生产方式理论的历史地位和现实意义是什么？
2. 生产方式理论与房地产市场有什么关系？
3. 马歇尔的地租理论是什么？
4. 地租剩余理论是什么？
5. 克拉克地租理论是什么？
6. 萨缪尔森地租理论有哪些内容？
7. 阿隆索的地租理论有哪些内容？
8. 地租理论与房地产市场变化存在什么关系？
9. 生产价格是如何形成的？
10. 我国当前的房地产市场如何用生产价格理论加以解释？

推荐阅读

1.亚当・斯密.国富论[M].北京：中央编译出版社，2010

2.大卫•李嘉图（周洁译）.政治经济学及赋税原理[M].北京：华夏出版社，2005

3.马克思，恩格斯.资本论（第三卷）[M].北京：人民出版社，1975

4.恩格斯.论住宅问题[M].北京：人民出版社，1975

5.马克思恩格斯文集（第7卷）.北京：人民出版社，2009

6.《资本论》导读编写组.《资本论》导读. 北京：高等教育出版社、人民出版社，2012

7.林岗，张宇.马克思主义经济学的五个方法论命题.马克思主义与经济学[M]. 北京：经济科学出版社，2007

8.曹振良.房地产经济学通论.北京：北京大学出版社，2003

第3章　房地产市场发展的现实因素

通过学习本章，可以掌握：
※ 城市化的定义和内容，中国城市化进程
※ 工业化的定义，工业化与住房短缺的关系
※ 住房市场化改革及其隐患
※ “圈房运动”的原因、实质与后果
※ 分税制改革的背景，分税制改革下的土地财政
※ 预期、通胀、投机投资因素对房价的影响

导　言

中国目前正在加快进行工业化和城市化建设，而工业化和城市化过程必然会发生房价过高以及住房短缺问题。恩格斯（1872）在《蒲鲁东怎样解决住宅问题》中指出，住房短缺是指当人口突然大量涌进大城市的时候，普通工人的住房条件因此而特别恶化：一是房租大幅度提高，二是每所住房变得更加拥挤，三是部分人口根本没有栖身之所。此外，导致房价上涨的现实因素还有房改政策因素和普遍存在的“圈房运动”等。但需要说明的是，分税制改革不应该是房价上涨的理由。

3.1　城市化加快进行

3.1.1　城市化的定义与内容

城市化的定义，基于不同的角度有多种解释。孟晓晨（1992）认为，城市

化是劳动力完成从传统产业向新兴产业转换，从农村向城市迁移的过程。而中国城市规划学会与全国市长培训中心的《城市规划读本》(2002) 将城市化定义为："城市化或城镇化主要是指人类的生产和生活方式由乡村型向城市型转化的过程，以及城市在不同区域不断发展和完善的过程。"大多数学者支持后一种解释。

城市化内容的科学界定直接关系到对城市化动力机制、约束机制、时空演化机制、城市化数据、城市化发展模式等诸多理论问题的深入探讨。在政策实践方面，1963 年以前，我国城镇人口指的是有建制的市镇总人口；1964 年以后，改为有建制市镇的非农业人口；1982 年第三次全国人口普查后，重新公布市镇总人口，不再公布市镇非农业人口。

3.1.2 城市化的进程与特征

20 世纪 80 年代至 90 年代，学术界关于中国城市化道路的争论极为激烈，主要的学术观点有小城市论、大城市论、中等城市论、多元发展论、城市体系论等五大选择。

《2012 中国新型城市化报告》认为，迄今为止，新中国的城市化发展历程大致包括六个发展阶段：1949～1957 年城市化起步发展阶段，1958～1965 年城市化曲折发展阶段，1966～1978 年城市化停滞发展阶段，1979～1984 年城市化恢复发展阶段，1985～1991 年城市化稳步发展阶段，1992 年至今城市化快速发展阶段。

我国的城市化进程如果以 1978 年的改革开放为标志，则可以划分为两个阶段：改革开放前的曲折发展阶段和改革开放后的迅速发展阶段。中国的城市化进程虽然在改革开放前有较大程度的发展，但是真正意义上的城市化进程却是始于改革开放后。改革开放以来，我国城市化进程有以下几个特征：

（1）确立积极发展小城镇为主的城市化方针。费孝通在 1983 年提出，农村剩余劳动力问题的有效解决办法是：小城镇为主，大中小城市为辅。他还认为，中国社会主义城市化的必经之路是加强小城镇建设。上述建议曾经获得社会各界与政府内部的普遍认同，这是因为受到当时城乡户籍管理制度的约束，该办法是城市化建设比较好的选择。

（2）重视行政调控手段。虽然也有市场机制的作用，但是政府的行政手段居于主导地位，其突出表现在宏观的政策导向与微观的城市规划上。1989 年 12 月，国务院颁布《城市规划法》，确定了积极发展小城镇的战略选择。

（3）管理政策逐渐转变，从之前实行城乡分隔且限制人口流动的政策，改变为当时的放松管制且允许农民进城就业，甚至是用优惠政策鼓励农民迁入小城镇。1997 年 6 月上旬，国务院转发了公安部关于户籍改革问题的诸多通知。这些通知的大体意思是，户籍制度要进行适时的改革，鼓励农村剩余劳动力不仅就近而且有序地迁入小城镇，最终实现促进小城镇与农村共同发展的目标。

（4）城市化以工业化为主要动力。中国人口增长与就业增长的非均衡程度比较严重，无法走城市化均衡发展的道路，于是，我国在上世纪 80 年代开始发展乡镇企业，实现剩余劳动力就地完成产业转换，从而缓解劳动力直接转移到城市的数量压力与质量压力。这既是由我国生产力的现状所决定的，又是各地盲目追求经济效益的必然结果，其缺点在于带来了较为严重的资源浪费与环境污染。

（5）城市化追求高速度的粗放型发展模式。伴随城市化的快速推进，社会财富以前所未有的速度进行积累，并向工业及其他非农产业流动，由此引起经济增长速度的进一步加快。同时，土地与劳动力等生产要素也出现了向农业以外急剧转移的情况，城市化比率迅速提高。[①]在 1999 年“保八”的战役中，城市化被认为是可以长期拉动内需的重要经济增长点。于是，城市化被赋予新的意义，成为经济增长的火车头。

3.1.3 城市化率逐年提高

改革开放后，中国城市化率呈现出逐年提高的基本趋势。从 1978 年到 2002 年，中国的城市化率由 17.9%迅速提高到 39.1%。中国社科院报告（2010）认为，到 2008 年底，中国的城市化率已经达到 45.68%，中国的城市人口已经达到 6.07 亿人。《2012 中国新型城市化报告》指出，中国城市化率突破 50%，如表 3-1 所示。这意味着中国城镇人口首次超过农村人口，中国城市化进入关键发展阶段。

表 3-1 中国历年城市化率

年份	城市化率（%）	年份	城市化率（%）
2000	36.22	2007	44.94
2001	37.66	2008	45.68
2002	39.09	2009	46.59
2003	40.53	2010	49.68
2004	41.76	2011	51.27
2005	42.99	2012	52.57
2006	43.90	2013	52.89

资料来源：凤凰网. 中国历年城市化率；统计局网站

① 聂振邦，王建，吴阿南. 我国工业化中期农村经济问题研究（第 1 章）.中国计划出版社，1996

3.1.4 中国城市化的问题

随着城市规模的快速扩大、城市人口的迅速增长，城市化过程中出现了许多问题。其具体表现为以下6个方面：

（1）城市中心区域人口过于密集。大型城市对人口具有强大的吸引作用，而人口的快速集聚也成为各大城市发展的重要动力之一。在人口快速集聚的过程中，城市建设和管理一旦跟不上迅速增长的需求，必然会导致各类城市基础设施的供给滞后并引发一系列的矛盾。北京市发改委主任丁向杨曾提出，北京市将按照现代化生态城市的标准，以公开招标方式确定高水平规划设计，计划未来建设几个适合50万以上人口居住和就业的新型“卫星城”，用来疏散城市中心地区的人口。

（2）交通拥挤。迅速推进的城市化导致大城市人口急剧膨胀，使得城市交通需求与交通供给的矛盾日益突出。这主要表现为交通拥挤、交通堵塞以及由此带来的污染、安全等一系列问题。交通拥挤对社会生活最直接的影响是，增加了居民的出行时间和出行成本，而出行成本的增加不仅会影响工作效率，还会抑制人们的日常活动，使城市活力大打折扣，居民的生活质量必然也会随之下降。另外，交通拥挤也会导致交通事故增多，而交通事故增多又反过来加剧了交通拥挤。

（3）地价与房租昂贵，居住条件较差。人口过分集中，导致住房拥挤。1990年底，我国城镇共有无房户与住房困难户800多万户。据1988年统计，全国人均居住面积在 $2m^2$ 左右的特困户尚有55万户。尤其是城市中的农民工群体，其居住条件相对更差，4/5以上的农民工居住在设施不完善的各类住房中。

（4）环境污染严重，原有生态环境遭到破坏，环境质量下降。随着城市化进程不断加快，城市居民的生产和生活环境也日益恶化。中小城市尤其是内陆城市的大气污染与水资源污染指标均存在超标现象。究其原因，主要是城市工业发展速度快、建筑工地多、机动车迅速增加等因素，导致烟尘、灰尘、尾气成为城市大气污染的主要因素。另外，交通拥堵也会引发城市生存环境的持续恶化，成为阻碍社会经济发展的“城市顽疾”。在机动车迅速增长的过程中，交通对环境的污染也在持续增加，逐步成为城市环境质量恶化的主要污染源。交通拥挤导致车辆只能在低速状态下行驶，而频繁停车和频繁启动不仅增加了汽车的能源消耗，而且增加了汽车的尾气排放量，增加了噪声污染。

（5）就业困难，失业人口相对增多。城市化过程中的就业机会相对来说是严重不足的，就业不足、就业质量差甚至失业，是造成城市贫困人口长期大量存在的重要原因之一。

（6）贫富两极分化。贫困人口的出现甚至大量增加，在很大程度上是由于外来人口大量涌入，以及本城市人口的收入差距过大造成的。在城市化进程中，发展中国家往往会把发展重点转向资本与技术密集的部门，造成劳动力大量进入第三产业中的传统服务业或者非正规部门，而其工资一般只相当于正规部门工资的一半，于是贫困与富裕并存。

3.1.5　城市化带来大量的住房需求

城市化的迅猛发展将明显加剧城市人口对房屋的刚性需求。樊纲认为："对于中国这样的人口众多的国家来说，今后50年再出现50～100个200万人口以上的大城市并不算多。"北京大学发展研究院院长周其仁在接受记者采访时也表示，要接受大城市在人口数量和城市规模上不断扩张的基本趋势。联合国人居署和亚太经社理事会所做的《亚洲城市状况2010～2011》调查报告认为，在未来10年间，中国还将有大约1.5亿人口完成从农民到市民的空间转换与身份转换。

如果中国的城市化水平到2020年达到55%左右，我们可以估算，城镇居民数量将由当前的6亿多猛增到8亿左右。这就意味着，中国将会产生大约2亿人口的新增住宅需求。

3.2　工业化快速发展[①]

3.2.1　工业化的定义

工业化通常被定义为工业特别是制造业或第二产业产值在国民生产总值或国民收入中的比重，以及工业就业人数在总就业人数中的比重不断上升的过程。但工业化却不能狭隘地理解为简单的工业发展，这是因为工业化是现代化的核心内容，是传统农业社会向现代工业社会转变的全部过程。在这个过程中，工业发展绝不是孤立进行的，而是与农业现代化和服务业发展相辅相成的，是以贸易的发展、市场范围的扩大以及产权交易制度的完善等为依托的。也有学者认为，工业化指一个国家或者地区的国民经济中，工业生产活动逐步取得主导

①科技名词：工业化.百科名片.2013

地位的发展过程。

中国当前提出了新型工业化的概念。所谓新型工业化，就是坚持以信息化带动工业化，以工业化促进信息化，走科技含量高、经济效益好、资源消耗低、环境污染少、人力资源优势得到充分发挥的工业化道路。

3.2.2 工业化正在快速发展

改革开放以来，中国工业领域一直在不断解放生产力和发展生产力。1985年，我国国有企业开始实行政企分开，逐步扩大企业的生产经营自主权，实行生产经营的责任制，并实行“按劳分配为主、多种分配方式并存”的分配制度，这大大调动了企业和职工的积极性，增强了企业活力。

1992年，中共十四大提出建立社会主义市场经济体制的目标以后，国有企业加快了改革的步伐，大批国有企业建立现代企业制度，建成了宝山钢铁公司、京九铁路、大亚湾核电站、葛洲坝水利枢纽工程等许多接近或者达到世界先进技术水平的工程项目。

中国工业的发展速度是空前的。目前，工业产品产量居世界第一位的已有210种左右。其中，钢产量1996年首次超过1亿吨，成为世界第一大产钢国。粗钢产量在2008年突破5亿吨，接近全球产量的40%。原油产量在2008年达到18972.8万吨，是1949年的1500多倍。汽车产量在2008年达到934.51万辆，其中轿车总数是503.73万辆。2009年一季度，我国汽车销售总量世界排名第一。我国已经成为名副其实的工业制造大国。

中国已经建成门类齐全的工业体系。党的十六大报告这样描述，我国现代化进程中的艰巨历史性任务是实现工业化，而我国加快实现工业化、现代化的必然选择是走信息化之路。我们要坚持用信息化建设带动工业化建设，以工业化建设推进信息化建设，走出一条新型工业化的路子，不仅要实现科技含量高、资源消耗低、经济效益好以及环境污染少的目标，而且要使人力资源的优势得到充分发挥。

3.2.3 中国新型工业化的基本特征

与传统的工业化相比，新型工业化有三个突出的特点：

（1）以信息化带动工业化，实现跨越式发展。以科技进步和科技创新为动力，注重科技进步和劳动者素质的提高，在激烈的市场竞争中以质优价廉的商品争取更大的市场份额。

（2）新型工业化要能够增强可持续发展的能力。要强调生态建设和环境保护，强调处理好经济发展与人口、资源、环境之间的关系，降低资源消耗，减少环境污染，提供强大的技术支撑，从而大大增强中国的可持续发展能力和经济后劲。

（3）新型工业化要能够充分发挥人力资源优势。著名的美国管理学家德鲁克说：“企业或事业唯一的真正资源是人。管事就是充分开发人力资源以做好工作。” 当今世界的经济竞争、科学竞争或者技术竞争，归根结底都是人才的竞争。然而，已经存在的人力资源却不等同于现实的生产能力，人力资源需要大力开发和有效利用。因此，新型工业化需要充分发挥和有效利用现存的人力资源优势。

3.2.4 工业化的作用

工业与整个宏观经济走势密切相关，工业成为拉动经济增长的主要动力，工业化集聚资源。2010 年工业对经济增长的贡献率为 49.3%，比 2009 年提高 9.3 个百分点。消费结构的明显升级已经推动产业结构出现新的变化，目前房地产业与汽车产业已经成为中国国民经济的支柱产业。

工业化也集聚人口，农村人口向某些中心区域迅速集中。这是由于：（1）工业化所带来的大规模使用机器的生产活动，客观上要求劳动要素要相对集中；（2）工业区域的劳动市场价格具有吸引作用。

3.2.5 工业化与住房短缺问题

在《论住宅问题》第二版序言中，恩格斯（1887）这样说过：“一个古老的文明国家像这样从工场手工业和小生产向大工业过渡，并且这个过渡还由于情况极其顺利而加速的时期，多半也就是‘住房短缺’的时期。”

随着以工业为中心的大城市吸引到越来越多的农村工人的时候，许多老城市的旧布局因为不能适应大工业的条件和交通状况而大批拆除工人住房。于是，普通工人的住房短缺问题急性发作。中国工业化过程当中所产生的住房短缺问题，也大致如此。

3.3 住房货币化改革需要继续推进

3.3.1 1998 年的住房货币化改革易推高房价

上一轮房改政策的基本特征是，把房地产视为经济政策，而非单纯的社会政策。无论是凭借手中的财力，还是凭借权力与信息资源等优势来投资投机房地产行业，都是因为房地产行业有利可图，社会资源才会拼命进入。而众多社会资源之所以能够进入，不能不说是房改政策把房地产行业视为经济政策的结果，房地产行业成为各级政府经济增长的重要来源之一。之所以说房改政策不再是单纯的社会政策，那是因为房地产政策并没有首先解决中低收入阶层居民的居住权问题。

中国 1998 年房地产市场改革的诸多措施，容易产生房价走高等社会经济后果。其原因有二：第一，房地产改革的大背景是城市化和工业化的迅速发展，这就会形成住房供给不能满足住房需求的市场局面；第二，在没能有效解决中低收入群体住房的条件下进行全面货币化改革，并片面快速发展商品房市场，明显会在一定时间内剥夺中低收入群体的住房权。

3.3.2 住房市场化的根源在于新自由主义的过度发展[①]

新自由主义的实质是，把一切要素投入市场，把一切问题货币化。新自由主义虽然也曾遭到国有企业的强大抵抗，但其在社会领域却得到迅速发展。随着国企改制的推进，新自由主义进入社会保障和医疗卫生领域。1997 年亚洲金融危机之后，新自由主义进入教育领域。而这些年，新自由主义又进入了房地产领域。

新自由主义进入中国以后，在很大程度上起到过一些积极作用，比如随着市场化改革的推进，企业增加了竞争力，尤其是中国的中小企业。但是，新自由主义的过度发展，是引导房改政策变化并产生房价上涨等诸多社会经济后果的理论支点。虽然房地产领域引入市场机制也是大势所趋，但问题在于，该领域首先应该是社会政策，然后再去利用市场机制配置资源与社会服务，以提高服务的质量与效率。房地产领域一旦被看成单纯的经济领域，演变成经济增长

---

①郑永年.中国“圈房运动”弱化执政党社会基础.新加坡联合早报，2010 年 4 月

的来源时，社会政策功能必然会退化甚至消失。郑永年（2010）甚至认为，中国没有明确的社会政策，而且所有社会领域都呈现出被经济政策所主导的趋势。

3.4　“圈房运动”行为

3.4.1　“圈房运动”行为

全民炒房始于 20 世纪末温州的“太太炒房团”，社会上到处流传着向银行借钱买房的超前消费观念。与此同时，银行扩展住房按揭业务，胆大的人开始怀揣少量资金勇敢买房。之后，随着房价不断上涨以及通货膨胀压力的不断加大，越来越多的人加入到炒房队伍中。此外，央企、地方国企、外商以及国际热钱和信贷资金等都参与了房地产市场的利益角逐，助推了房地产市场的膨胀。楼市已成为人们获取暴利的聚宝盆，全民炒房之风渐盛。

3.4.2　“圈房运动”的原因

当前之所以有巨量资金进入房地产市场，其原因在于：

（1）高增长率。改革开放以来，中国经济始终保持较高增速，这为政府和民间投资与融资进入房地产等领域奠定了良好的货币基础。充裕的货币流量是全民炒房热的重要基础。

（2）高储蓄率。这些年我国的储蓄率比较高，大概占到 GDP 的 40%以上。全国人民一年创造的财富中，消费加净出口部分只占其中的不到 60%，其他都成为了储蓄。储蓄率偏高成为我国经济生活中普遍存在的问题。

（3）民间投资渠道不畅。投资股市风险高，存银行利息又比较低，加之通货膨胀因素的困扰与房价的居高不下，于是，投资房地产市场、投资购房成了许多国民的选择。民间投资渠道不丰富是我国经济发展的另一个问题。

（4）收入分配不均。资金大量流入房地产业，更深层次的原因却是与收入分配的差距密切相关的。在年均 9%左右的经济高增长速度中，收入分配的增长速度却是不均衡的，高收入者的收入增长速度要高于低收入者的收入增速。这也是开发商倾向于修建中低收入阶层居民买不起的高档住房的重要因素。

3.4.3　“圈房运动”的实质

“圈房运动”的实质是部分国民对房屋的投资投机问题。当部分社会群体为了获得未来的较高收益，每人获得三四套甚至更多住房数量的时候，另外一些社会群体的住房权必然得不到实现。也就是说，前一群体用货币或者其他形式剥夺了后一群体的居住权，而前一群体实际拥有的住房数量又大大超越了住房权本身，把本来应当属于别人的权利用于获取和投机更大的自我利益。前一群体之所以能够投资投机房地产，要么是他们凭借本身的财力资源，要么是凭借他们手中的权力、信息等资源，但结果都是一样的，即到处都在发生着以有钱有势者为主导的“圈房运动”。这实际上是住房的恶性投资投机问题，因为它会加剧这个社会的两极分化。

3.4.4 “圈房运动”导致房价走高

“圈房运动”制造虚假社会需求，扭曲市场供求机制，引起房价不正常的上涨。为什么在多数家庭买不起住房的同时，许多城市的商品房空置率竟然达到50%以上？郑永年（2010）认为，这是“圈房运动”的产物，而经济学的供求规律是无法解释的。

3.5 分税制改革与高地价、高房价

3.5.1 分税制改革背景

20世纪80年代末、90年代初，中国财政收入占GDP的比重和中央财政收入占整个财政收入的比重迅速下降，中央财政陷入严重危机，中央政府面临前所未有的“弱中央”状态。

这场严重的财政危机使党中央、国务院于1994年实行分税制改革。中央与每个省份磋商分税的种类和比例，这就搭建了市场经济条件下中央政府与地方政府财政分配关系的基本制度框架。分税制的实行，使中国的财政秩序迅速改观，中央财政重新获得活力。

3.5.2 分税制改革不是土地财政的理由

长篇报告文学《中国农民调查》（2003）认为，分税制改革的本质是中央实行财政集权，中央的出发点虽好，却造成地方财政的弱势，这是造成当前楼市价格暴涨的深层次问题。这遭到前任总理朱镕基等专家学者的反对。朱镕基（2011）认为，《中国农民调查》攻击分税制掏空地方财政，根本就是无知。项

怀诚（2011）认为，不能把地方政府的土地财政问题归罪于分税制，分税制也没有能力导致房价暴涨。[①]

本书对分税制执行效果进行数据考察，并得出以下几点研究结论：

第一，实行分税制改革以来尤其是最近几年，无论是地方财政收入的增速，还是地方财政的实际收入，都明显高于中央财政收入。地方财政的实际收入包括两个方面，既包括地方财政收入，又包括中央对地方税收返还和转移支付总额。

但《中国农民调查》（2003）无视地方财政的实际收入，错误地认为，分税制改革实现了中央财政集权，却造成地方财政的弱势，并造成当前楼市价格暴涨。朱镕基（2011）认为，在 2010 年全国财政收入的 83000 亿元中，地方的直接收入高达 40000 亿元，而且中央税收返还给地方的部分是 33000 亿元。因此，地方的收入之和是 73000 亿元，而中央财政收入仅仅是 15900 亿元，只占到 83000 亿元的 20%左右，这个比例明显低于 1992 年的 28%和 1993 年的 27%。本书查阅国家统计局和财政部的统计数据发现，最近几年，无论是地方财政收入的增速，还是地方财政与中央对地方税收返还和转移支付之和的绝对数，都明显高于中央财政收入，地方财政并未弱势，如表 3-2 所示。

表 3-2　2008～2010 年中央本级收入和地方本级收入基本情况

年份	全国财政收入（亿元）	中央本级收入（亿元）	中央本级收入增速（%）	地方本级收入（亿元）	地方本级收入增速(%)	中央对地方税收返还和转移支付（亿元）
2008	61316.9	32671.99	17.7	28644.91	21.5	18663.42
2009	68477	35896	9.8	32581	13.7	28621
2010	83080	42470	18.3	40610	24.6	32350

资料来源：国家统计局和财政部网站. 2008~2010 年财政收支情况，2009 年中央财政预算：返还和转移支付预算表（http://finance.jrj.com.cn/2009/03/2018353890793.shtml）

第二，分税制改革没有掏空地方财政，不能成为地方政府倚重土地财政的理由，也不能成为地方政府直接推高地价和房价的理由。国内外部分观点认为，高房价和房地产项目沉重的深层次原因在于分税制掏空地方财政，因为中央 1994 年实现财政集权，地方政府只能倚重土地财政直接推高地价和房价。但朱镕基（2011）认为："我们制定了一个错误的政策，就是房地产的钱，都收给地

①项怀诚. 财税改革：回顾与展望. 第一财经日报，2011 年 7 月 18 日

方政府，而且不纳入预算，这不得了。这个钱就是搜刮民膏，所以把地价抬得那么高。这个绝对不是分税制的错误。地方没少收钱。”本书根据表 3-2 提供的数据认为，在 2008～2010 年间，地方政府的实际收入不仅在绝对数上，而且在增速上明显高于中央财政。这就说明，分税制改革没有掏空地方财政，不应该成为地方土地财政的理由，客观上也不能成为地方政府直接推高地价与房价的理由。

第三，税收大幅增长的根本原因在于税务系统的征管工作更有效率。虽然宏观税负没有提高，但税收连年大幅增长，甚至增速超过 GDP，这是事实。但其根本原因在于，税务系统加强征管、取消乱减免、对外资企业优惠到期、实行国民待遇等。虽然不能杜绝偷漏税，但税务系统已经做到应收尽收，已经在逐步提高工作效率。

3.5.3 分税制改革需要继续推进

分税制改革需要继续推进，因为地方政府的卖地所得等房地产收入不由财政系统统一征收，不进财政预算，也不归财政分配。蒋省三、刘守英（2006）认为，中国从 1994 年实行分税制改革以来，地方政府预算内的财政收入主要靠城市扩张带来的产业税税收，而预算外的财政收入主要依靠土地出让金实现的收入。朱镕基（2011）认为：“税收返还（转移支付）的工作做得不好，要靠地方‘跑部钱进’，求爷爷告奶奶才能拿到，分税制有缺点，但我负的责任不是主要的，因为我当时就说，分税制改革没有完，要继续进行。”分税制改革不论需要怎么推进，有一点是肯定的，那就是把地方政府的卖地所得等房地产收入由财政系统征收、进财政预算、归财政分配，去掉房价上涨的地方政府动力，使其逐步恢复到合理区间。

3.6 其他影响因素

除去以上因素明显影响房地产市场发展以外，还存在物价上涨、理性预期、投机投资需求等其他现实因素也在起推动作用。

3.6.1 物价上涨和通货膨胀

房产改革以来，我国几次实行宽松货币政策，尤其是 2008 年经济危机下再次实行了宽松货币政策，而美联储为摆脱危机，更是持续实施量化宽松的货币政策，从而使得中国经济体的内部出现了流动性过剩，这不仅为物价上涨和通货膨胀提供了温床，而且为房价上涨提供了有利条件。2008 年，张才杰、刘金红认为，普通商品的价格在短期内具有黏性，而房产价格却具有较大弹性，一旦货币供给增加，房价就会领涨普通商品。2010 年，张永胜、左祥认为，通货膨胀是房价持续上涨的重要原因之一。但是，也有学者认为，房价上涨是通货膨胀产生的原因之一。2009 年，丁攀、罗洋、罗江华利用中国 1998～2008 年的季度数据进行分析发现，房价变动对通货膨胀的影响程度大于股市变动的影响，而且房价上涨和股价上涨是通胀发生的原因而非结果。

3.6.2　预期的影响

多数学者重视预期的力量，认为对未来的预期会影响当前房价，尤其是乐观预期会推高房价，因为房地产具有明显的资产属性，其价格水平与未来收益密切相关。1994 年，Yukio Noguchi 通过研究日本 47 个区域发现，过分预期心理引起的大量投机投资需求会引起地价巨涨。1998 年，Karl E.Case 研究了波士顿的住房市场后，得出与 Noguchi 几乎完全一致的结论。同年，Meen 通过实证分析发现，房地产投机与心理预期会严重影响房价。2005 年，翁少群、刘洪玉分析了需求者的心理预期后认为，自用需求、投机投资需求对政府的宏观调控政策的弹性会显著影响房价。

对人民币升值的预期等因素推高了房地产市场的价格。2007 年，王琪认为，只有消费者的预期才能完全诠释房价的超速上升，才是房价上升的决定因素。同年，刘丹通过实证研究认为，中国地产开发商的边际预期收益率是 2.82%，只有实际预期收益率大于临界收益率，开发商才会选择投资。2008 年，陈蓉珠认为，国际资金对人民币升值的预期导致大量热钱流入我国地产市场，导致房价走高。同年，任荣荣等学者使用存量-流量理论和我国 35 个大中城市 1999～2005 年的样本数据建立了预期对房价影响的实证分析模型。他认为，房价走高的预期会引发居民对住房的过度膨胀，从而导致房价进一步非理性上涨，而且房价越高，预期的力量越明显。

2010 年，温海珍、吕雪梦、张凌把房价和地价看成内生变量，选取影响房价的五个因素和影响地价的七个因素建立了联立方程模型，使用全国 21 个城市 2000～2005 年的数据进行了两阶段回归分析后发现，房价滞后期对房价的影响程度是最大的，这表明预期在有效地推动房价上升。此外，刚性需求和投机性需求等需求因素更强烈地冲击着房产市场，导致房价上升，而其根源在于对人民币升值的预期。同年，纳梅认为，美国使用债务货币化的方式应对全球金融危机并挽救经济，却促使全球通胀预期的来临，而中国经济的率先恢复增强了吸引国际资金的能力，这样，国际资金的流入和宽松的货币政策导致国内资金的流动性过剩，引起房价上升。

3.6.3 投机投资性需求等其他因素的影响

1978 年，Harrison 和 Kreps 认为，投机性购买需求是存在的，因为投资人具有随时出售某项资产的权利和可能性，所以就愿意为之支付较高的价格以便日后可以获得更高的价格。1989 年，Kindleberger 认为，投机者分为局内人和局外人两个人群，局内人往往把价格抬得很高，在高峰时卖给局外人。1995 年，Abraham 和 Hendershott 等学者认为，房地产市场存在大量投机行为，而且成为房价的决定因素之一。2005 年，慈向阳、宣国良认为，影响房价上升的因素很多，主要有经济、社会、人口、心理、成本等。2006 年，Geoffrey Meen 和 Mark Andrew 通过对价格模型的实证分析得出，影响房价的主要因素是：收入，住宅供给，人口结构，税收结构，利率，信用可靠性。Bartik 用滞后调节的价格模型，实证分析人口和就业对房价上升的影响。Abraham 和 Hendershott 通过住宅价格模型的分析认为，影响房价上涨的主要因素有建设成本、就业率、收入，而且住宅上涨幅度与利率呈现负相关关系。同年，G. Donald Jud 和 Daniel T.Winkler 使用 130 个大都市区的样本数据分析后发现，影响住宅价格变化的因素主要是人口增长、实际收入、实际建设成本、实际利率等。

而 2007 年，赵丽丽、焦继文使用灰色关联度分析得出，影响济南市房价的主要因素有建材价格、土地价格、户籍人口、人均可支配收入、GDP、储蓄存款余额、房地产投资额。2009 年，张俊生认为，影响房价的八大主要因素分别是投资性需求、土地取得行为、土地供给、炒作、被动需求、建筑容积率、套型面积、超额利润等。2010 年，陈建、陈英楠通过分析全球过去十年房价上升的幅度与趋势发现，全球房价快速膨胀与同方向变化的主要因素在于全球实际利率的走低和全球流动性过剩。

当前，抑制房地产市场中的投资投机性需求已经成为我国社会各界的共识。王萍萍、温笑薇（2006）和金娟芬（2006）提出，应该征收较高的开发投资税，从源头上控制外资炒房；还要斟酌制定贷款政策，既要保证居住性居民有房可住，又要限制利用金融机构贷款投机购房。2008 年，吕红军认为，税收政策能够减缓房产流通速度，打击投机性购房需求。他认为，抑制需求的方式包括控制购买欲望、降低购买能力以及转变投资方向。其中控制购买欲望主要是改变居住习惯、控制房价上涨预期，降低购买能力主要是提高利率、减少流动性、提高首付款比例，转变投资方向主要是用更好的投资产业吸引投机和投资资金流出房产领域，或者用增加税收、紧缩银根以及高额处罚的方式迫使其离开。

洪剑华（2009）认为，要强化房屋的消费属性，弱化其投机属性：通过征收暴利税的方式阻止开发商随意定价，通过创造更多投资机会的方式引导资金流出房产市场，通过严格监管方式避免权力寻租。曹馨元认为，我们短期内要限制投资投机性购房，长期内要坚决打击投机购房需求，因为他们的大量存在已经破坏了居住性购房市场的正常秩序。同年，白福周认为，可以使用差别性利率政策应对居住性需求和投资投机性需求，通过提高利率方式增加投资性需求的购房成本，达到抑制不合理需求的目的。2010 年，王雪丽认为，对于家庭购置第二套及以上房屋的行为，要在房产保有和转让环节课以重税，以挤掉投资投机性购房需求。潘雅文认为，应该完善全国居民房地产产权登记制度，该实名制度涵盖家庭基本信息、房屋套数、购买地点、时间与交易价格等内容，能够有效打击投资投机性不合理购房需求。

曹建海（2011）认为，中国目前的房地产买涨不买跌，是套利和投机主导的市场，不仅使得房价脱离普通居民的家庭收入，而且导致大量的资源浪费，造成比较严重的社会危害。限购令虽然不是绝对公平，但它却能够有效抑制投机投资等不合理需求。限购、限贷措施对于投资投机需求的抑制作用非常明显（尹伯成，2011）。冯海宁（2011）认为，限购令本身存在许多共性缺陷，比如一次性补交社保金就可以规避限购，假离婚证和假身份证不受限制，以公司名义购房不受限购令限制，涉外婚姻的家庭购房也可以规避限购政策等。他认为，要彻底抑制投机投资需求，使房价合理回归，就需要更彻底的政策以改变市场预期。化解当前房地产矛盾的重点在于，采取严厉的住房税收政策和房地产信贷政策，使得住房实现“去投资化”以及“去赚钱化” 效应，达到挤掉房产泡沫并改善普通居民居住条件的最终目的（易宪容，2011）。

分析思考

一、基本概念

城市化　工业化　新型工业化　圈房运动

二、思考题

1. 中国城市化的基本特征是什么？
2. 中国城市化过程中出现了哪些“城市化病” ？
3. 中国城市化过程与房价呈现什么关系？
4. 中国工业化进程与住房短缺有什么关系？

5. 中国住房市场化改革与新自由主义有什么关系？
6. 圈房运动的实质是什么？
7. 圈房运动的原因是什么？
8. 圈房运动与房价有什么关系？
9. 中国分税制改革的背景是什么？
10. 中国分税制改革与土地财政是否构成因果关系？
11. 影响房地产市场发展的现实因素还有哪些？

推荐阅读

1.孟晓晨.中国城市化的双轨归一道路[J].城市问题，1990（1）
2.辜胜阻.二元城镇化战略及其对策[J].人口研究，1991（5）
3.白昊.资源环境约束下中国工业化模式的转换与制度创新[J].工业技术经济，2008（6）
4.郑永年.中国“圈房运动”弱化执政党社会基础[N].新加坡联合早报，2010年4月20日

第4章　房地产市场发展的微观模型

通过学习本章，可以掌握：

※ 微观角度的研究成果

※ 微观角度的供需模型研究

导　言

虽然国土部发布《关于加大闲置土地处置力度的通知》(国土资电发[2007]36号)，人民银行、银监会联合发布《关于加强商业性房地产信贷管理的补充通知》(银发［2007］452号)，国务院下发《关于促进房地产市场平稳健康发展的通知》(国办发［2010］4号，业内称其为“国十一条”)等政策措施进行严厉的宏观调控，但是，我国的住房市场并未出现中低收入百姓所期待的情况，反而出现房地产价格持续增长的情况，尤其是大中型城市。这既有住宅市场供应不足等房地产市场诸多内部因素的影响，也存在宏观经济政策因素、社会文化因素、政治环境因素等房地产市场诸多外部因素的叠加影响。对此，本章将分别讲述。

本书从房地产发展供需问题的研究开始，并以此为基础，运用经济学的供需理论这一基础模型，来构建中国房地产市场的直观供需模型，期望能够形象地解释我国住宅市场的有效供需问题，达到阐释当前房价上涨的微观依据之目的。

4.1　微观角度的研究成果

在诸多市场经济体系各自发展的过程中，房产价格出现快速上升的案例，中国不是第一个。从房地产市场微观依据角度分析房产价格快速上涨的文献有很多，而且从需求角度研究房价的文章比从供给角度研究的文章还要多。这是因为住宅的非标准化等因素导致从供给角度研究房价存在较大困难，不如从需求角度进行研究所得出的观点更令人信服（Denise DiPasquale,1999）。同时，影响中国住房市场供给不足的关键因素是商品房的价格，而需求方对该价格并不敏感，这本身就体现出中国强大的购房需求。

4.1.1 住房市场的土地供应问题

学者们认为，应该改变土地的供应方式。2008 年，郑娟尔通过研究中国 35 个大中城市的房价和地价后认为，只要区域房地产的需求非常旺盛，“招、拍、挂”的土地供应方式就会提高房价和地价。而且，增加土地供应量无助于解决高房价，因为开发商会把急剧上升的房价看作一种资产，用于囤积。同时，在房价上涨时期，限房价供地模式能有效控制房价上升，但面临着可操作性和可持续性的诸多困难。此外，促进大多数城市的发展能缓解个别地区土地供应紧张问题，能把个别城市的高房价转变成多个城市的共同分担，一旦土地供应变成多点供应时，就能有效缓解土地供应的刚性问题。

要调整土地出让方式，把大项目分割成多个小项目，由不同开发商开发，增加开发商之间的竞争，同时完善“招、拍、挂”制度，防止竞争者之间的“串谋”尤其是价格合谋行为。在进行“招、拍、挂”土地供应的同时，要采取限制未来房价的方式供应土地，避免开发商哄抬地价。同时，只有完善土地流转制度和控制流动性才能降低房价，因为房价畸形的根本原因在于政府垄断性的土地流转制度和超量的流动性。2011 年，社科院报告认为，在房产市场的土地供应问题上，要积极探索一线城市在城乡结合部的集体土地供给机制。同年，朱大鸣认为，解决高地价的方法之一是，允许土地出让金在 70 年内分期付款。中国指数研究院的数据测算表明，如果对全国所有住宅开征房产税，可以预计每年的房产税税收总额也只是 5000 亿元左右（2010 年底，中国城镇住宅的总价值是 50 万亿元左右，假定房产税税率为 1%，这虽然超出当前水平但不考虑减免），还是远低于 2010 年全年的土地出让金 2.7 万亿元。

还应该改善土地的供应结构。夏元燕（2008）和白福周（2009）认为，要切实提高普通居民居住类用地的供应比例，重点增加中低价位、中小套型的普通商品房和经济适用房的土地供应量，停止别墅类大套型房屋的土地供应。此外，要改善土地供应结构与供应比例，增加廉租房、公租房、限价房、经济适用房以及中低价位与中小户型商品住宅的供应，解决占人口大多数的中低家庭的住房问题。

4.1.2　住房供给数量不足与供给结构不完善问题

多数学者认为，目前我国房价快速上涨的主要原因是房屋供给不足。房地产市场之所以绝对价格高、上涨速度快，主要原因在于房产供给和房产需求双方的力量对比。2007 年，学者席枫使用弹性理论、供给曲线和需求曲线分析了我国房产价格上涨的基本形势后认为，房产有效供给小于房产有效需求必然会导致房价快速上涨，住房供给不足导致其价格节节攀升。同时，当前房价疯狂上涨的重要原因是住房供给主体单一化导致的供给垄断，而解决供给主体问题比规范房屋供给形式更加重要。2009 年，杨怀保认为，影响房价最重要的因素是房地产市场的供求关系。同年，何文燕通过研究城市人口结构变化和住房需求发现，最有效率的房价调控措施是，根据房产需求提供产品。

学者们认为，政府应该加强在房地产供给管理上的作用。供给学派认为，政府影响经济主体进行经济活动的方式是征税、规章制度、政府支出、货币政策等，其中最重要的因素是征税。降低税率可以直接增加个人收入和企业利润，刺激生产者积极性，从而增加商品供给总量。1998 年，C. J. Mayer, C. T. Somerville 研究了美国政府对房地产业的干预方式后发现，征收“开发费”等手段对房地产供给曲线的影响并不明显，而政府项目审批等手段的作用却非常明显。2010 年，卢斌、覃江波认为，开征房产税长期内有利于降低住宅资产价格，但短期内却在提高房屋租金的同时，减少了均衡住房的供给数量。

应该解决我国居住性房屋存在的总量不足和结构不合理等问题。2006 年，刘维新认为，房价过快上涨的责任不全在土地的“招、拍、挂”出让制度，还有其他因素，比如供给结构不合理：高档房多，普通住房少等。同年，郭松海、张振勇认为，应该调控住房市场的供给结构，限制高档房的开发，增加保障性住房的供应。2007 年，国务院发展研究中心课题组认为，我国房地产市场自 2004 年以来依然存在住房供给结构不合理、中低收入居民的住房难以满足等问题。

此外，陈渊（2007）、周艳（2008）和吕红军（2008）认为，应该控制住高档住房、大户型住房以及高档别墅的建设数量，大幅提高普通商品房和经济适用房在供给结构当中的比例；同时，要改供应面积指标为供给套数指标，在土地供给没有增加的情况下有效增加供给套数，能有效缓解供给压力。同年，学者陈莹认为，可以通过“廉租房+限价房（包括经济适用房）+商品房+政策性税收”的政策组合来调控高房价，从而既能优化土地配置又能满足社会各个阶层的需求。2011 年，《中国统计年鉴》的统计数据显示，2010 年商品房销售总面积是 10.43 亿平方米，但竣工的总面积只有 7.6 亿平方米，由此可见，供求矛盾依然比较突出。如果市场供应不能大于需求，就缺乏阻止房价飞涨的现实基础。

而 2011 年，巴曙松表示，政府对房地产进行调控的决心是坚定的，房产价格拐点正在出现，只要房地产市场的供求关系得到扭转，房价就会趋向下跌。同年，朱中一认为，要调整住房供应结构，大量增加中低价位、中小户型普通商品房和保障房的供应力度：调整保障性住房和普通商品住房的供应结构，增加保障房供应套数的比重；调整销售住房与租赁住房的供应结构，增加租赁房尤其是公共租赁房的供给比重；调整新建住房和二手住房的供应结构，增加二手房的市场份额。社科院报告也认为，要想有效抑制因房产稀缺而导致的房价过快增长，必须努力增加住房市场的有效供给，在全面考虑普通居民的居住成本和生活成本基础之上，重点增加中低价位和中小户型的普通商品住房、经济适用房、限价商品房、公共租赁房以及廉租住房的供给数量。

4.1.3 住房市场的财政手段问题

学者认为，财政政策应该加大对房屋供给的投入数量，以改变目前供小于求的基本格局。2008 年，吕红军认为，财政政策当中的财政支出政策能够有效增加商品房的供给数量，比如公租房、廉租房、限价房（如经济适用房）等，可以解决中低收入者的住房问题。这虽然不足以根本解决商品房的供需矛盾，但能够有效打压房价上涨的心理预期。2010 年，潘雅文认为，增加对廉租住房的供应，甚至采用对廉租房进行租金补贴的方式减轻中低收入人群的居住负担，不仅能够稳定市场的心理预期，而且能够有效解决国民的居住问题。

而 2011 年，朱大鸣更明确地指出，当前最应该做的事情是，使用财政政策增加房产市场的有效供给，以解决房价上涨和物价上涨的难题。他还认为，紧缩货币政策执行过度而不去修正畸形的贷款制度，会像当年日本楼市泡沫破灭那样，造成中国现在的楼市崩溃和中国经济的全面失衡。

应该考虑扩大住房保障体系的覆盖面。卢高文（2008）和产启兵（2008）认为，政府可以使用住房公积金制度、住房补贴制度、抵押贷款制度等住房保障政策解决中低收入人群的房屋问题，履行其社会保障职能，同时要加快城镇廉租房建设速度，扩大其覆盖面。当然，完善住房社会保障机制要包括以下内容：增加廉租房、经适房供应数量，向中低收入家庭提供住房补贴并扩大其覆盖面，完善公积金贷款制度，简化审批手续并扩大其使用人群。

我国的住房保障体系不仅应该解决低收入人群和拆迁户的居住需求，而且应该把中低收入人群都纳入保障范围。应该把中低收入人群的住房需求看成“准公共产品”，实施倾斜性的公共住房制度，该制度在政府主导下，不以营利为目的，其目标是实现社会福利的最大化（汪洋，2009）。2010年，广州市住房保障办认为，要扩大廉租住房的保障范围，把“内夹心层”（符合经适房条件，但又买不起的家庭）纳入到廉租住房保障范围；对“外夹心层”（超出经适房条件，但买不起普通商品房的家庭），要通过政府的政策扶持，建设限价房以实现有限度的保障，帮助这部分家庭解决住房问题。

4.1.4　住房市场的税收改革问题

有学者提出，应该征收高额土地闲置税，解决土地囤积问题，用以增加住宅土地的有效供应。同时，要坚决对闲置土地执行重税政策甚至回收政策，拆分大规模地块以避免开发商分期开发、分期报建。2008年，吕红军认为，打击土地囤积能有效释放房屋供给能力，增加房屋供给数量，但其关键是政策的执行效果。同时，要加强对土地供应的后续管理，严格监管已经出让土地的用途、户型和开发周期等项目内容，避免开发商取得土地以后无视合同规定、蓄意囤积土地、延期开工或者不开工问题，对于已经囤积的土地限期开发或者逾期收回。2009年，白福周也认为，应该坚持土地增量供应和存量盘活相结合的供应方式，加大对闲置土地的清理力度，采用收取高额土地闲置费或者收回土地使用权的方式，依法坚决打击形形色色的土地囤积行为。此外，要严厉惩罚土地囤积和捂盘惜售造成的供需假象行为，打击开发商在开发过程当中的不法行为，维护房地产市场的健康发展。

针对空置房屋，学者们提出，要征收高额房屋闲置税，盘活房屋存量。2011年，曹建海认为，国内商业环境恶化与高通胀预期，导致居民用银行存款购置预期“只涨不落”且不存在持有成本的房屋进行投资。40%以上的购房人是一次性付款，是私人存款的投资，其资金来源不是银行信贷。如果不对住房的持有和闲置环节征税，中国各地住房囤积与空置的乱象会更加严重，整个经济社会甚至会陷入危机爆发的前夜。

时机成熟后，要征收物业税，降低开发成本，增加房屋有效供应。中国目前房地产项目的名义税率较高，但开发商的实际税率不高，因为开发商通过延迟在建项目交工时间、延迟销售收入入账时间、分期建设滚动开发、虚增费用甚至直接申请税费优惠方式缓交或者少交税费（虎吉祥，2006）。

开征物业税是大势所趋，只是时间问题，它能够抑制房产投机行为、改善房产投资结构、稳定地方政府财政收入。学界对物业税的设计思路存在两种观点：一是把房产税、城市房地产税、土地增值税、城镇土地使用税、土地出让金等税费合并，统一为房产保有者每年缴纳的物业税；二是把房产税、城市房地产税、土地增值税、城镇土地使用税等税费合并，统一为房产保有者每年缴纳的物业税。其区别在于物业税是否包含土地出让金。

包含土地出让金在内的物业税有诸多好处：一是可以降低商品房的初始价格，降低普通居民的购房门槛，因为土地成本在房屋总成本中所占比例较大，土地出让金由开发环节转变成保有环节逐年支付，能有效降低商品房开发成本。二是有利于各届地方政府稳定财源，因为各届地方政府在任期内存在多出让土地的货币激励，但这会造成下届政府少地或者无地出售。如果将土地出让金放在物业税中分年收取，无疑能够稳定各届地方政府的税收来源。当然，学者建议开征物业税，但要选择在我国房地产市场比较成熟、产权清晰、房屋价值评估体系等制度确立以后征收。

4.1.5 房产税税收改革问题

房地产行业在市场经济制度历史上的繁荣发展，最早可追溯到上世纪美国的储贷协会时期，60 多年的发展使得多个国家的学术研究成果和相关政策建议都比较丰富。美国、日本、韩国、中国等国家的学者对于房产税问题已经进行了详细的研究。

他们普遍认为，房地产税收政策是政府管理房价的重要手段之一。1975 年，Hamilton 研究后认为，只要地方政府能够实行严格的分区并确定房产的最低价格，消费者就会因为房地产税的变化而改变他们原有的住房消费习惯，也会依据自己的消费偏好选择合适的社区。1992 年，Bahl 和 Linn 认为，房地产税是世界上许多国家或地区最重要的地方税种。1998 年，Meen 等学者研究后认为，房地产税收政策将引起成交量和成交价格的明显变化。2004 年，Boelhouwer 研究了世界各国房产税对房价的影响情况后发现，虽然部分国家如德国、丹麦、美国、瑞典取得预期效果，但很多国家都没能达到预期效果，其数据如表 4-1 所示。

学者们认为，中国应该改革房产税税收制度。郭家华（2006）和曹馨元（2009）都认为，我国现行房产税税收制度在开发环节的税种较多，在保有和转让环节不仅税种较少，而且税负较轻。我国的房地产市场是典型的卖方市场，税收的后转性强，开发商完全有能力将开发环节的增量税负向购房人转嫁，这必然会推高房价。因此，使用税收政策调控高房价的重点应该是持有环节和转让环节，而不应该是开发环节，因为在开发环节的调控作用非常有限。同年，杜雪君认为，应该制定区域化的房地产调控政策与差异化的房地产税税收改革方案，因为中东西地区房地产市场发展明显不同。同时，应该完善房地产产权登记制度与估价制度等相关规章制度，提高房地产税税收的征收效率。

表 4-1　世界各国房产税改革前后四年房价平均变化情况

国家	房产税改革年份	改革前房价变化情况（%）	改革后房价变化情况（%）
丹麦	1987	5.6	-5.9
德国	1987	5.7	3.2
比利时	1989	4.7	5.2
荷兰	1990	3.4	2.6
英国	1991	-3.0	3.4
瑞典	1991	7.8	-3.5
挪威	1992	-9.1	2.0
美国	1996	-2.7	-5.7
法国	1997	-2.1	1.9

资料来源：Boelhouwer P., Haffner M., Neuteboom P., Devries P. .House Price and Income Tax in the Netherlands: An International Perspective[J].Housing Studies, 2004, 19（3）：415-432

房地产要在保有和流通环节课以重税。1990 年，Kim 研究了韩国房地产市场的转让税后认为，税收改变了人们的住宅更换行为，因为房产转让税对于经常置换房屋的消费者来说经济负担较重。1993 年，Benjamin 研究了美国费城的房地产市场后发现，房产转让税导致房价下降，而且卖方承担了税收负担。2004 年，陈多长、踪家峰的研究表明，房地产税对房价具有双重影响，它既能改变投资投机者的预期，也能改变房地产资本的现实收益流量，最终会导致税收房产价格下降。对房地产征转让所得税，降低了人们对未来的收益预期，因而能够导致房价下跌。此外，要对高出基准限价的暴利部分征收重税，以约束开发商哄抬楼价牟取暴利的行为。

开征消费税和土地闲置税，前者针对第二套及以上住房和别墅类大户型住房收取，目的是引导市场供给普通住房；后者则要明确打击开发商的囤地行为，提高现期土地使用量，增加住房市场的供给总量。2008 年，周艳认为，要对第二套及以上住房征收高额空置税，坚决抑制房地产投机行为。她解释说，空置税源自英国，而近些年韩国也在执行“一户一宅，多宅重税”政策，该税能有效遏制投机行为，因为买房空置根本无利可图。其他学者认为，可以通过征收房产税的方式降低房产市场的投资投机吸引力，例如美国中产阶层每年的住房成本就高达 4000 美元左右。

房产税税收政策还应该与地方公共支出预算相互配合。中央政府可以通过财政转移支付手段，加大对中西部地区公共服务的投入力度，提高中西部地区的公共服务水平，以实现全国房地产市场的共同繁荣。总之，调控房地产市场的有效手段和重要政策工具是房产税税收政策与地方公共支出预算相互配合。

4.1.6 城市公共产品的提供问题

学者们认为，应该改善公共产品供应的数量与质量，有效管理房产市场。2008 年，林俊通过研究蒂布特模型发现，增加区级财政收入、完善公共财政制度，以实现中心城区与卫星城镇基本公共产品和公共服务的均等化，能够增加区域性的竞争性供给、有效调控部分区域的高房价问题。经验研究表明，公共产品提供数量多和质量高的社区，房屋价格就高，否则房屋价格就低。完善公共财政制度，增加教育、文化、卫生、社会保障、就业服务、社会治安、生态环境和基础设施等项目上的投入力度，公平分配公共产品和公共服务，能有效平衡不同社区间的房屋价格，达到调控房地产市场的目的。

房地产行业的微观依据即供需管理问题，长期来看，需要重视供给管理调控政策，扩大住房供给面积，改善供给结构，并实行税制改革，采取有效措施解决土地财政问题；而短期来看，却应该考虑需求因素，比如控制非理性需求，尤其是打击不合理的投资投机性需求等。

4.2 微观角度的模型研究

如同其他产品市场一样，房地产市场同样存在供给力量和需求力量。也如同其他产品市场的商品价格一样，房地产市场的产品价格同样是由供给力量和需求力量共同决定的。其特殊点在于，我们将重点研究决定房地产价格的有效供给力量和需求力量。

4.2.1 房地产市场的有效供给是决定房价的真实供给力量

房地产市场供给包括有效供给、客观供给、总供给等。有效供给是指一定地区在一定时间、一定价格水平下，进入市场且能够用来交易的房产总和，比如受市场欢迎的中低档普通商品房和已经实现交易的高档商品房等。客观供给是指一定地区在一定时间内，进入市场且愿意用来交易的房产总和；客观供给包含有效供给，另外还包括闲置于市场没能实现交易的高档商品房等。总供给是指一定地区在一定时间内，开发商愿意且能够提供的房产总和；总供给大于客观供给，因为它还包括开发商不愿用于交易的房产供给，比如用于寻租目的的房产和自用房产等。

房地产市场的有效供给是决定房价的真实供给力量。在图 4-1 中，假定 S_1 表示初始供给曲线。供给增加后，曲线 S_2 为参与竞争房产的供给曲线，称为有效供给曲线。S_3 是客观供给曲线，而 S_4 是总供给曲线。曲线 S_3 和 S_4 都不是决定房价的供给力量，这是由于部分房产没能在市场上参与竞争，具体原因如下：①区位、类型、档次较为脱离市场需求而形成的空置房；②由于转化房限价标准和土地出让金返还标准过低，开发商申请转化的积极性不高；③用于出租、寻租等方面的房子等。

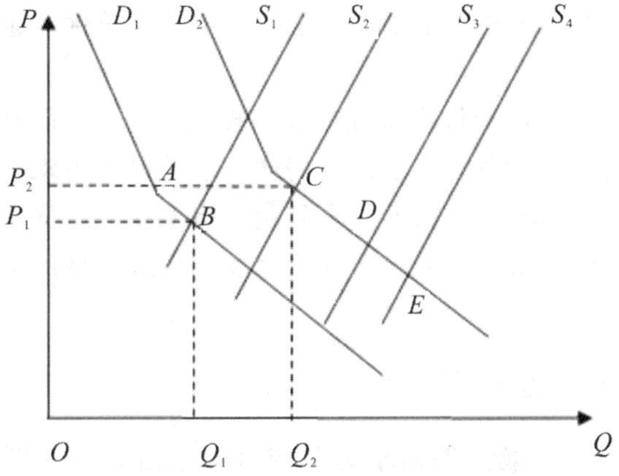

图 4-1　房地产市场供需图

而且，房产供给曲线是缺乏弹性的，具有陡峭的特征。这是因为，土地供应在影响房产供给的多种因素中是主要因素，而且土地供应是由政府完全垄断的。另外，土地还属于不可再生的资源，具有明显稀缺性的特征。当消费者的消费欲望被调动起来以后，房产供给在短时间内是无法满足市场需求的。因此，房产市场的供给曲线是缺乏弹性的。

总之，曲线 S_2 是参与决定房产价格的有效供给力量。在供给量相同的情况下，有效供给曲线 S_2 对应的房产价格远高于客观供给曲线 S_3 和总供给曲线 S_4 对应的房产价格。

4.2.2 房地产市场的需求力量分析

房地产市场的需求力量，大致可以划分为三种：其一是居住性需求，这类需求的目的是自主消费，也有保值增值的要求。其二是投资性需求，这类需求的目的是出租或者转卖，追求保值增值效果。其三是投机性需求，这类需求的目的是在房价较高时出售并赚取差价。

在图 4-1 中，假定曲线 D_1 表示初始需求曲线。该曲线在 OQ_1 处可看作居住性需求量，是缺乏需求价格弹性的。这是因为：①对多数市民来说，房产属于生活必需品，其需求弹性总体比较弱；②住宅属于典型的无替代商品，无论价格涨幅有多大，其居住性需求的下降往往都是有限的；③房产是不动产，我们没办法把所有的房子聚集到一起开展竞争，因此，这属于既不完全也不充分的竞争；④住宅的购买主体是它附近的居民，这是因为中国社会的文化传统和社会背景决定了在当前和今后相当长的时间内，人们工作和生活的空间范围非常有限甚至是基本固定。以上这些因素都弱化了商品房的竞争性，也明显弱化了商品房的价格需求弹性。

而该曲线在拐点 A 之后可看作投资性需求与投机性需求，而且这部分曲线的需求价格弹性会比较大。其原因在于：①房产市场的投资需求虽然会在有利可图的条件下增加，但这部分需求很容易受到利率等宏观经济变量的冲击；②国外投机热钱与本土投机热钱大量涌入房地产市场，造成房地产的需求价格弹性较大。

4.2.3 房地产市场首次实现均衡价格

房地产价格是由房产市场上的需求力量与有效供给力量共同决定的。在图 4-1 中，房地产市场的初始均衡点是点 B。该点是由需求曲线 D_1 与供给曲线 S_1 共同决定的。此时，房产市场的均衡价格是 P_1，均衡数量是 Q_1 。如果房产价格高于均衡价格 P_1，那么其价格会在市场力量的影响下恢复到均衡价格水平。如果房产价格低于均衡价格 P_1，那么其价格也会在市场力量的影响下恢复到均衡价格水平。

4.2.4 房地产价格变动的动态描述

房地产市场的需求曲线会在多种因素的作用下向右移动（图 4-1），形成新的需求曲线 D_2。其特点在于，需求量和需求价格都大幅上涨。这是因为：①中国城市化发展迅速。中国城市化加快发展的直接后果，就是促使农村居民大量转变成城镇居民，这必然会产生新的住房需求增量。②工业化加快发展。改革开放的宏观政策加速了我国的工业化进程，使得农村大量的富余劳动力单向流入城市，形成对城市住房的刚性增量需求。③房产价格升值的普遍预期，会直接导致投资性房产需求与投机性房产需求持续大量存在等。

同时，房地产供给增加后，房地产市场的供给曲线 S_1 会在外生变量的推动下缓慢向右移动，形成有效供给曲线 S_2。其特点在于，供应量小幅上涨，供应价格却大幅上涨。这是因为：①房地产企业用虚假广告宣传房产已经售完，故意制造供不应求的假象，而开发商还有意放慢开发速度甚至故意囤地待涨；②供给结构不合理，因为中高档房的供应相对较多，而经济适用房的供应相对缺乏；③房地产企业的寻租行为增加了房地产开发总成本；④地方政府与中央政府之间进行“政策—对策”博弈，而且以追求 GDP 增长和财政收入增加为首要目标的地方政府存在抬高本地房价的强烈意愿。

新的均衡点是 C 点。该点是有效供给曲线 S_2 与需求曲线 D_2 共同决定的，此时的均衡价格是 P_2，均衡数量是 Q_2。而 D 点不是新均衡点。这是因为 D 点是客观供给曲线 S_3 和需求曲线 D_2 的交点，而客观供给曲线 S_3 不是决定市场价格的供给力量。同理，E 点也不是新均衡点。

假定需求增量与供给增量已知。其中，需求增量是指需求曲线 D_1 移动到 D_2 位置时需求量的增量，有效供给增量是指供给曲线 S_1 移动到 S_2 位置时供给量的增量，客观供给增量指 S_1 移动到 S_3 时供给量的增量，总供给增量指 S_1 移动到 S_4 时供给量的增量。

我们进一步假设：供给曲线从 S_1 移动到 S_2 时，供给量的增量是 $\triangle S$，$\triangle S$ 实际上是有效供给的增量；而需求曲线从 D_1 移动到 D_2 时，需求量的增量为 $\triangle D$。

于是，我们可以得到以下三种判断：

①当 $\triangle S < \triangle D$ 时，房地产市场的均衡价格由原均衡价格 P_1 增加到 P_2，且增幅比较大，其增幅为 P_1P_2；而房产市场的均衡数量在初始均衡数量 Q_1 的基础上也会有所增加，只是增幅比较小，增幅为 Q_1Q_2，如图 4-1 所示。

② 当 $\triangle S = \triangle D$ 时，房地产市场的均衡价格在初始均衡价格 P_1 的位置上保持稳定，但均衡数量在初始均衡数量 Q_1 的基础上会有所增加，而且增幅较大，增幅为 Q_1Q_2。如图 4-2 所示。

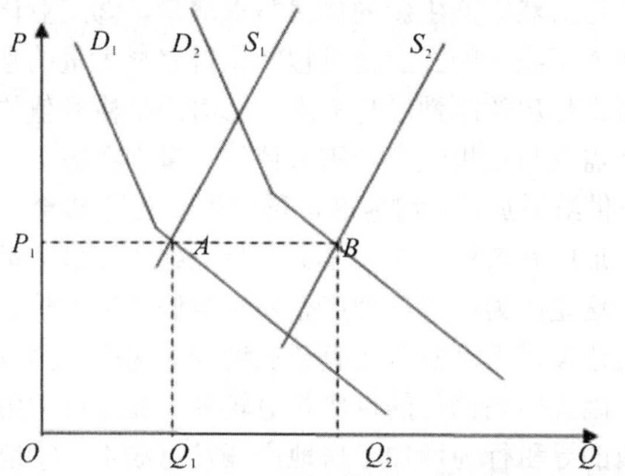

图 4-2 房地产市场的供需图（△S=△D）

③当△S＞△D 时，房地产市场的均衡价格会由初始均衡价格 P_1 位置下降到新的均衡价格 P_2 位置，下降幅度为 P_1P_2；而均衡数量却会从初始均衡数量 Q_1 位置增加至 Q_2 位置，增加幅度最大，且增幅为 Q_1Q_2，如图 4-3 所示。

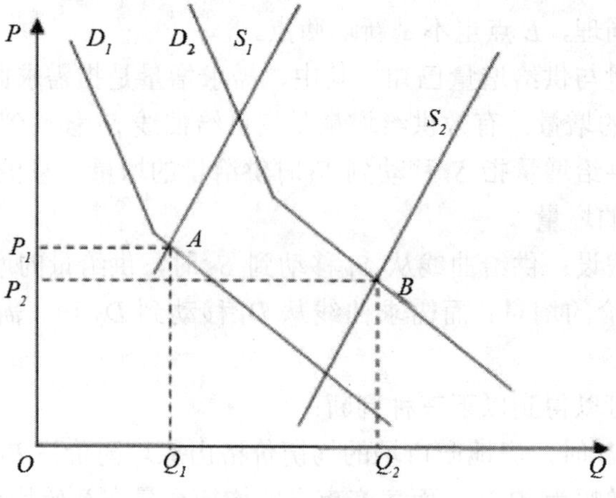

图 4-3 房地产市场供需图（△S＞△D）

库存量的上升使得楼市正在由卖方市场向买方市场转变。楼市受到“国八条”等楼市调控措施的打压，北京、上海等多地在 2011 年 7 月底的库存量已经明显上升并达到历史高位。2011 年 7 月，广发证券的研究报告认为，11 个重点城市的住宅存货总量已经达到 63.4 万套，环比上涨 0.9%。其中北京、上海和广州等一线城市的“一手房”未售房源的库存量分别是 107602 套、5 万余套以及 7 万余套（数据来自新华网）。库存 10 万套是北京楼市官方与市场都认可的

“供需平衡基点”，而郑州、石家庄等二线、三线城市的一手房未售房源的库存量也明显上升，楼市积压态势已经非常明显。

2011年7月2日，中国人民大学经济研究所等机构发布《2011年中期中国宏观经济分析与预测报告》认为，房产行业已经进入“去库存时期”。2011年一季度，136家上市房企的存货高达9865.14亿元，同比增加40%。其中，万科、保利、招商、金地四家房企的存货量，分别是1508.52亿元、1270.61亿元、407.79亿元、522.45亿元。按照2010年的销售数据测算，这四家公司分别需要35.69个月、42.48个月、35.51个月、32个月，才能消化完这些存量房。

买方市场一旦形成，楼市交易就不仅会出现交易量的下跌，而且会出现交易价格的下降，促销和降价将会被越来越多的楼盘所采用。这一幕更加严重的情形曾经发生于1993年的广西北海等地。1993年4月28日，监管当局下决心调控北海土地泡沫，冻结大额拆借资金。这使得土地价格骤降到每亩8万元还难以出手，楼价跌到500～1000元/m^2却有价无市。

4.2.5 目前房价上涨的微观依据是有效供给不足

“十二五”期间甚至在城市化进程基本完成之前，尽管某些前期过度炒作地区的房价很可能会出现绝对数的小幅下降，但是中国很难避免房价上涨的主流趋势。其原因在于：①中国人多地少的基本国情、土地的不可再生性以及土地资源的稀缺性，都会导致土地价格在今后的城市发展过程中上涨。②中国社科院报告认为，到2008年底，中国的城市化率已经达到45.6%，中国的城市人口已经达到6.07亿人。如果按照1%的增长速度，中国的城市化率在“十二五”末将会超过五成，同时意味着中国的城市人口将会超过农村人口。如果中国的城市化水平到2020年达到55%左右，我们可以估算，城镇居民数量将由当前的6亿多猛增到8亿左右，将会产生大约2亿人口的新增住宅需求。③改革开放的宏观政策加速了我国的工业化进程，使得农村大量的富余劳动力单向流入城市，形成对城市住房的刚性增量需求。④多种强大的外生变量会导致房产市场的有效供给曲线缓慢向右移动。

房产市场的有效供给不足以满足市场需求，成为中国目前房价上涨的根本原因。如果住宅市场的有效供给增量持续小于住宅市场的需求增量，即$\triangle S < \triangle D$；如果住宅市场的卖方市场不能转变成买方市场；如果不存在其他强势外生变量的系统性冲击所带来的系统性风险，那么，中国未来的房地产价格总体上仍然会趋于上涨。

分析思考

一、基本概念

房地产市场总供给　房地产市场客观供给　房地产市场有效供给　居住性需求 投机性需求 投资性需求

二、思考题

1. 房地产供给价格弹性为什么非常小？

2. 房地产需求价格弹性为什么比较大？

3. 房地产市场价格是开发商决定的吗？

4. 房地产市场价格如何在动态上重新实现均衡？

5. 房地产市场价格有哪些市场走势？

6. 未来中国的房地产市场价格呈现什么样的变化趋势？为什么？

7. 为什么土地供应、住房供应、城市公共产品、税收改革以及财政政策等因素会影响中国房地产市场供需力量的平衡？

8. 当前中国房地产市场发展的微观依据是什么？为什么？

推荐阅读

1.中国人民大学经济研究所，东海证券研究所等.中国宏观经济分析与预测（2010～2011）——流动性回收与新规划效应下的中国宏观经济[M].北京：中国人民大学出版社，2010

2.毕宝德.土地经济学[M].北京：中国人民大学出版社，2004

3.席枫.我国高房价下的有效供需分析[J].价格理论与实践，2007（5）

4.高波，洪涛.中国住宅市场羊群行为研究——基于 1999～2005 动态面板模型的实证分析[J].管理世界，2005（2）

5.梁若冰，汤韵.地方公共品供给中的 Tiebout 模型：基于中国城市房价的经验研究[J] .世界经济，2008（10）

第5章　房地产市场发展的协整关系分析

通过学习本章，可以掌握：

※ 协整理论、ADF检验理论、方差分析、脉冲响应函数等理论

※ 数据的选择、收集、检验等处理工作

※ 协整模型、误差修正模型、ECM模型等计量模型的构建

※ 脉冲响应分析和方差分析等模型分析

导　言

房价变动受多种因素影响。每种因素会产生多大程度的影响作用、多种变量之间是否存在长期均衡关系，以及房价未来的变动趋势等问题，都需要借助计量经济学的基本理论和统计学的分析软件进行实证研究。

5.1　相关理论的简要说明①

以往的研究经验表明，房价上涨受到多种因素的影响，而且影响因素的时间序列数据大都具有不平稳的基本特征。非平稳的时间序列数据之间是否存在长期均衡关系，变量与变量之间的数量关系如何确定，又如何克服多变量之间可能存在伪回归等问题，我们可以通过运用协整理论加以解决，并实现以平稳性序列数据为基础的计量经济学回归分析的目标。

①孙敬水．计量经济学教程．清华大学出版社，2005

5.1.1 协整理论

协整理论（cointegration）是 20 世纪 80 年代初由格兰杰（Granger）和恩格尔（Engle）正式提出的重要理论，是对计量经济模型建模理论的重大发展。该理论从经济变量的数据所显示的基本关系出发，来确定模型所包含的变量之间的长期均衡关系。协整理论的主要研究对象是在两个及两个以上的非平稳时间序列中寻找一种均衡关系。因为协整理论发现，把两个及两个以上的非平稳时间序列数据进行某种组合就可能出现平稳性。

什么是协整向量?如果序列 x_{1t}，x_{2t}，x_{3t}，…，x_{kt} 都是 d 阶单整，而且存在向量 a =（$a_1, a_2, a_3, \cdots, a_k$），使得 $Z_t=aX'_t \sim I(d-b)$，其中 $d \geqslant b > 0$，X_t=（x_{1t}，x_{2t}，x_{3t}，…，x_{kt}）′，则序列 x_{1t}，x_{2t}，x_{3t}，…，x_{kt} 是（d，b）阶协整，记为 $X_t \sim CI(d, b)$，则向量 a 为协整向量（cointegrated vector）。

由此可知，两个变量要想协整，必须具备两个条件：①都是单整变量；②它们的单整阶数相同。否则，两个变量不可能实现协整。

虽然三个以上变量的单整阶数可能会不同，但是经过线性组合以后，这些变量还可能会构成低阶单整变量。用式子来说明就是，虽然存在 $x_t \sim I(1)$，$y_t \sim I(2)$，$z_t \sim I(2)$，而且 $p_t=a_1y_t+a_2z_t \sim I(1)$，$q_t=b_1x_t+b_2p_t \sim I(0)$，但是可以认为：$y_t$、$z_t \sim CI(2, 1)$，$x_t$、$p_t \sim CI(1, 1)$。

（d, d）阶协整是非常重要的协整关系，在现实经济生活中存在重要的经济意义。也就是说，两个变量之间可能存在着一个长期稳定的比例关系，尽管它们各自可能具有不同的长期波动规律。

在协整检验之后再做回归分析，有助于避免伪回归问题发生。如果 y_t 和 x_t 都是协整的，而且均衡误差 u_t 是平稳的且具有零均值 E（u_t）=0,我们就可以确信，方程 $y_t=b_0+b_1x_t+u_t$ 将不会产生伪回归问题。斯托克（Stock）证明了对于大样本数据来说，该方程的 OLS 估计量既有一致性，又非常有效，这是因为它比涉及平稳变量的 OLS 估计量向回归系数真值的收敛速度要快。然而，对于小样本来说，OLS 估计量是有偏的，偏离的程度依赖于 R^2 的值：R^2 值越高，偏离的水平越低。

估计量实现“超一致性”。在协整理论提出以前，为防止出现伪回归问题，人们总是用平稳时间序列或者把非平稳时间序列数据看作平稳序列以建立回归模型。而协整理论说明，只要非平稳时间序列之间存在协整关系，就可以直接建立模型，而且其参数的最小二乘估计量具有超一致性，能以更快的速度收敛于参数的真实值。

协整分析能有效区分变量之间的长期均衡关系和短期动态关系。协整意味着变量之间存在长期均衡关系，其主要应用于分析短期均衡关系易受随机干扰项的显著影响，而长期均衡关系则受到经济均衡关系约束的经济系统。例如，消费和收入是协整关系，因为，消费和收入存在长期的均衡比例，而短期内却又常常偏离这个比例，只不过这种偏离是暂时的、随机的。如果消费与收入的回归模型 $y_t=b_0+b_1x_t+u_t$ 存在长期均衡关系，则其短期动态关系可以表示成$\triangle y_t=a_0+a_1(y_{t-1}-b_0-b_1x_{t-1})+a_2\triangle x_{t-1}+v_t$。其中，$y_{t-1}-b_0-b_1x_{t-1}=u_{t-1}$ 是滞后一期的均衡误差。该模型是误差修正模型，描述了均衡误差对消费的短期动态影响，a_1 和 a_2 是短期参数。

5.1.2 格兰杰因果关系理论

格兰杰因果关系检验采取如下的步骤，以检验 x 是否为产生 y 结果的原因：

（1）用 y 对 y 的诸多滞后项 y_{t-1}，y_{t-2}，y_{t-3}，…，y_{t-q} 以及其他变量做回归分析，然后找到约束条件下的残差平方和 RSS_R。受约束的原因在于，回归过程不包括滞后项 x 的数据。

（2）把滞后项 x 数据包含进来不仅要做无约束回归，而且要得到无约束的残差平方和 RSS_U。

（3）建立零假设：H_0：$a_1=a_2=a_3=\cdots=a_q=0$。这表明，滞后项 x 不属于此回归。

（4）用 F 检验即 $F=(RSS_R-RSS_U)\times(n-k)/RSS_U\times q$ 检验上述零假设。而且，F 检验要服从自由度是 q 与（$n-k$）的 F 分布。上述字母的含义是：n 表示样本容量；q 表示滞后项 x 的个数，或者表示有约束回归方程中待估参数的个数；k 表示无约束回归方程中待估参数的个数。

（5）拒绝零假设的条件是，在选定的显著水平 a 上计算得到的 F 值大于临界值 F_a 的值。由此可知，此回归中包含滞后项 x，继而得出 x 是 y 的原因的结论。

（6）同样道理，要想检验 y 是否是 x 结果产生的原因，可以将 x 与 y 的位置相互替换，再重复（1）到（5）的步骤即可。

5.1.3 ADF 检验理论

ADF 检验（Augmented Dickey-Fuller Test）即在迪克-富勒检验扩充的基础上形成的检验，用于避免以下几种情况所导致的 DF 检验失效问题：①时间序列由更高阶而非一阶的自回归过程生成；②随机干扰项并非白噪声引起 OLS 估计时产生随机干扰项的自相关问题；③样本时间序列存在上升或下降趋势，导致检验时产生随机干扰项的自相关问题。

原假设 H_0： $\delta=0$，也就是说存在一单位根。

ADF 检验设置三个模型：

①$\triangle y_t=\delta y_{t-1}+\Sigma\lambda_j\triangle y_{t-j}+u_t$ （$j=1,2,\cdots,p$）；

②$\triangle y_t=a+\delta y_{t-1}+\Sigma\lambda_j\triangle y_{t-j}+u_t$ （$j=1,2,\cdots,p$）；

③$\triangle y_t=a+\beta_t+\delta y_{t-1}+\Sigma\lambda_j\triangle y_{t-j}+u_t$ （$j=1,2,\cdots,p$）。

模型③中的 a 是常数项，而 β_t 是趋势项，其中 t 是时间变量，表达着时间序列随时间变化所存在的实际趋势。模型②中包含常数项 a，不含趋势项 β_t。模型①中没有常数项和趋势项。

检验思想。实际检验顺序是：从模型③开始，然后是模型②和模型①。原序列不存在单位根的条件是，有一个模型的检验结果拒绝零假设（$t_\delta<\tau$）。由此可知，时间序列是平稳序列，我们便可以停止检验了。否则的话，我们需要继续检验，直到检验完模型①为止。如果三个模型的检验结果都不能拒绝零假设（$t_\delta<\tau$），就可以得出结论，原序列存在单位根，样本时间序列是非平稳序列。

检验原理。第一步，估计$\triangle y_t=\delta y_{t-1}+u_t$，得到常规统计量 t_δ的值。第二步，检验原假设与被择假设：H_0： $\delta=0$，H_1： $\delta<0$。用 t_δ与 DF 检验临界值 τ进行比较，如果 $t_\delta<\tau$，则拒绝原假设，说明 y_t是平稳序列；否则，接受原假设，说明 y_t是非平稳序列。

尽管模型①②③有各自的临界值表而且有所不同，但是，有关时间序列平稳性的检验所依赖的是 y_{t-1} 的系数 δ，与 a、β无关。

此外，Fuller 认为，y_{t-1}系数的 ADF 统计量的极限分布独立于 ADF 回归中所包含的滞后查分项的个数。

5.1.4 协整检验理论

协整检验分为两变量检验与多变量检验两种。其检验方法如下：

（1）两变量的 EG 检验

1987 年，经济学家 Engle-Granger 首次提出两步检验法，用于检验两变量 x_t、y_t的时间序列数据之间是否是协整关系。该方法简称 EG 检验、恩格尔-格兰杰检验，或者增广恩格尔-格兰杰法（AEG 检验）。

检验分类。当两变量的时间序列数据实现平稳时，我们要停止检验，这是因为平稳数据本身就可以直接进行回归技术处理。一旦两个变量的时间序列数据不平稳，那就需要求出单整的阶数。如果两变量单整的阶数不同，那么它们之间就不可能是协整关系。否则的话，我们可以进入 EG 检验步骤。

第一步，做协整回归，估计长期均衡方程和残差估计值。由于变量 x_t、y_t 的时间序列是同阶单整，所以，我们可以直接使用最小二乘法估计长期均衡方程 $y_t=b_0+b_1x_t+u_t$，并得到其估计方程：

$$\hat{y}_t = \hat{b}_0 + \hat{b}_1 x_t$$

此外，要保存残差 $e_t=y_t-\hat{y}_t$，并把它作为 u_t 即均衡误差的估计值。

需要说明的问题是，通常情况下，协整回归的结果不提供标准误差估计值。这是因为系数的标准误差估计值并不是一致估计值，尽管估计的协整向量（1，$-b_0$，$-\hat{b}_1$）与真实的协整变量（1，$-b_0$，$-b_1$）是一致估计值。

第二步，做残差项 e_t 的平稳性检验。e_t 平稳性检验的实质是对变量 x_t 与 y_t 的时间序列是否存在协整关系的检验。这是因为，如果 x_t 与 y_t 不是协整关系，那么它们的任何线性组合都是非平稳的，所以残差 e_t 也将是不平稳的。

其具体做法就是把 DF 检验应用于时间序列，之后使用 OLS 法对方程 $\triangle e_t=\delta e_{t-1}+\Sigma\ \delta_i\triangle e_{t-i}+v_t$（$i=1,2,\cdots,p$）进行检验。

原假设与被择假设为：H_0：$\delta=0$；H_1：$\delta<0$。

如果 $t_\delta<\tau$，则拒绝原假设，说明 e_t 是平稳序列，而变量 x_t 与 y_t 的时间序列存在协整关系。否则，接受原假设，说明 e_t 是非平稳序列，且变量 x_t 与 y_t 的时间序列不存在协整关系。

EG 检验与 AEG 检验的区别。如果上述方程中含有滞后项$\triangle e_t$，那么称为 AEG 检验即增广恩格尔-格兰杰检验。如果上述方程中不含有滞后项$\triangle e_t$，那么称为 EG 检验即恩格尔-格兰杰检验。

两个问题需要说明：其一，方程$\triangle e_t=\delta e_{t-1}+\Sigma\ \delta_i\triangle e_{t-i}+v_t$（$i=1,2,\cdots,p$）不包含常数项，因为 OLS 的残差是以 0 为中心上下波动的。其二，DF 检验中给定的 τ 统计量不适合该检验，应参考麦金农（MacKinnon,1991）通过模拟试验给出的协整检验的临界值表。这是因为，该检验采取的 DF 检验或 ADF 检验中的残差项 e_t 是针对协整回归计算得出的，不是真实的非均衡误差项 u_t。而且，OLS 采取的是最小平方和原理法，这就使得估计量 δ 往往会向下偏倚，产生回归拒绝原假设的机会要比实际情况更大。因此，残差平稳性检验的 DF 或 ADF 临界值，比正常的 DF 或 ADF 临界值还要小一些。

（2）多变量协整关系的检验

检验思想。多变量协整关系需要检验变量之间是否存在同阶单整性，这点类似于双变量检验。只不过双变量协整关系还需要在此基础上，进一步检验变量之间是否存在稳定的线性组合。多变量协整关系需要假定某变量是被解释变量，其余变量是解释变量，之后用 OLS 估计法来检验残差序列 e_t 是否平稳。只要不平稳，就需要更换被解释变量，重复 OLS 估计且检验残差序列 e_t 是否平稳。如果所有变量都更换完毕，依然不能找出平稳的残差序列，那么我们就可以由此认定诸多变量之间不存在协整关系。

假设要检验 n 个时间序列 x_{1t}，x_{2t}，x_{3t}，x_{4t}，…，x_{nt} 之间是否协整，且协整向量（1，$-b_2$，…，$-b_n$）′ 未知，就需要用协整回归计算残差 e_t：

$$x_{1t}=\hat{b}_2 x_{2t}+\hat{b}_3 x_{3t}+\hat{b}_4 x_{4t}+\cdots+\hat{b}_n x_{nt}+e_t$$

然后作 DF 回归。设置三个模型：①$\triangle e_t=\delta e_{t-1}+\Sigma\ \delta_i\triangle e_{t-i}+v_t$（$i$=1，2，…，$p$）；②$\triangle e_t=a_0+\delta e_{t-1}+\Sigma\ \delta_i\triangle e_{t-i}+u_t$（$i$=1，2，…，$p$）；③$\triangle e_t=a_0+a_{1t}+\delta e_{t-1}+\Sigma\ \delta_i\triangle e_{t-i}+u_t$（$i$=1，2，…，$p$）。

零假设与被择假设为：H_0：$\delta=0$（不协整，e_t 不平稳）；H_1：$\delta<0$（协整，e_t 平稳）。

如果需要添加位移项和趋势项，则只需要添加进回归式子和三个模型的其中之一即可，不需要重复添加。

当然，检验残差项 e_t 时采取的 DF 检验或 ADF 临界值比实际的 DF 检验或 ADF 临界值小。可以依据恩格尔-格兰杰（1987）给出的两变量且样本容量为 100 条件下的 EG 或 AEG 临界值，恩格尔-尤（Engle-Yoo,1987）给出的 2 到 4 个变量且样本容量不限制条件下的 EG 或 AEG 临界值，以及麦金农（MacKinnon，1991）通过模拟试验给出的临界值的响应面函数。

5.1.5 ECM 模型

误差修正模型（Error Correction Model）是 1978 年由戴维森（Davidson）、亨德里（Hendry）、萨博（Srba）、耶尤（Yeo）提出的具有特定形式的计量经济学模型。因此，该模型又叫做 DHSY 模型。

假定两变量的长期均衡关系是 $y_t=b_0+b_1x_t+u_t$，而且具有（1，1）阶分布滞后的形式 $y_t=a_0+a_1x_t+a_2x_{t-1}+\gamma y_{t-1}+u_t$。之所以存在分布滞后的式子，是因为现实经济中的变量很少处于均衡点，而我们能观测到的多数是短期均衡或者非均衡关系。而且，分布滞后式子说明，第 t 期的 y 值不仅跟 x 的变化相关，而且与第 $t-1$ 期的 x 和 y 有关系。

变量很可能不平稳，不可以直接用 OLS 回归。需要稍作变形：$\triangle y_t=a_0+a_1\triangle x_t+(a_1+a_2)x_{t-1}-(1-\gamma)y_{t-1}+u_t$。

令 $\lambda=1-\gamma$，$b_0=a_0/(1-\gamma)$，$b_1=(a_1+a_2)/(1-\gamma)$，则 $\triangle y_t=a_1\triangle x_t-\lambda(y_{t-1}-b_0-b_1x_{t-1})+u_t$。第 $t-1$ 期的非均衡误差由上述式子括号内的部分表示。

这就表明，y 的变化由两部分决定：①x 的变化部分；②前期的非均衡误差部分。也就是说，被解释变量 y 的短期波动，可以用解释变量的短期波动和两变量的长期均衡误差来解释。y 的值已经对前期的非均衡程度做出了修正，这就弥补了简单差分的局限。

上述一阶误差修正模型也可以写成：$\triangle y_t=a_1\triangle x_t-\lambda ECM_{t-1}+u_t$。其中，$ECM_{t-1}=(y_{t-1}-b_0-b_1x_{t-1})$ 是第 $t-1$ 期的非均衡误差，反映短期波动受长期均衡影响的程度；λECM_{t-1} 代表的是误差修正项；而 λ 代表误差修正系数，说明的是误差修正项对 $\triangle y_t$ 的调整速度。

该模型对前期误差具有自动修正作用。如果第 $t-1$ 期的 y_{t-1} 值大于长期均衡点的值 $b_0+b_1x_t$ 时，ECM_{t-1} 取正值，则 $-\lambda ECM_{t-1}$ 为负值，从而使得第 t 期的 y_t 值回落。如果第 $t-1$ 期的 y_{t-1} 值小于长期均衡值 $b_0+b_1x_t$，则 ECM_{t-1} 取负值，$-\lambda ECM_{t-1}$ 为正值，从而使得第 t 期的 y_t 值增大。

从短期看，$\triangle y_t$ 由短期波动和较稳定的长期趋势所决定。短期内系统对于均衡偏离程度的大小决定波动振幅的大小。长期看，协整关系又将非均衡状态拉回均衡状态。

误差修正模型可以继续深化和扩展：第一，季度数据可以引入更多滞后项。比如引入二阶：$y_t=a_0+a_1x_t+a_2x_{t-1}+a_3x_{t-2}+\gamma_1y_{t-1}+\gamma_2y_{t-2}+u_t$。令 $\lambda=1-\gamma_1-\gamma_2$，$b_0=a_0/\lambda$，$b_1=(a_1+a_2+a_3)/\lambda$，则 $\triangle y_t=-\gamma_2\triangle y_{t-1}+a_1\triangle x_t-a_3\triangle x_{t-3}-\lambda(y_{t-1}-b_0-b_1x_{t-1})+u_t$。第二，可以类似地建立多变量的误差修正模型，比如三变量的长期均衡关系式子：$y_t=b_0+b_1x_t+b_2x_{t-1}+u_t$。其一阶均衡关系式子：$y_t=a_0+a_1x_{1t}+a_2x_{1t-1}+\beta_1x_{2t}+\beta_2x_{2t-1}+\gamma y_{t-1}+u_t$。令 $\lambda=1-\gamma$，$b_0=a_0/(1-\gamma)$，$b_1=(a_1+a_2)/(1-\gamma)$，$b_2=(\beta_1+\beta_2)/(1-\gamma)$，则其误差修正模型为：$\triangle y_t=a_1\triangle x_{1t}+\beta_1\triangle x_{2t}-\lambda(y_{t-1}-b_0-b_1x_{1t-1}-b_2x_{2t-1})+u_t$。该式子表明，第 t 期的 y 值除了跟本期 x_1、x_2 的变化相关外，还与第 $t-1$ 期的 x_1、x_2 以及 y 相关。

5.1.6 脉冲响应函数

脉冲响应函数（Impulse Response Function，IRF）描述了内生变量对误差变化大小的反应情况，也就是用于衡量随机干扰项（innovation，新息）在一个标准差大小的冲击下对其他内生变量的当期值和未来值将产生什么样的影响。它往往不研究一个变量对另一个变量的影响程度，而是研究误差项发生变化的时候，或者说某个变量受到某种冲击的时候，对其他内生变量将产生什么影响。

双变量的 VAR（2）模型：

$$x_t=a_{11}x_{t-1}+a_{12}x_{t-2}+a_{13}y_{t-1}+a_{14}y_{t-2}+u_{1t}$$

$$y_t=a_{21}x_{t-1}+a_{22}x_{t-2}+a_{23}y_{t-1}+a_{24}y_{t-2}+u_{2t}$$

如果随机误差项 u_{1t} 发生变化，那么不仅会使当前的 x 值立即发生变化，而且还会通过当前的 x 值直接影响变量 x 和 y 今后的取值。

在多变量的 VAR（p）模型 $Y_t=A_1Y_{t-1}+A_2Y_{t-2}+A_3Y_{t-3}+\cdots+A_pY_{t-p}+U_t$ 中，Y_k 是 k 维内生变量向量；A_0、A_1 、A_2 、A_3 ，…，A_p 是参数矩阵；字母 p 表示滞后期数；而 U_t 表示随机误差项，虽然不能跟自身的滞后项和模型右边的变量相关，但是可以跟同时期的元素彼此相关。

引进滞后算子 $L_1Y_t=Y_{t-1}$，$L_2Y_t=Y_{t-2}$，$L_3Y_t=Y_{t-3}$，…,则上式可以写成：

$$(I_k-A_1L_1-A_2L_2+\cdots+A_pL_p)\ Y_t=U_t$$

则 $$Y_t=(I_k-A_1L_1-A_2L_2+\cdots+A_pL_p)^{-1}U_t \quad\cdots\cdots①$$

能够证明：只要一个向量的自回归过程平稳，那它就可以写成一个白噪声向量的无限移动平均过程。也就是：

$$Y_t=(I_k+C_1L_1+C_2L_2+\cdots+C_pL_p+\cdots)\ U_t\quad\cdots\cdots②$$

因此，$(I_k-A_1L_1-A_2L_2+\cdots+A_pL_p)^{-1}=(I_k+C_1L_1+C_2L_2+\cdots+C_pL_p+\cdots)$。

式子②中 Y_t 的第 i 个变量可以写成：

$$y_{it}=\sum(c_{ij}^{(0)}u_{jt}+c_{ij}^{(1)}u_{j(t-1)}+c_{ij}^{(2)}u_{j(t-2)}+c_{ij}^{(3)}u_{j(t-3)}+c_{ij}^{(4)}u_{j(t-4)}+\cdots)$$
$(j=1, \cdots, k)$

于是，由 y_j 的脉冲引起的 y_i 的响应函数可以求出如下：

$c_{ij}^{(0)}$，$c_{ij}^{(1)}$，$c_{ij}^{(2)}$，$c_{ij}^{(3)}$，$c_{ij}^{(4)}$，…

或者：$c_{ij}^{(s)}=\partial y_{i,t+s}/\partial u_{jt}$（$i=1, 2, \cdots, k$；$s=0, 1, 2, \cdots$；$t=1, 2, \cdots, n$）。

$c_{ij}^{(s)}$ 是 s 的函数即脉冲响应函数，描述了 t 时期内在其他变量不变的情况下，$y_{i,t+s}$ 对 y_{jt} 的一个冲击的反应情况。$c_{ij}^{(s)}=\partial y_{i,t+s}/\partial u_{jt}$ 表明，t 时期内第 j 个变量的随机项增加一个单位，其他变量的随机项为常数时，对 $t+s$ 时期的第 i 个变量的影响情况。

5.1.7 方差分析

Sims 于 1980 年提出了方差分解的方法。所谓方差分析方法是通过分析内生变量的冲击对内生变量变化的贡献程度，来实现评价不同内生变量冲击的重要性的目标。

根据式子 $y_{it}=\Sigma\ (c_{ij}^{(0)}u_{jt}+c_{ij}^{(1)}u_{j(t-1)}+c_{ij}^{(2)}u_{j(t-2)}+c_{ij}^{(3)}u_{j(t-3)}+c_{ij}^{(4)}u_{j(t-4)}+\cdots)\ (j=1,\cdots,k)$ 可知，括号中的内容表示第 j 个扰动项 u_t 对 y_i 影响的总和，而且其时段是从以往各期到现在。

假定 u_j 无序列相关，那么 $E\ (c_{ij}^{(0)}u_{jt}+c_{ij}^{(1)}u_{j(t-1)}+c_{ij}^{(2)}u_{j(t-2)}+c_{ij}^{(3)}u_{j(t-3)}+c_{ij}^{(4)}u_{j(t-4)}+\cdots)^2=\Sigma\ (c_{ij}^{(s)})^2\sigma_{jj}\ (i,\ j=1,\ \cdots,\ k)$。这是把第 j 个随机误差项对于第 i 个变量从以往各期对现在的时点的影响，通过方差的形式进行评价的结果。

如果 u_j 的协方差矩阵是对角矩阵，那么 y_i 的方差是上述方差的 k 项之和，即：$\mathrm{Var}\ (y_i)\ =\ \Sigma\ [\Sigma\ (c_{ij}^{(s)})^2\sigma_{jj}]\ (i,\ j=1,\ \cdots,\ k)$。

定义 $\mathrm{RVC}_j\rightarrow i\ (\infty)\ =\Sigma\ (c_{ij}^{(s)})^2\sigma_{jj}/\Sigma\ [\Sigma\ (c_{ij}^{(s)})^2\sigma_{jj}]\ (i,\ j=1,\ \cdots,\ k)$，$0\leqslant \mathrm{RVC}\leqslant 1$，$\Sigma\mathrm{RVC}=1$。

RVC（Relation Variable Contribution）即相对方差贡献率，是指根据第 j 个变量基于冲击的方差对 y_i 方差的相对贡献率，来衡量第 j 个变量对第 i 个变量的相对影响程度。如果 RVC 比较大，则说明第 j 个变量对第 i 个变量的相对影响比较大；如果 RVC 比较小，则说明第 j 个变量对第 i 个变量的相对影响比较小。

RVC 只需要取有限 q 项即可，因为模型满足平稳性条件时 $c_{ij}^{(s)}$ 随 s 值的增大而呈现出几何级数的衰减趋势。因此，$\mathrm{RVC}_j\rightarrow i\ (q)\ =\Sigma\ (c_{ij}^{(s)})^2\sigma_{jj}/\Sigma\ [\Sigma\ (c_{ij}^{(s)})^2\sigma_{jj}]\ (i,\ j=1,\ \cdots,\ k)$。

5.2　数据收集与特征分析

5.2.1　数据的收集

在文献研究部分，我们发现，多数学者把影响房价的经济因素归结为以下几种：土地交易价格、居民收入、物价指数、房地产贷款利率、货币供应量。除此以外，还存在着投机投资、开发商营销手段等社会因素的干扰。但是，考虑到数据的可获得性，笔者暂时只研究影响房价的几种经济因素对房价波动的干扰情况。另外，我国的住房改革开始于 1998 年，因此，本研究所搜集和使用的数据也是之后的数据。由于住房改革主要是全国城镇地区，而且年度数据较少，因此，本节主要采用城镇地区的季度数据进行研究。

本节主要选取我国 1999～2010 年的相关季度数据作为研究样本，而诸多统计数据主要来源于国家统计局数据库 http://219.235.129.58、中国资讯行统计数据库 http://www.infobank.cn/、国研网数据中心 http://drcnet.las.ac.cn/、中国人民银行统计数据网站 http://www.pbc.gov.cn/publish/main/3640/index.html 等。

各个变量的选择和取值需要做如下简单说明：

住宅型商品房销售价格指数。该指数以相对数的形式反映一定时期内房屋销售价格的变动程度和变动趋势，主要是用百分数的形式来反映住宅型商品房价格在不同时期的涨幅或跌幅。其优点是“同质可比”，也就是说，在排除房屋质量、地理位置、建筑结构以及销售因素等环境变量的影响之后，可以明确显示由供求关系和成本波动等经济因素所带来的价格变化情况。另外，本节采取同比的季度数据（上年同期=100），这样一来，我们所获得的房价数据就更具可比性了。

居民住宅用地交易价格指数。该指数是指房产开发商或者其他建设单位为获得居民住宅土地使用权，在开发商品房之前实际支付的土地价格的变动趋势和变动程度，能够以相对数的形式真实地反映一定时期居民住宅用地交易价格的变动趋势与变动程度。它不包括居民住宅土地后继开发所涉及的手续费、开发费、拆迁费以及税款等各种税费。另外，本节采取同比的季度数据（上年同期=100）以方便研究。

城镇人均可支配收入。住宅型商品房销售价格指数主要涉及城镇房屋，所以在研究其价格变化的时候，本节采取了与之相关的城镇人均可支配收入的季度数据。

广义货币供应量 M_2。在货币供应量问题上，本节采用的是广义货币供应量 M_2。它是指货币与准货币之和，包含的内容有流通中的现金、活期存款、定期存款、外币存款以及信托存款等。采用广义货币供应量 M_2 数据，能够真实研究房价波动所遭受的实际冲击。

一年期贷款基准利率。由于中国人民银行网站上给出的是月度贷款基准利率，所以笔者在诸多月度数据的基础上，通过时间序列加权的方式，计算得出了一年期贷款基准利率的季度数据，以满足研究的需要。

居民消费价格指数。国家统计局网站给出的是居民消费价格指数的月度数据，因此，笔者在诸多月度数据的基础上，通过时间序列加权的方式，计算得出了居民消费价格指数的季度数据。其目的在于消除住宅型商品房销售价格指数、居民住宅用地交易价格指数、广义货币供应量 M_2 等变量存在的通货膨胀影响，达到缩减经济序列的目标，尽量获得真实客观的研究结果。其缩减经济序列的方法是，将经济序列除以消费价格指数。

5.2.2　数据的重新定义

假定住宅型商品房销售价格指数、居民住宅用地交易价格指数、城镇人均可支配收入、广义货币供应量、一年期贷款基准利率以及居民消费价格指数，分别用 ZI、LI、DI、M_2、R、CPI 表示。本节把以上 6 个变量作为一个系统，检验其内在关系，基于分析结果揭示房价上升的本质特征并提出与之相应的经济政策建议。

本节按照不变价格计算，需要重新定义如下 5 个变量：$ZI'=ZI/CPI$，$LI'=LI/CPI$，$DI'=DI/CPI$，$M_2'=M_2/CPI$，$R'=R/CPI$。然后依据公式逐个计算，得到新的季度数据序列供研究使用。其目的在于，消除经济数据序列的通货膨胀影响。

5.2.3　数据的因果关系检验

从经济理论可知，影响住宅型商品房销售价格指数 ZI' 的因素是居民住宅用地交易价格指数 LI'、城镇人均可支配收入 DI'、广义货币供应量 M_2' 以及一年期贷款基准利率 R' 等变量。因此，本节把它们作为一个系统，使用 Eviews 6.0 计量软件中的 Granger Causality Test 功能，检验住宅型商品房销售价格指数 ZI'、居民住宅用地交易价格指数 LI'、城镇人均可支配收入 DI'、广义货币供应量 M_2' 以及一年期贷款基准利率 R' 等变量之间的格兰杰因果关系，基于检验结论揭示房价波动的本质特征并提供相应的经济政策建议。

首先，检验住宅型商品房销售价格指数 ZI' 与居民住宅用地交易价格指数 LI' 的格兰杰因果关系。笔者选择 2、3、4、5 等不同滞后阶数分别加以考察，然后得出不同的检验结果，如表 5-1 所示。

从相伴概率可以知道，在显著性水平为 5%的情况下，无论滞后阶数是 2、3、4、5 还是 6，其检验结果的 F 值都要求得出拒绝“LI' 不是 ZI' 的格兰杰原因”的判断。这就说明，不管滞后阶数是 2、3、4、5 还是 6，居民住宅用地交易价格指数都是商品房销售价格指数的格兰杰原因，居民住宅用地交易价格指数的变动都会引起商品房销售价格指数的变化。

根据“LI' 不是 ZI' 的格兰杰原因”假设的 F 统计量的 p 值在滞后阶数为 2 时非常小的基本情况，本研究能够得出结论：居民住宅用地交易价格指数的变动对商品房销售价格指数的影响力不仅存在，而且在短期内非常明显。又因为在滞后阶数从 4 到 6 的变化过程中，“LI' 不是 ZI' 的格兰杰原因”假设的 F

统计量的 p 值呈现出越来越小的变化趋势，这就进一步说明，居民住宅用地交易价格指数变动对商品房销售价格指数的影响力在长期内也存在，而且还呈现出逐渐加强的基本趋势。

表 5-1 ZI' 与 LI' 的格兰杰因果关系检验结果

Pairwise Granger Causality Tests		Sample: 1999Q1 2010Q4	
Lags: 2			
Null Hypothesis:	Obs	F-Statistic	Prob.
ZI' does not Granger Cause LI'	46	0.03689	0.9638
LI' does not Granger Cause ZI'	46	7.68037	0.0015
Lags: 3			
Null Hypothesis:	Obs	F-Statistic	Prob.
ZI' does not Granger Cause LI'	45	2.87932	0.0485
LI' does not Granger Cause ZI'	45	4.13939	0.0124
Lags: 4			
Null Hypothesis:	Obs	F-Statistic	Prob.
ZI' does not Granger Cause LI'	44	2.42615	0.0662
LI' does not Granger Cause ZI'	44	4.59134	0.0044
Lags: 5			
Null Hypothesis:	Obs	F-Statistic	Prob.
ZI' does not Granger Cause LI'	43	1.68823	0.1659
LI' does not Granger Cause ZI'	43	4.31320	0.0041
Lags: 6			
Null Hypothesis:	Obs	F-Statistic	Prob.
ZI' does not Granger Cause LI'	42	1.07331	0.4010
LI' does not Granger Cause ZI'	42	4.16763	0.0039

由于滞后阶数为 3 时，F 统计量的两个 p 值都小于 0.05，这就要求既要拒绝“LI' 不是 ZI' 的格兰杰原因”，也要拒绝“ZI' 不是 LI' 的格兰杰原因”的假设，所以，本研究可以得出居民住宅用地交易价格指数与商品房销售价格指数，在中期构成双向格兰杰因果关系的基本判断。不过，根据 F 统计量的 p 值的大小不同可以判断，居民住宅用地交易价格指数变动对商品房销售价格指数的影响力，比商品房销售价格指数变动对居民住宅用地交易价格指数的影响力更大和更明显一些。

当然，当我们观察滞后 2、4、5 和 6 阶时，能够发现“ZI' 不是 LI' 的格兰杰原因”假设的 F 统计量的 p 值均不显著，这就要求接受“ZI' 不是 LI' 的格兰杰原因”的假设。这说明，商品房销售价格指数不是居民住宅用地交易价格指数的格兰杰原因，商品房销售价格指数的变化不会引起居民住宅用地交易价格指数的变化。

总之，无论是短期、中期，还是长期，居民住宅用地交易价格指数都是商品房销售价格指数的格兰杰原因，居民住宅用地交易价格指数变动都会引起商品房销售价格指数的变动，而且短期内的影响力非常强劲，长期内还呈现出逐渐加强的趋势。此外，在中期，不仅居民住宅用地交易价格指数变动会引起商品房销售价格指数的变动，而且，商品房销售价格指数的变动还会引起居民住宅用地交易价格指数的变动，这就表现出了双向格兰杰因果关系。

其次，检验住宅型商品房销售价格指数 ZI' 与城镇人均可支配收入 DI' 的格兰杰因果关系。笔者通过选择不同的滞后阶数分别加以考察，得出了如表 5-2 所示的检验结果。

从表 5-2 可以知道，在显著性水平为 5%的情况下，滞后阶数从 2 到 6 的格兰杰检验结果的 F 值都要求接受“DI' 不是 ZI' 的格兰杰原因”的判断。这说明，不管滞后阶数是 2、3、4、5 还是 6，城镇人均可支配收入都不是商品房销售价格指数的格兰杰原因，城镇人均可支配收入的变动不会有效引起商品房销售价格指数的变动。从 F 统计量的 p 值的大小可以发现，上述判断在滞后 3、4、5 阶时表现得尤其明显。这就说明，住房改革以来的房价上涨现象并不是由城镇人均可支配收入的提高引起的。

表 5-2 ZI' 与 DI' 的格兰杰因果关系检验结果

Pairwise Granger Causality Tests *Sample:* 1999*Q*1 2010*Q*4			
Lags: 2			
Null Hypothesis:	*Obs*	*F-Statistic*	*Prob.*
ZI' *does not Granger Cause* DI'	46	0.62595	0.5398
DI' does not Granger Cause ZI'	46	1.18223	0.3168
Lags: 3			
Null Hypothesis:	*Obs*	*F-Statistic*	*Prob.*
ZI' *does not Granger Cause* DI'	45	0.40443	0.7506
DI' *does not Granger Cause* ZI'	45	0.06425	0.9784
Lags: 4			
Null Hypothesis:	*Obs*	*F-Statistic*	*Prob.*
ZI' *does not Granger Cause* DI'	44	3.12568	0.0267
DI' *does not Granger Cause* ZI'	44	0.04811	0.9954
Lags: 5			
Null Hypothesis:	*Obs*	*F-Statistic*	*Prob.*
ZI' *does not Granger Cause* DI'	43	1.45718	0.2312
DI' *does not Granger Cause* ZI'	43	0.17640	0.9695
Lags: 6			
Null Hypothesis:	*Obs*	*F-Statistic*	*Prob.*
ZI' *does not Granger Cause* DI'	42	2.44314	0.0492
DI' *does not Granger Cause* ZI'	42	1.04328	0.4183

再次，检验住宅型商品房销售价格指数 ZI' 与广义货币供应量 $M_2{}'$ 的格兰杰因果关系。笔者选择了几个不同的滞后阶数分别加以考察，然后得出如表 5-3 所示的检验结果。

表 5-3　ZI' 与 M_2' 的格兰杰因果关系检验结果

Pairwise Granger Causality Tests　　Sample: 1999Q1 2010Q4			
Lags: 2			
Null Hypothesis:	Obs	F-Statistic	Prob.
ZI' does not Granger Cause M_2'	46	2.31986	0.1111
M_2' does not Granger Cause ZI'	46	1.07655	0.3502
Lags: 3			
Null Hypothesis:	Obs	F-Statistic	Prob.
ZI' does not Granger Cause M_2'	45	3.41511	0.0269
M_2' does not Granger Cause ZI'	45	0.03841	0.9898
Lags: 4			
Null Hypothesis:	Obs	F-Statistic	Prob.
ZI' does not Granger Cause M_2'	44	2.40749	0.0679
M_2' does not Granger Cause ZI'	44	1.59398	0.1977
Lags: 5			
Null Hypothesis:	Obs	F-Statistic	Prob.
ZI' does not Granger Cause M_2'	43	1.82722	0.1356
M_2' does not Granger Cause ZI'	43	3.24654	0.0175
Lags: 6			
Null Hypothesis:	Obs	F-Statistic	Prob.
ZI' does not Granger Cause M_2'	42	1.13235	0.3687
M_2' does not Granger Cause ZI'	42	2.84139	0.0267

从表 5-3 可以知道，在 5%的显著性水平下，在滞后 2 至 4 阶时，格兰杰检验的 F 值要求接受“M_2' 不是 ZI' 的格兰杰原因”的判断；从滞后 5 阶开始，格兰杰检验结果的 F 值才要求拒绝“M_2' 不是 ZI' 的格兰杰原因”的判断。这说明，广义货币供应量的短期变化不是商品房销售价格指数变化的格兰杰原因，广义货币供应量的短期变化不会引起商品房销售价格指数的变化。但是，如果广义货币供应量过剩而且短期内没能有效解决该问题，则广义货币供应量的变化就会成为商品房销售价格指数变化的格兰杰原因，广义货币供应量的长期变化就会引起商品房销售价格指数的变化。

最后，本研究需要检验住宅型商品房销售价格指数 ZI' 与一年期贷款基准利率 R' 的格兰杰因果关系。笔者选择了滞后 2 至 6 阶的不同情况分别加以考察，然后得出了非常明确的检验结果，如表 5-4 所示。

表 5-4 ZI' 与 R' 的格兰杰因果关系检验结果

Pairwise Granger Causality Tests *Sample*: 1999*Q*1 2010*Q*4			
Lags: 2			
Null Hypothesis:	*Obs*	*F-Statistic*	*Prob.*
ZI' *does not Granger Cause* R'	46	2.28025	0.1151
R' *does not Granger Cause* ZI'	46	8.32201	0.0009
Lags: 3			
Null Hypothesis:	*Obs*	*F-Statistic*	*Prob.*
ZI' *does not Granger Cause* R'	45	0.99394	0.4061
R' *does not Granger Cause* ZI'	45	3.00293	0.0423
Lags: 4			
Null Hypothesis:	*Obs*	*F-Statistic*	*Prob.*
ZI' *does not Granger Cause* R'	44	0.58468	0.6758
R' *does not Granger Cause* ZI'	44	2.25520	0.0829
Lags: 5			
Null Hypothesis:	*Obs*	*F-Statistic*	*Prob.*
ZI' *does not Granger Cause* R'	43	0.48131	0.7875
R' *does not Granger Cause* ZI'	43	1.72759	0.1567
Lags: 6			
Null Hypothesis:	*Obs*	*F-Statistic*	*Prob.*
ZI' *does not Granger Cause* R'	42	0.70187	0.6504
R' *does not Granger Cause* ZI'	42	1.51736	0.2076

从表 5-4 可以知道，在显著性水平为 5%的情况下，在滞后 2 至 3 阶时，格兰杰检验的 F 值要求拒绝“R' 不是 ZI' 的格兰杰原因”的判断；从滞后 4 阶开始，格兰杰检验结果的 F 值才要求接受“R' 不是 ZI' 的格兰杰原因”的判断。所以，本研究可以得出一年期贷款基准利率的短期变化是商品房销售价格指数变化的格兰杰原因，一年期贷款基准利率的短期变化会引起商品房销售价格指数的变化；而且，根据 F 统计量的 p 值的大小不同可以判断，时间越短则一年期贷款基准利率的作用越明显。但是，一年期贷款基准利率的长期变化不是商品房销售价格指数变化的格兰杰原因，一年期贷款基准利率的长期变化不会引起商品房销售价格指数的变化；而且，时间越长则一年期贷款基准利率的作用越不明显。该结论隐含的潜在意义在于，房价上涨受短期利率的影响比较明显，而受长期利率的影响作用并不显著。

因此，住宅型商品房销售价格指数 ZI' 波动的本质特征是居民住宅用地交易价格指数 LI' 、广义货币供应量 M_2' 以及一年期贷款基准利率 R' 等变量的变化，而城镇人均可支配收入 DI' 的变动不会引起住宅型商品房销售价格指数的波动。

5.2.4　数据的平稳性检验

首先，笔者使用统计学软件 Eviews 6.0，画出我国 1999～2010 年 ZI' 、LI' 、DI' 、M_2' 、R' 的时序图，如图 5-1 所示。我们从 ZI' 、DI' 的时序图中可以比较容易地看出，其数据围绕均值上下变动但其波动比较小，由此可以认为，住宅型商品房销售价格指数 ZI' 的时间序列数据总体上是平稳的。

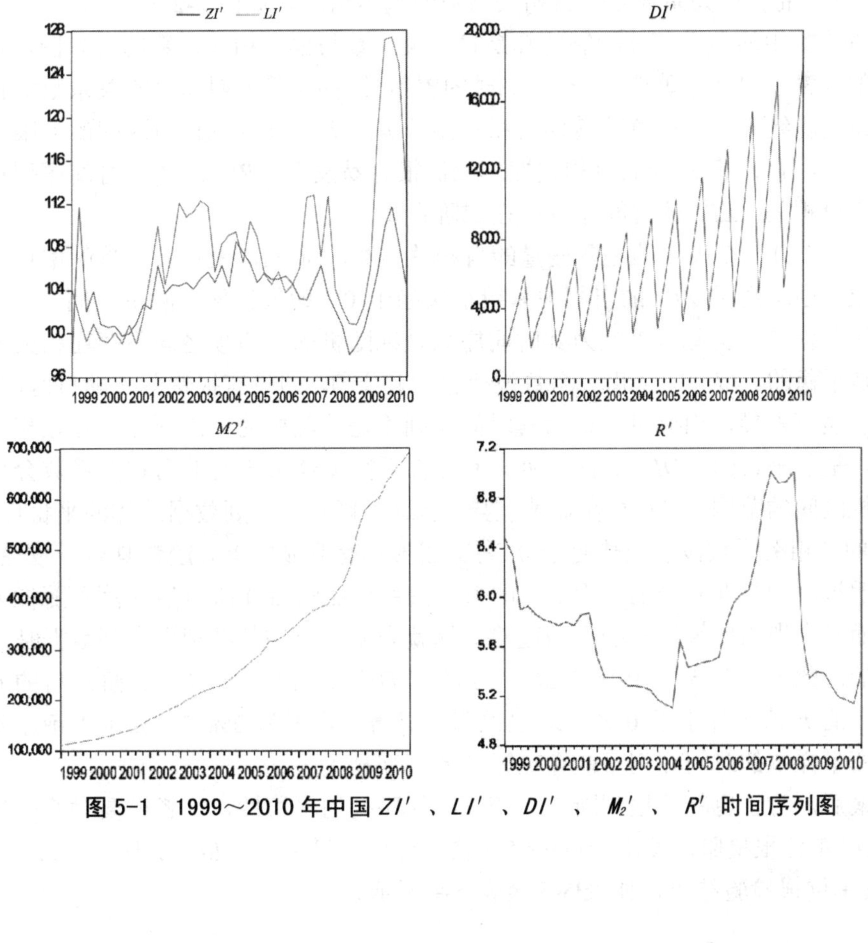

图 5-1　1999～2010 年中国 ZI' 、LI' 、DI' 、M_2' 、R' 时间序列图

LI' 的时序图虽然在 1999 年到 2007 年的波动较小，但是 2008 年以后波动较大，因此可以判断，居民住宅用地交易价格指数 LI' 数据在总体上是非平稳的。

从 M_2' 图形可以直观地发现，中国广义货币供应量从 1999 年到 2010 年的时间序列图表现出持续上升的强劲趋势，这就意味着不同时间段上的均值是不相同的，由此可以初步判断该时间序列数据是非平稳的。

而 R'的时序图在 1999 年到 2010 年的波动也比较大，由此可以初步认定，一年期基准利率数据在总体上也是不平稳的。

其次，考察 5 个变量的自相关系数和偏自相关系数的基本情况。笔者使用统计学软件 Eviews 6.0，得到我国自 1999 年到 2010 年期间变量 ZI' 、LI' 、DI' 、M_2' 、R' 的自相关系数和偏自相关系数的基本情况，如图 5-2 所示。

图 5-2 中的左半部分绘制的都是自相关系数与偏自相关系数的直方图，其虚线部分表示的是显著性水平为 5%时的置信带。如果第 s 期偏自相关系数的直方图超出虚线部分，则意味着偏自相关系数 ρ_{t-s} 大于该变量置信区间的上限，也就是说，存在着 s 阶的自相关性。我们很容易发现，R' 、M_2' 时间序列存在一阶自相关，LI' 的时间序列存在二阶自相关。

图 5-2 中 AC 表示的是各变量的自相关系数，而 PAC 表示各变量的偏自相关系数。由于变量 ZI' 的自相关系数很快趋于 0，即很快落入随机区间，与 0 没有显著差异，由此可以认为其时间序列是纯随机的，诸项之间不存在相关关系，是平稳的。LI' 的自相关系数没有很快趋于 0，即没有很快落入随机区间，与 0 有显著差异，由此可以认为其时间序列不是纯随机的，诸项之间存在相关关系，是非平稳的。DI' 时间序列只有在滞后期 k=4 或 5 时的自相关系数会超出随机区间的范围，与 0 存在显著差异，但这不影响该序列数据总体的平稳性。M_2' 的自相关系数没有很快趋于 0，与其图形具有明显的上升趋势具有一致性，这说明该序列是非平稳的。而 R' 的自相关系数在滞后 4 阶以后才落入随机区间，而且表现出比较缓慢的衰减趋势，这就表明一年期基准利率序列数据是非平稳的。此外，图 5-2 中变量 ZI' 、LI' 、DI' 、 M_2' 、 R' 各阶滞后的 Q 统计量的 p 值全都小于 0.05，这也说明在显著性水平为 5%时，要求拒绝原假设，变量样本的时间序列可能存在显著的序列相关。

最后，为了更精确地判断 5 大变量时间序列的平稳性，笔者还要对原序列做 ADF 单位根检验。使用 Eviews 6.0 软件得出变量 ZI' 、LI' 、DI' 、M_2' 、R' 的单位根检验结果，如表 5-5 至表 5-9 所示。

Correlogram of ZI__

Date: 10/31/11 Time: 21:43
Sample: 1999Q1 2010Q4
Included observations: 48

Autocorrelation	Partial Correlation		AC	PAC	Q-Stat	Prob
		1	0.463	0.463	10.941	0.001
		2	0.423	0.265	20.254	0.000
		3	0.103	-0.224	20.816	0.000
		4	-0.031	-0.162	20.869	0.000
		5	-0.135	-0.033	21.887	0.001
		6	-0.162	-0.011	23.380	0.001

Correlogram of DI__

Date: 10/31/11 Time: 21:40
Sample: 1999Q1 2010Q4
Included observations: 48

Autocorrelation	Partial Correlation		AC	PAC	Q-Stat	Prob
		1	0.347	0.347	6.1609	0.013
		2	0.094	-0.031	6.6174	0.037
		3	0.250	0.259	9.9616	0.019
		4	0.830	0.805	47.515	0.000
		5	0.250	-0.521	51.017	0.000
		6	0.022	0.111	51.045	0.000

Correlogram of LI__

Date: 10/31/11 Time: 21:59
Sample: 1999Q1 2010Q4
Included observations: 48

Autocorrelation	Partial Correlation		AC	PAC	Q-Stat	Prob
		1	0.811	0.811	33.607	0.000
		2	0.544	-0.335	49.019	0.000
		3	0.265	-0.171	52.764	0.000
		4	0.023	-0.097	52.794	0.000
		5	-0.126	0.038	53.685	0.000
		6	-0.149	0.145	54.960	0.000

Correlogram of M_2__

Date: 10/31/11 Time: 22:01
Sample: 1999Q1 2010Q4
Included observations: 48

Autocorrelation	Partial Correlation		AC	PAC	Q-Stat	Prob
		1	0.928	0.928	43.939	0.000
		2	0.853	-0.053	81.913	0.000
		3	0.777	-0.050	114.13	0.000
		4	0.702	-0.041	140.99	0.000
		5	0.629	-0.024	163.06	0.000
		6	0.553	-0.065	180.56	0.000

Correlogram of R__

Date: 10/31/11 Time: 22:04
Sample: 1999Q1 2010Q4
Included observations: 48

Autocorrelation	Partial Correlation		AC	PAC	Q-Stat	Prob
		1	0.857	0.857	37.509	0.000
		2	0.669	-0.246	60.874	0.000
		3	0.510	0.023	74.721	0.000
		4	0.329	-0.226	80.639	0.000
		5	0.147	-0.101	81.837	0.000
		6	-0.001	-0.035	81.837	0.000

图 5-2　1999～2010 年中国 ZI' 、LI' 、DI' 、 M_2' 、 R' 时间序列自相关和偏自相关图

表 5-5 1999～2010 年中国 ZI' 时间序列的单位根检验结果

分类	ADF *test statistic*	置信度	临界值
有截距，有趋势	-4.530435	1% *level*	-4.175640
		5% *level*	-3.513075
		10% *level*	-3.186854
有截距，无趋势	-4.539455	1% *level*	-3.584743
		5% *level*	-2.928142
		10% *level*	-2.602225
无截距，无趋势	0.221138	1% *level*	-2.615093
		5% *level*	-1.947975
		10% *level*	-1.612408

从表 5-5 可以知道，住宅型商品房销售价格指数 ZI' 从 1999 年到 2010 年的时间序列数据，在有截距和有趋势的条件下，ADF 临界值小于显著性水平 1%的临界值，拒绝存在单位根的原假设，换句话说，它是平稳序列。在有截距和无趋势的条件下，由于 ADF 的临界值小于显著性水平 1%、5%以及 10%的临界值，因此要拒绝存在单位根的原假设，从而能够知道它是平稳序列。在无截距和无趋势的条件下，因为 ADF 的临界值大于显著性水平 1%、5%和 10%的临界值，所以要接受存在一个单位根的原假设，从而说明它是非平稳序列。综上所述，住宅型商品房销售价格指数 ZI' 从 1999 年到 2010 年的时间序列数据是平稳序列。

表 5-6 1999～2010 年中国 LI' 时间序列的单位根检验结果

分类	ADF *test statistic*	置信度	临界值
有截距，有趋势	-3.261463	1% *level*	-4.170583
		5% *level*	-3.510740
		10% *level*	-3.185512
有截距，无趋势	-2.046808	1% *level*	-3.577723
		5% *level*	-2.925169
		10% *level*	-2.600658
无截距，无趋势	0.197934	1% *level*	-2.615093
		5% *level*	-1.947975
		10% *level*	-1.612408

从表 5-6 可以知道，居民住宅用地交易价格指数 LI' 从 1999 年到 2010 年的时间序列数据，在有截距和有趋势的条件下，在有截距和无趋势的条件下，或者在无截距和无趋势的条件下，它都是非平稳序列，这是因为其 ADF 临界值大于显著性水平 1%、5%甚至 10%的临界值，需要接受存在一个单位根的原假设。

表 5-7　1999～2010 年中国 DI' 时间序列的单位根检验结果

分类	ADF *test statistic*	置信度	临界值
有截距，有趋势	-10.26101	1% *level*	-4.175640
		5% *level*	-3.513075
		10% *level*	-3.186854
有截距，无趋势	-3.939631	1% *level*	-3.577723
		5% *level*	-2.925169
		10% *level*	-2.600658
无截距，无趋势	0.235314	1% *level*	-2.617364
		5% *level*	-1.948313
		10% *level*	-1.612229

从表 5-7 可以知道，城镇人均可支配收入 DI' 从 1999 年到 2010 年的时间序列数据，在有截距和有趋势或者在有截距和无趋势的条件下，该序列都是平稳序列，其原因是 ADF 临界值小于显著性水平 1%、5%以及 10%情况下的临界值，要求我们拒绝存在单位根的原假设。在无截距和无趋势的条件下，它是非平稳序列，因为 ADF 临界值大于显著性水平 1%、5%和 10%情况下的临界值，这要求我们接受存在一个单位根的原假设。综上所述，住宅型商品房销售价格指数 ZI' 从 1999 年到 2010 年的时间序列数据是平稳序列。

表 5-8　1999～2010 年中国 M_2' 时间序列的单位根检验结果

分类	ADF *test statistic*	置信度	临界值
有截距，有趋势	0.016563	1% *level*	-4.175640
		5% *level*	-3.513075
		10% *level*	-3.186854
有截距，无趋势	2.739653	1% *level*	-3.584743
		5% *level*	-2.928142
		10% *level*	-2.602225
无截距，无趋势	3.912698	1% *level*	-2.617364
		5% *level*	-1.948313
		10% *level*	-1.612229

从表 5-8 可以知道，广义货币供给量 M_2' 1999 年到 2010 年的时间序列数据，在有截距和有趋势的条件下，在有截距和无趋势的条件下，或者在无截距和无趋势的条件下，因为 ADF 临界值大于显著性水平 1%、5%和 10%情况下的临界值，所以要求我们接受存在一个单位根的原假设，换句话说，广义货币供给量 M_2' 的时间序列数据是非平稳序列。

表 5-9 1999～2010 年中国 R' 时间序列的单位根检验结果

分类	ADF *test statistic*	置信度	临界值
有截距，有趋势	-1.923345	1% *level*	-4.165756
		5% *level*	-3.508508
		10% *level*	-3.184230
有截距，无趋势	-1.944442	1% *level*	-3.577723
		5% *level*	-2.925169
		10% *level*	-2.600658
无截距，无趋势	-0.785400	1% *level*	-2.615093
		5% *level*	-1.947975
		10% *level*	-1.612408

从表 5-9 可以知道，一年期贷款基准利率 R' 从 1999 年到 2010 年的时间序列数据，在有截距和有趋势的条件下，在有截距和无趋势的条件下，或者在无截距和无趋势的条件下，由于 ADF 临界值大于显著性水平 1%、5%以及 10%情况下的临界值，所以要求我们接受存在一个单位根的原假设，也就是说，一年期贷款基准利率 R' 的样本时间序列数据是非平稳序列。

综上所述，笔者可以得出如下基本结论：通过统计图形进行粗略判断，并使用 ADF 统计量做统计检验进行精确判断之后认为，1999～2010 年间，中国住宅型商品房销售价格指数 ZI' 、城镇人均可支配收入 DI' 的样本时间序列是平稳序列，而居民住宅用地交易价格指数 LI' 、广义货币供应量 M_2' 以及一年期贷款基准利率 R' 等变量的样本时间序列是非平稳序列。

5.2.5 数据的平稳性处理

数据的平稳性处理主要是处理居民住宅用地交易价格指数 LI' 、广义货币供应量 M_2' 以及一年期贷款基准利率 R' 等变量。

首先，笔者使用统计学软件 Eviews 6.0 对居民住宅用地交易价格指数 LI' 的原序列进行一阶差分处理，得到图 5-3、图 5-4 和表 5-10。我们从图 5-3 可以比较容易地看出，居民住宅用地交易价格指数一阶差分 *DLI′* 数据围绕其均值上下变动而且波动比较小，由此可以初步认为，居民住宅用地交易价格指数一阶差分的时间序列数据总体上是平稳的。图 5-4 中，由于变量 *DLI′* 的自相关系数很快趋于 0，即很快落入随机区间，与 0 没有显著差异，由此可以认为其时间序列是纯随机的，诸项之间不存在相关关系，是平稳的。从表 5-10 可以知道，居民住宅用地交易价格指数一阶差分的时间序列数据 *DLI′*，从 1999 年到 2010 年，在有截距和有趋势的条件下，在有截距和无趋势的条件下，或者在无截距和无趋势的条件下，要拒绝存在单位根的原假设，这是因为 ADF 临界值小于显著性水平 1%、5%和 10%时候的临界值。因此，居民住宅用地交易价格指数做一阶差分后的时间序列数据 *DLI′* 是平稳序列。总之，无论是统计图、自相关系数和偏自相关系数图，还是 ADF 检验结果都可以明确说明，居民住宅用地交易价格指数一阶差分的时间序列数据 *DLI′* 是平稳序列。

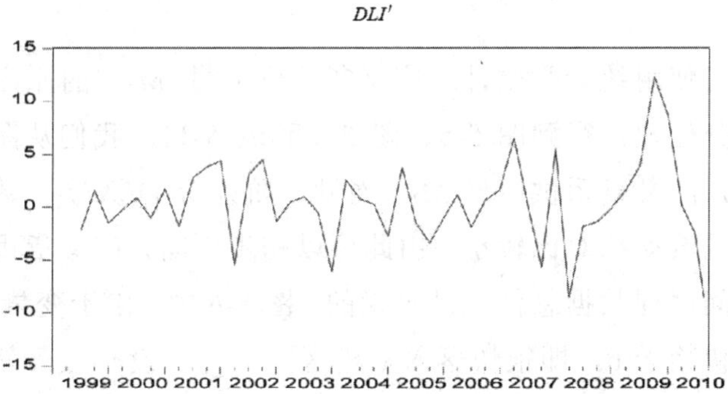

图 5-3　1999～2010 年中国 LI' 一阶差分时间序列图

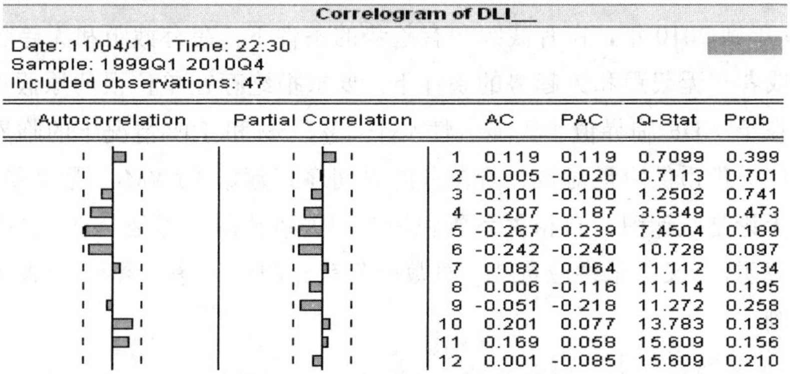

Correlogram of DLI__

Date: 11/04/11　Time: 22:30
Sample: 1999Q1 2010Q4
Included observations: 47

	AC	PAC	Q-Stat	Prob
1	0.119	0.119	0.7099	0.399
2	-0.005	-0.020	0.7113	0.701
3	-0.101	-0.100	1.2502	0.741
4	-0.207	-0.187	3.5349	0.473
5	-0.267	-0.239	7.4504	0.189
6	-0.242	-0.240	10.728	0.097
7	0.082	0.064	11.112	0.134
8	0.006	-0.116	11.114	0.195
9	-0.051	-0.218	11.272	0.258
10	0.201	0.077	13.783	0.183
11	0.169	0.058	15.609	0.156
12	0.001	-0.085	15.609	0.210

图 5-4　1999～2010 年中国 LI' 一阶差分时间序列的自相关和偏自相关图

表 5-10　1999～2010 年中国 LI' 一阶差分时间序列的单位根检验结果

分类	ADF *test statistic*	置信度	临界值
有截距，有趋势	-5.058800	1% *level*	-4.170583
		5% *level*	-3.510740
		10% *level*	-3.185512
有截距，无趋势	-5.193933	1% *level*	-3.581152
		5% *level*	-2.926622
		10% *level*	-2.601424
无截距，无趋势	-5.248947	1% *level*	-2.616203
		5% *level*	-1.948140
		10% *level*	-1.612320

其次，笔者使用统计学软件对广义货币供应量 M_2' 的原序列取对数，然后做一阶差分处理，得到图 5-5、图 5-6 和表 5-11。我们从图 5-5 可以比较容易地看出，广义货币供应量 M_2' 对数一阶差分 $DLNM_2'$ 数据围绕其均值上下变动而且波动相对比较小，由此可以初步判断，广义货币供应量对数一阶差分的时间序列数据总体上是平稳的。图 5-6 中，由于变量 $DLNM_2'$ 的自相关系数很快趋于 0，即很快落入随机区间，与 0 没有显著差异，由此可以认为其时间序列是纯随机的，诸项之间不存在相关关系，是平稳的。从表 5-11 可以知道，广义货币供应量 M_2' 对数一阶差分的时间序列数据 $DLNM_2'$，从 1999 年到 2010 年，在有截距和有趋势的条件下，在有截距和无趋势的条件下，或者在无截距和无趋势的条件下，要求拒绝存在单位根的原假设，主要原因在于 ADF 临界值小于显著性水平 1%、5%和 10%情况下的临界值。因此，广义货币供应量对数一阶差分的时间序列数据 $DLNM_2'$ 是平稳序列。总之，无论是统计图、自相关系数和偏自相关系数图，还是 ADF 检验结果都明确表明，广义货币供应量 M_2'对数一阶差分的时间序列数据 $DLNM_2'$ 是平稳序列。

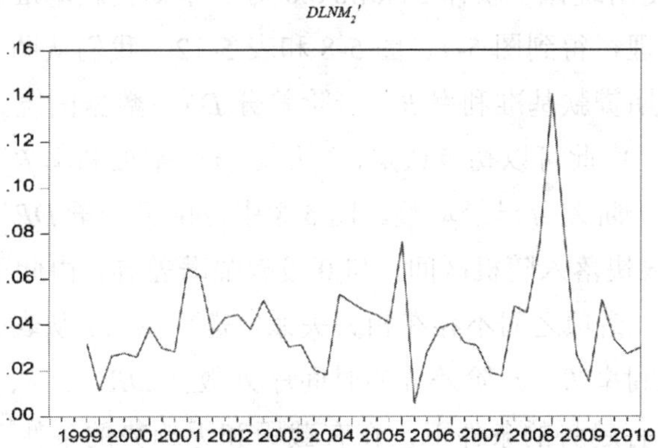

图 5-5　1999～2010 年中国 M_2' 对数一阶差分时间序列图

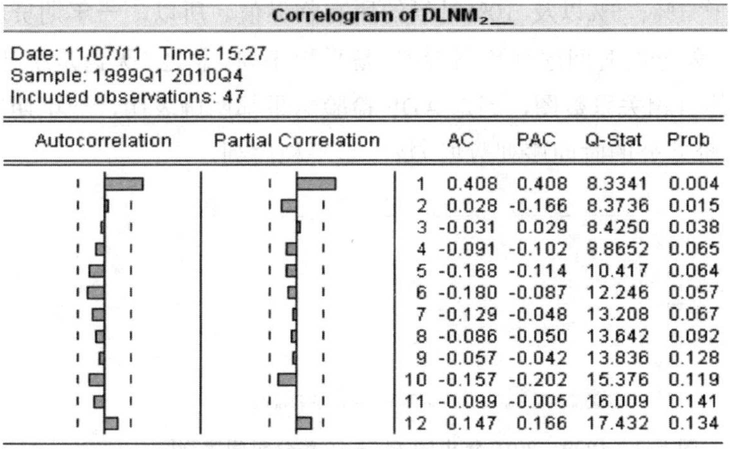

Correlogram of DLNM₂__

Date: 11/07/11　Time: 15:27
Sample: 1999Q1 2010Q4
Included observations: 47

Autocorrelation	Partial Correlation		AC	PAC	Q-Stat	Prob
		1	0.408	0.408	8.3341	0.004
		2	0.028	-0.166	8.3736	0.015
		3	-0.031	0.029	8.4250	0.038
		4	-0.091	-0.102	8.8652	0.065
		5	-0.168	-0.114	10.417	0.064
		6	-0.180	-0.087	12.246	0.057
		7	-0.129	-0.048	13.208	0.067
		8	-0.086	-0.050	13.642	0.092
		9	-0.057	-0.042	13.836	0.128
		10	-0.157	-0.202	15.376	0.119
		11	-0.099	-0.005	16.009	0.141
		12	0.147	0.166	17.432	0.134

图 5-6　1999～2010 年中国 M_2' 对数一阶差分时间序列的自相关和偏自相关图

表 5-11　1999～2010 年中国 M_2' 对数一阶差分时间序列的单位根检验结果

分类	ADF *test statistic*	置信度	临界值
有截距，有趋势	-4.357469	1% *level*	-4.170583
		5% *level*	-3.510740
		10% *level*	-3.185512
有截距，无趋势	-4.292681	1% *level*	-3.581152
		5% *level*	-2.926622
		10% *level*	-2.601424
无截距，无趋势	-1.868042	1% *level*	-2.616203
		5% *level*	-1.948140
		10% *level*	-1.612320

最后，笔者使用统计学软件 Eviews 6.0 对一年期贷款基准利率 R' 的原序列做一阶差分处理，得到图 5-7、图 5-8 和表 5-12。我们从图 5-7 可以比较容易地看出，一年期贷款基准利率 R' 一阶差分 DR' 数据围绕其均值上下变动而且波动比较小，由此可以初步认定，一年期贷款基准利率 R' 一阶差分的时间序列数据经过一阶差分已经单整。图 5-8 中，由于变量 DR' 的自相关系数很快趋于 0，即很快落入随机区间，与 0 没有显著差异，由此可以认为其时间序列是纯随机的，诸项之间不存在相关关系，是平稳的。从表 5-12 可以知道，一年期贷款基准利率 R' 一阶差分的时间序列数据 DR' ，从 1999 年到 2010 年，在有截距和有趋势的条件下，在有截距和无趋势的条件下，或者在无截距和无趋势的条件下，需要拒绝存在单位根的原假设，这是因为 ADF 临界值小于显著性水平 1%、5%以及 10%时候的所有临界值。所以，一年期贷款基准利率 R' 一阶差分的时间序列数据 DR' 是平稳序列。总之，无论是统计图、自相关系数和偏自相关系数图，还是 ADF 检验结果都明确表明，一年期贷款基准利率 R'一阶差分的时间序列数据 DR' 是平稳序列。

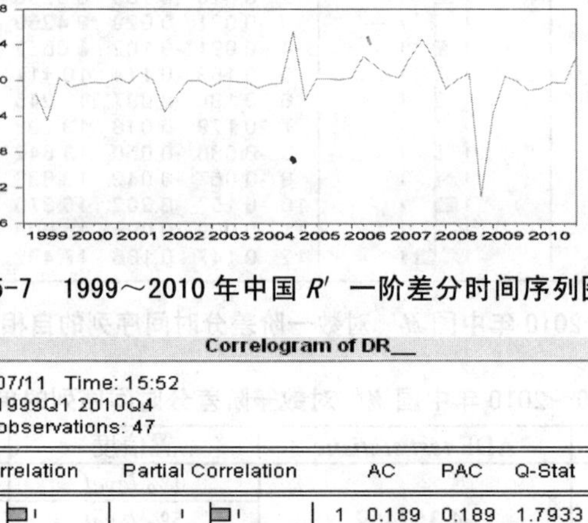

图 5-7　1999～2010 年中国 R' 一阶差分时间序列图

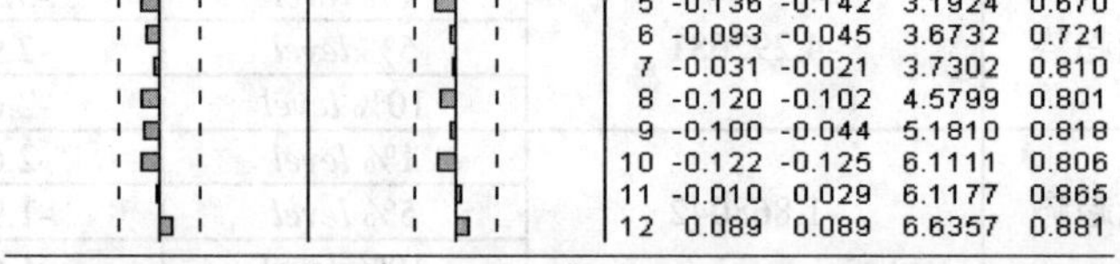
Correlogram of DR__
Date: 11/07/11 Time: 15:52
Sample: 1999Q1 2010Q4
Included observations: 47
Autocorrelation Partial Correlation AC PAC Q-Stat Prob
1 0.189 0.189 1.7933 0.181
2 -0.017 -0.055 1.8081 0.405
3 0.077 0.094 2.1158 0.549
4 0.034 -0.001 2.1761 0.703
5 -0.136 -0.142 3.1924 0.670
6 -0.093 -0.045 3.6732 0.721
7 -0.031 -0.021 3.7302 0.810
8 -0.120 -0.102 4.5799 0.801
9 -0.100 -0.044 5.1810 0.818
10 -0.122 -0.125 6.1111 0.806
11 -0.010 0.029 6.1177 0.865
12 0.089 0.089 6.6357 0.881

图 5-8　1999～2010 年中国 R' 一阶差分时间序列的自相关和偏自相关图

表 5-12　1999～2010 年中国 R' 一阶差分时间序列的单位根检验结果

分类	ADF *test statistic*	置信度	临界值
有截距，有趋势	-5.331609	1% *level*	-4.170583
		5% *level*	-3.510740
		10% *level*	-3.185512
有截距，无趋势	-5.383744	1% *level*	-3.581152
		5% *level*	-2.926622
		10% *level*	-2.601424
无截距，无趋势	-5.426086	1% *level*	-2.616203
		5% *level*	-1.948140
		10% *level*	-1.612320

5.3　协整模型的构建与分析

5.3.1　协整模型

从前面的格兰杰因果关系检验知道，城镇人均可支配收入 DI' 不是住宅型商品房销售价格指数 ZI' 的格兰杰原因，其影响力微乎其微，因此，笔者在下面的协整关系方程式中会去掉该变量。

从时间序列图 5-9 能够容易地看出，1999～2010 年中国$\triangle LI'$ 、$\triangle R'$ 、$\triangle M_2'$ 数据具有大致相同的增长和变化趋势，这就表明上述 4 个变量之间可能存在协整关系。另外，从平稳性检验和平稳性数据处理可以知道，$ZI' \sim I(0)$、$\triangle LI' \sim I(0)$、$\triangle M_2' \sim I(0)$、$\triangle R' \sim I(0)$,也就是说，上述 4 个变量都是零阶单整，存在长期稳定的均衡关系，这就满足了协整检验的前提条件。

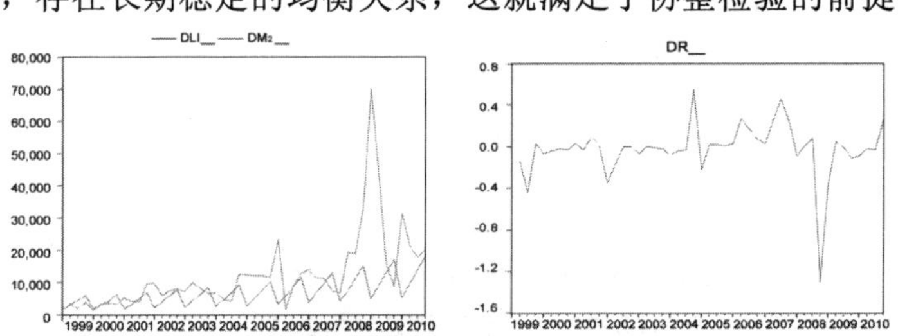

图 5-9　1999～2010 年中国$\triangle LI'$ 、$\triangle M_2'$ 、$\triangle R'$ 时间序列图

由于四个时间序列是平稳的，所以笔者用 OLS 法直接做普通最小二乘回归，其分析结果如表 5-13 所示。笔者从回归模型的估计结果中可以找到变量之间的协整方程：

$$ZI' = 101.336 + 0.358\triangle LI' + 0.023\triangle M_2' - 0.025\triangle R'$$

$$t=（11.772）（6.322）\quad（2.318）\quad（1.380）$$

$$adj\text{-}R^2=0.901 \quad DW=1.947 \quad F=15.629$$

表 5-13　回归分析结果表

Dependent Variable: ZI_
Method: Least Squares
Date: 11/11/11 Time: 20:12
Sample (adjusted): 1999Q2 2010Q4
Included observations: 47 after adjustments

Variable	Coefficient	Std. Error	t-Statistic	Prob.
C	101.33578	0.623866	11.772315	0.0000
D(LI__)	0.3574556	0.105355	6.3225452	0.0570
D(M₂__)	0.0234546	0.703767	2.3178609	0.0451
D(R__)	-0.0252311	0.547248	1.3804971	0.0480

R-squared	0.8920510	Mean dependent var	0.096232
Adjusted R-squared	0.9014034	S.D. dependent var	0.017525
S.E. of regression	0.4574771	Akaike info criterion	3.087815
Sum squared resid	0.1068561	Schwarz criterion	4.245274
Log likelihood	35.563664	Hannan-Quinn criter.	11.14706
F-statistic	15.628970	Durbin-Watson stat	1.946952
Prob(F-statistic)	0.0466660		

回归方程估计残差序列 E 的取值如图 5-10 所示，然后对模型估计残差序列 E 做单位根检验，其 ADF 检验结果如表 5-14 所示。

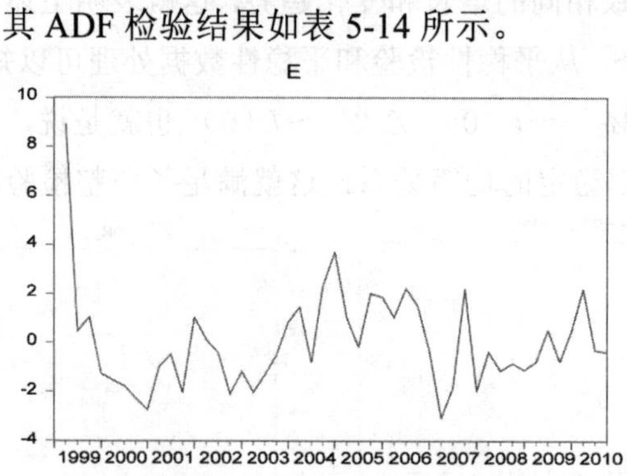

图 5-10　残差序列 E 的折线图

表 5-14　残差序列 E 的单位根检验结果

分类	ADF *test statistic*	置信度	临界值
有截距，有趋势	-6.836333	1% *level*	-3.581152
		5% *level*	-2.926622
		10% *level*	-2.601424
有截距，无趋势	-6.909856	1% *level*	-4.170583
		5% *level*	-3.510740
		10% *level*	-3.185512
无截距，无趋势	-6.854468	1% *level*	-2.616203
		5% *level*	-1.948140
		10% *level*	-1.612320

从表 5-14 可以知道，残差序列 E 的时间序列数据，在有截距和有趋势的条件下，在有截距和无趋势的条件下，在无截距和无趋势的条件下，它都是平稳序列。这是因为 ADF 临界值小于显著性水平 1%、5%和 10%时候的所有临界值，故而拒绝存在单位根的原假设。所以，变量 ZI'、$\triangle LI'$、$\triangle R'$、$\triangle M_2'$ 数据之间存在协整关系。

5.3.2　误差修正模型

因为变量 ZI'、$\triangle LI'$、$\triangle M_2'$、$\triangle R'$ 数据之间存在协整关系，所以可以建立误差修正模型。笔者再次使用计量经济学软件，得到分析结果如表 5-15 所示。

变量 ZI'、$\triangle LI'$、$\triangle M_2'$、$\triangle R'$ 的误差修正模型为：

$$ZI_t' = 101.5996 + 0.414\triangle LI_t' + 0.027\triangle (M_2)_t' - 0.024\triangle R_t' - 0.068ECM_{t-1}$$

$$t=(11.063)\ (1.908)\quad (2.695)\quad (3.211)\quad (-0.889)$$

$$adj\text{-}R^2=0.815\quad DW=1.978\quad F=4.078$$

该模型的拟合优度比较高，方程通过了 T 检验、F 检验、DW 检验，而且其中几个变量的符号与长期均衡关系的符号表现出明显一致性的特征，这就为分析和预测未来住宅型房屋销售价格指数提供了较好的理论模型。另外，误差修正项的符号为负，这也符合反向修正机制。

回归结果表 5-15 表明，居民住宅用地交易价格指数 LI'、广义货币供应量 M_2' 以及一年期贷款基准利率 R' 对住宅型商品房销售价格指数 ZI' 具有短期影响，而且居民住宅用地交易价格指数 LI' 短期内每增加 1%，住宅型商品房销售价格指数 ZI' 就会增加 0.414%；广义货币供应量 M_2' 短期内每增加 1%，住宅型商品房销售价格指数 ZI' 就会增加 0.027%；一年期贷款基准利率 R' 短期内每增加 1%，住宅型商品房销售价格指数 ZI' 就会下跌 0.024%。由于短期调整系数比较显著，因而它表明每年实际发生的居民住宅用地交易价格指数与长期均衡值偏差中的 6.8%被修正。也就是说，居民住宅用地交易价格指数短期波动偏离长期均衡时，将以 6.8%的调整力度将非均衡状态拉回至均衡状态。总之，该模型能够反映出变量 ZI' 受$\triangle LI'$ 、$\triangle M_2'$ 、$\triangle R'$ 影响的短期波动规律。

表 5-15 ECM 模型回归结果表

Dependent Variable: ZI_
Method: Least Squares
Date: 11/11/11 Time: 20:40
Sample (adjusted): 1999Q3 2010Q4
Included observations: 46 after adjustments

Variable	Coefficient	Std. Error	t-Statistic	Prob.
C	101.5996	0.572175	11.06291	0.0000
D(LI__)	0.413651	0.089647	1.907569	0.0494
D(M₂__)	0.026703	0.035139	2.695723	0.0420
D(R__)	-0.023499	1.558326	3.210817	0.0026
E(-1)	-0.067720	0.234443	-0.88858	0.0062

R-squared	0.784599	Mean dependent var	0.995652
Adjusted R-squared	0.814804	S.D. dependent var	0.825436
S.E. of regression	0.503655	Akaike info criterion	3.775702
Sum squared resid	0.999844	Schwarz criterion	2.974467
Log likelihood	54.84115	Hannan-Quinn criter.	3.850161
F-statistic	4.077639	Durbin-Watson stat	1.978462
Prob(F-statistic)	0.007128		

5.3.3 脉冲响应函数分析

从上面的分析可以知道，变量 ZI' 、$\triangle LI'$ 、$\triangle M_2'$ 、$\triangle R'$ 数据之间存在长期的均衡关系。此外，笔者还找出了上述 4 个变量的 VAR 模型的全部特征根的倒数值以及全部特征根倒数值的位置图，如表 5-16 和图 5-11 所示。

表 5-16　VAR 模型的全部特征根的倒数值

Roots of Characteristic Polynomial
Endogenous variables: ZI__ D(LI__) D(M_2__) D(R__)
Exogenous variables: C
Lag specification: 1 2
Date: 11/14/11　Time: 16:30

Root	Modulus
0.673419 - 0.383787i	0.775103
0.673419 + 0.383787i	0.775103
0.568953	0.568953
-0.114354 - 0.511320i	0.523951
-0.114354 + 0.511320i	0.523951
-0.497521	0.497521
0.156938 - 0.176669i	0.236308
0.156938 + 0.176669i	0.236308

No root lies outside the unit circle.
VAR satisfies the stability condition.

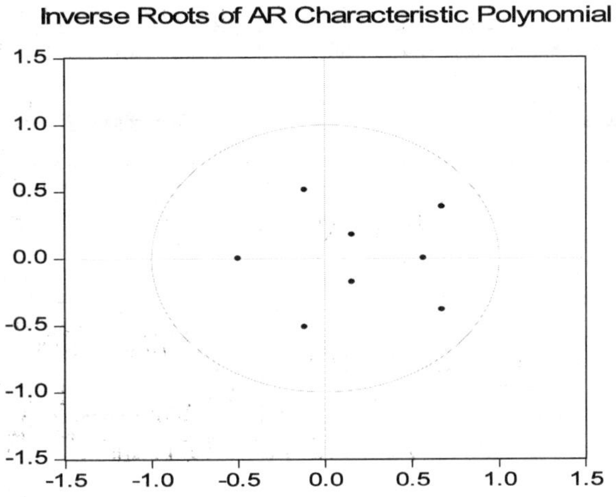

图 5-11　VAR 模型的全部特征根的倒数值的位置图

从表 5-16 可知，VAR 模型的全部特征根的倒数值全都小于 1。从图 5-11 可知，VAR 模型的全部特征根的倒数值都在单位圆内部。所以，VAR 模型是稳定的。这是脉冲响应函数和方差分析的前提，因为非稳定的 VAR 模型不能做脉冲响应函数和方差分析。

下面，笔者分别给$\triangle LI'$、$\triangle M_2'$、$\triangle R'$一个正单位大小的冲击，并得到居民住宅用地交易价格指数的脉冲响应函数图。由于模型包含4个变量，则存在16个脉冲响应函数。出于研究目的的需要，本节只给出由变量$\triangle LI'$、$\triangle R'$、$\triangle M_2'$的冲击所引起的居民住宅用地交易价格指数的响应函数图和脉冲响应结果表，如图5-12和表5-17所示。

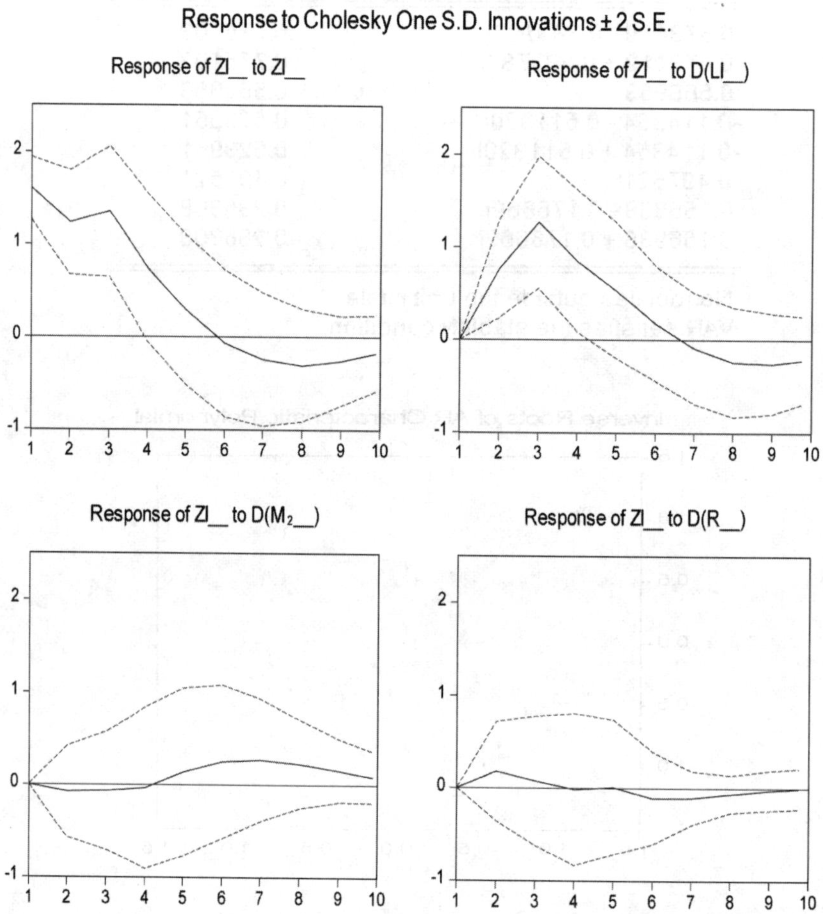

图5-12 ZI'对$\triangle LI'$、$\triangle M_2'$、$\triangle R'$一个标准差新息的响应

表 5-17　ZI' 对$\triangle LI'$、$\triangle M_2'$、$\triangle R'$ 的脉冲响应结果（*table* 形式）

Period	ZI__	D(LI__)	D(M2__)	D(R__)
1	1.604848 (0.16917)	0.000000 (0.00000)	0.000000 (0.00000)	0.000000 (0.00000)
2	1.234457 (0.28164)	0.765399 (0.26610)	-0.074707 (0.24653)	0.178248 (0.26769)
3	1.353248 (0.35308)	1.269827 (0.35528)	-0.065896 (0.31883)	0.076106 (0.34926)
4	0.745357 (0.39997)	0.847214 (0.38272)	-0.037110 (0.43787)	-0.015118 (0.41069)
5	0.292332 (0.40365)	0.531217 (0.36581)	0.136766 (0.45370)	0.009467 (0.36297)
6	-0.069618 (0.39644)	0.174801 (0.31026)	0.247630 (0.41437)	-0.108430 (0.24917)
7	-0.243407 (0.36087)	-0.091009 (0.29987)	0.267425 (0.33158)	-0.105174 (0.14485)
8	-0.309916 (0.30295)	-0.241545 (0.29612)	0.223999 (0.23878)	-0.063051 (0.10088)
9	-0.260704 (0.24148)	-0.258084 (0.27111)	0.153842 (0.17084)	-0.024123 (0.10683)
10	-0.166244 (0.20063)	-0.207692 (0.22550)	0.075250 (0.13419)	3.01E-05 (0.10910)

Cholesky Ordering: ZI__ D(LI__) D(M2__) D(R__)
Standard Errors: Analytic

从图 5-12 和表 5-17 可知，当在本期给居民住宅用地交易价格指数一阶差分值$\triangle LI'$ 一个正标准差新息冲击后，住宅型商品房销售价格指数 ZI' 在第 1 期没有明显反应，但随后迅速出现正向调整，到第 3 期达到最大，使得住宅型商品房销售价格指数 ZI' 上涨约 1.2（$c_{12}{}^{(3)}$=1.2，即在第 2 期，ZI' 对$\triangle LI'$ 的响应是 1.2），之后又迅速衰落，第 6 期以后出现负向响应，第 10 期减少至约－0.21。这表明居民住宅用地交易价格指数受外部条件的某一冲击后，经市场传递给住宅型商品房销售价格指数，前 5 期给 ZI' 带来正向冲击，之后产生负向冲击，而且新息的影响逐渐变弱。这就说明地价的上涨，在短期内给市场造成非理性的升值预期，进而导致房价不合理的短期过快上升。

当在本期给广义货币供应量一阶差分值$\triangle M_2'$ 一个正标准差新息冲击后，住宅型商品房销售价格指数 ZI' 在第 1 期后缓慢出现负向调整，第 2 期达到最大负向响应即 $c_{13}{}^{(2)}$=－0.075，之后又迅速产生正向调整，第 6 期达到最大正向响应即 $c_{13}{}^{(6)}$=0.45。这表明广义货币供应量受外部条件的某一冲击后，通过市场传递给住宅型商品房销售价格指数，前 4 期给 ZI' 带来负向冲击，之后产生长期而持续的正向冲击，而且新息的影响逐渐变弱。这就说明，流动性的快速增加，对住宅价格将会产生长期而持续的正向冲击，容易引发住宅资产泡沫。

当在本期给一年期贷款基准利率一阶差分值△R' 一个正标准差新息冲击后，住宅型商品房销售价格指数 ZI' 在第 1 期没有明显反应，但随后迅速出现正向调整，到第 2 期达到最大，使得住宅型商品房销售价格指数 ZI' 上涨约 0.18（$c_{14}^{(2)}=0.18$），之后又迅速衰落，第 6 期减少至约-0.11 而且达到最大负向响应即 $c_{14}^{(6)}=-0.11$。这表明一年期贷款基准利率受外部条件的某一冲击后，经市场传递给住宅型商品房销售价格指数，前 3 期给 ZI' 带来正向冲击，之后产生长期而持续的负向冲击，而且新息的影响还呈现出逐渐变弱的基本趋势。

综上所述，由于内外部经济环境等方面的原因，使得居民住宅用地交易价格指数、广义货币供应量、一年期贷款基准利率的外部冲击会通过市场对住宅型商品房销售价格指数产生不同程度的影响。

5.3.4 方差分析

笔者通过方差分解方法，可以分析居民住宅用地交易价格指数 LI' 、广义货币供应量 M_2' 、一年期贷款基准利率 R' 对住宅型商品房销售价格指数 ZI' 变动的贡献程度。

出于研究目的的需要，本节也只给出变量住宅型商品房销售价格指数 ZI' 的方差分析图和方差分析结果表，如图 5-13 和表 5-18 所示。

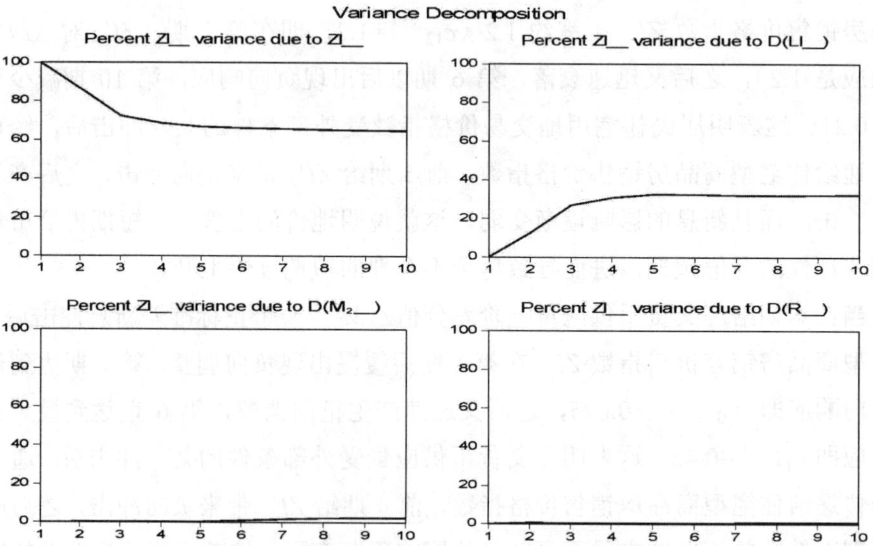

图 5-13 △LI' 、△M_2' 、△R' 对 ZI' 变动的贡献率

表 5-18　ZI' 的方差分析结果表

Variance Decomposition of ZI__

Period	S.E.	ZI__	D(LI__)	D(M2__)	D(R__)
1	1.604848	100.0000	0.000000	0.000000	0.000000
2	2.173157	86.80415	12.40490	0.118180	0.672768
3	2.859456	72.53363	26.88559	0.121366	0.459419
4	3.074317	68.62735	30.85322	0.119565	0.399864
5	3.136538	66.80024	32.50969	0.305002	0.385068
6	3.153783	66.12041	32.46233	0.918190	0.499073
7	3.177492	65.72419	32.06173	1.612868	0.601212
8	3.210140	65.32617	31.97907	2.067135	0.627623
9	3.234783	64.98417	32.13023	2.261941	0.623659
10	3.246576	64.77512	32.30648	2.299262	0.619136

Cholesky Ordering: ZI__ D(LI__) D(M2__) D(R__)

从图 5-13 可以看出，在不考虑住宅型商品房销售价格指数 ZI' 自身贡献率的情况下，居民住宅用地交易价格指数一阶差分数据△LI' 的贡献率达到了 32.31%（$RVC_{2\to1}^{(10)}$=32.31%），而广义货币供应量 M_2' 和一年期贷款基准利率 R' 一阶差分数据的贡献率却比较小。这就说明，如果不考虑住宅型商品房销售价格指数对自身的滞后影响，则地价的上涨是造成住宅价格上涨的主要因素。

从表 5-18 也可以看出，从第 3 期开始，方差分解结果基本稳定，住宅型商品房销售价格指数 ZI'约占其预测误差的 2/3，而居民住宅用地交易价格指数本身新息的影响也比较大，约占其预测误差的 3/10。因此，在不考虑住宅型商品房销售价格指数对自身的滞后影响因素外，也能说明，地价的上涨是造成住宅价格上涨的重要因素。

5.3.5　小结

在消除通货膨胀因素的前提条件下，通过协整理论、脉冲响应函数以及方差分析等方式，笔者实证分析了影响住宅型商品房销售价格指数 ZI' 的诸多因素，包括居民住宅用地交易价格指数 LI' 、城镇人均可支配收入 DI' 、广义货币供应量 M_2' 以及一年期贷款基准利率 R' 。而实证分析的结果表明，各个影响因素的实际影响效果又有比较大的差别。

第一，格兰杰因果关系检验表明，居民住宅用地交易价格指数 LI' 、广义货币供应量 M_2' 以及一年期贷款基准利率 R' 等变量是住宅型商品房销售价格指数 ZI' 变动的格兰杰原因，但城镇人均可支配收入 DI' 不是住宅型商品房销售价格指数 ZI' 的格兰杰原因。住宅型商品房销售价格指数 ZI' 波动的本质特征是居民住宅用地交易价格指数 LI' 、广义货币供应量 M_2' 以及一年期贷款基准利率 R' 等变量的变化，而城镇人均可支配收入 DI' 的变动不会引起住宅型商品房销售价格指数的波动。这就说明，我国 1998 年住房改革以来的房价上涨现象，是由于居民住宅用地交易价格指数 LI' 、广义货币供应量 M_2' 以及一年期贷款基准利率 R' 等变量引起的，而不是由城镇人均可支配收入的提高引起的。

第二，使用协整理论可以确定变量 ZI' 、$\triangle LI'$ 、$\triangle M_2'$ 、$\triangle R'$ 数据之间存在真实的长期均衡关系，我们能够由此建立误差修正模型即 ECM 模型。模型的拟合优度比较高，方程通过了 T 检验、F 检验、DW 检验，而且其中几个变量的符号与长期均衡关系的符号表现出明显一致性的特征，这就为分析和预测未来住宅型房屋销售价格指数提供了较好的理论模型。另外，误差修正项 ECM 的系数符号为负，符合反向修正机制，这就说明住宅价格的短期波动不会影响其长期均衡关系。

第三，脉冲响应函数和方差分析揭示了变量 ZI'、$\triangle LI'$、$\triangle M_2'$ 、$\triangle R'$ 之间的动态特征和相对重要性。脉冲响应函数表明，由于内外部经济环境等方面的原因，使得居民住宅用地交易价格指数 LI'、广义货币供应量 M_2' 、一年期贷款基准利率 R' 的外部冲击会通过市场机制对住宅型商品房销售价格指数 ZI' 产生不同程度的影响，表现出明显的动态特征。而方差分析表明，在不考虑住宅型商品房销售价格指数 ZI' 自身贡献率的情况下，居民住宅用地交易价格指数一阶差分数据$\triangle LI'$ 的贡献率达到了 32.31%（$RVC_{2\to 1}{}^{(10)}$=32.31%），而广义货币供应量 M_2' 和一年期贷款基准利率 R' 一阶差分数据的贡献率相对来说却比较小。

分析思考

一、基本概念

协整理论　格兰杰因果关系理论　ADF 检验理论　协整检验　ECM 理论　脉冲响应函数　方差分析

二、思考题

1. 为什么要对中国的房地产发展数据做协整分析？
2. 为什么要做格兰杰因果关系检验、ADF 检验、协整检验？
3. 为什么要建立误差修正模型？
4. 为什么要进行脉冲响应函数和方差分析？
5. 对中国的房地产发展数据做出模型分析后能得到什么样的结论？

推荐阅读

1. 李子奈，叶阿忠.高等计量经济学[M].北京：清华大学出版社，2000

2. 易丹辉.数据分析与 Eviews 应用[M].北京：中国统计出版社，2002

3. 高铁梅.计量经济分析方法与建模——Eviews 应用及实例[M].北京：清华大学出版社，2006

4. 孙敬水.计量经济学教程[M].北京：清华大学出版社，2005

第6章　房地产用地与城镇土地规划利用管理

通过学习本章，可以掌握：

※ 城镇土地利用规划的定义、原则、特征、作用

※ 城镇土地利用规划的理论、内容、研究方法、体制机制演变

※ 我国房地产用地的储备与出让制度

※ 我国房地产用地制度的改进

导　言

城镇土地规划利用是房地产用地过程的重要内容。既然如此，城镇土地利用规划的定义、原则、特征、作用分别是什么？城镇土地利用规划的国际经验有哪些？我国房地产用地的储备与出让制度有哪些？又该如何改进？对此，本章将逐个讲述。

6.1　城镇土地利用规划概述

6.1.1　城镇土地利用规划

城镇土地利用是指在充分考虑城市土地的自然特征、社会特征以及经济特征的基础上，从服务城镇社会经济综合发展的客观需要出发，对现有的城镇土地资源进行有效分配，以实现土地资源在工业、商业、交通、文化、 教育、卫生、住宅、公园、绿化等城镇建设过程中优化配置的目的。城市土地利用的合理与否，关系到城市能否实现规模人口容纳、发展合理、环境保护、集约用地等重大问题。它既是城镇规划和城镇管理的基本内容，又是城市地理学和城市

经济学的重要研究课题。

重要的城镇用地是指公共设施用地、工业用地、生活居住地以及绿化用地。一般来说，城镇用地大致可归纳为 9 类：（一）市政公共设施用地。包括水厂、污水处理厂、煤气站、公共停车场、火葬场以及城市防洪、排水等工程构筑物用地。（二）工业用地。各种工矿企业、工场、车间、建筑基地，以及厂区内的附属动力、供水、仓储设施和厂区外的专用线等。（三）交通运输用地。包括铁路、公路干线、港口码头、飞机场用地等各种站场及附属设施等。（四）仓库用地。为城市生产和居民生活供应服务的仓储用地，以及国家储备、中转仓库、堆场及附属设施用地。（五）行政机构用地。包括市政机构和驻市国家各级行政机构、社会团体等用地。（六）生活居住用地。包括商业区、居住区及附属道路、广场、公共建筑、绿地等建设用地。（七）风景绿化地区。城市风景区、名胜古迹、 文物保护区等。（八）大专院校、科研机构用地。（九）特殊用地。包括军事、监狱、看守所、外交使团用地及宗教用地等。另外，城镇的类型不同，则城镇的土地利用方式不同。工业类型的城市其工业用地的比重比较大，风景旅游城市则绿化用地所占的比重比较高。

城镇土地利用现状的衡量指标有 3 个，分别是土地经营的集约度、土地利用效益、土地利用结构。土地经营的集约度是指在生产过程中，单位面积的土地上所投放的资本与劳动的数量。土地经营集约度的高低与投入量的多少成正比。土地经营集约度可以分解成初级集约度和次级集约度。初级集约度指在土地产品（作物、矿物、办公楼、住宅空间和高速路等）的生产过程中，直接用于土地的资本或劳动的数量。次级集约度是指在特定地点加工土地产品过程中使用资本或劳动的数量，如畜牧产品加工、矿石的冶炼、制造业、商业的经营乃至住宅的使用等。城镇土地利用效益是指城镇土地利用为整个城镇带来的经济、社会和生态效益。

而土地利用结构是指一个国家、地区或生产单位的土地面积中，各种用地之间的比例关系或权重。如直接生产用地（耕地、牧地、林地等）、间接生产用地（道路、桥梁等）和非生产用地（沙漠、冰川、沼泽地等）的面积各占土地总面积的比重；农业内部的农、林、牧、渔各业用地分别占用地总面积的比重。在不同的历史时期和不同的社会经济条件下，人类对土地资源开发利用的广度和深度是不同的，因而土地利用结构在不断变化，例如城市化的发展使农用地减少、建设用地增加。

城镇土地利用规划是指在城镇土地利用中，为使城镇土地资源满足城镇建设的目标需要，对城镇土地资源在时间上进行科学分配、在空间上进行合理布局，实现城镇土地使用模块与城镇建设中的建设区、活动区以及交通路网、绿化、水系、管道等不同类型的城市基础设施有机结合的顶层设计。城镇土地利用规划是城市规划中最核心和最重要的环节，是城市功能的空间和时间落实，是城市基础设施规划的前提和基础，是城市公共政策的体现。城镇土地利用规划按照规划范围和任务不同，可以分为土地利用总体规划、土地利用详细规划和土地利用专项规划三大类。

随着经济社会的快速发展和城市化水平的迅速发展，城镇人口数量急剧增长；另外，中国在21世纪中叶将要达到中等发达国家水平，不仅要扩大现有城市规模，而且要增加一批中小城市，于是，城镇各部门和城市居民对建设用地和公共用地的需求大幅上升。为实现合理调配城镇土地需求与供给的目标，政府部门开始着手制定相关规划。政府部门制定城镇土地利用规划，可以较好地运用合理配置土地资源的经济、技术、监督管理方法，使城镇土地资源的利用既能获得经济效益的最大化，也能获得社会效益和生态效益的最大化。

6.1.2 城市土地利用规划的基本特征

城镇土地利用规划是土地利用总体规划的内容之一，在保障城市土地资源合理利用方面发挥着重要作用，其具有以下几个基本特征：

（1）城镇土地利用规划具有空间性。城镇土地利用规划是一种空间规划，城镇土地涉及城镇所有经济空间，这是因为土地有不可移动的特点，在土地利用规划中需要对各种用途的土地空间做出相应的制度安排。

（2）城镇土地利用规划具有长期性。规划的本质是比较长远的分阶段实现的计划，长期性是它的基本特征。土地利用规划是一种长期计划，需要对未来5年或更长时间内可能的土地利用变化进行考虑并做出长期的规划安排。

（3）城镇土地利用规划具有总体控制性。土地利用规划的控制性主要表现在两个方面：一是下一级的土地利用规划要接受上一级土地利用规划的控制和指导；二是一个地区的土地利用规划对本地区国民经济各部门的土地利用布局能够起到宏观控制作用。

（4）城镇土地利用规划具有公共政策性。城镇土地利用规划是依据城市经济社会发展的实际需要，对未来城镇用地做出相应的规划，同城镇经济发展同步进行。城镇土地利用规划不仅要描绘未来用地蓝图，而且要通过行动纲领和政策制定，调整社会经济关系的变化，促使社会经济和环境在客观规律的支配下实现可持续发展和低碳发展，而后者又属于公共政策方面的内容。因此，城镇土地利用规划是城市管理的依据，具有公共政策的属性。[①]

（5）城镇土地利用规划具有权威性。城镇土地利用规划依法由各级人民政府编制，并通过国家权力机关保证其顺利实施，对于违反土地利用规划的土地利用行为还要追究其法律责任。因此，城镇土地利用规划不同于行业或者部门的用地规划，它神圣不可侵犯，具有权威性。

此外，城镇土地利用规划还具有动态性、层次性等其他基本特征。

6.1.3　城镇土地利用规划的影响因素

城镇土地利用规划需要把未来的土地利用主体视作“经济人”或者“理性人”。换言之，未来利用土地资源的公共政策部门会考虑能实现交通资源最优化配置的交通路网、能带来更多税收的商业街、能够更好地美化环境的绿化地带，企业家会把企业安置在能够获得最大利润的地区，居民则会选择居住于能够带来最大效用的地区。基于以上判断，城镇土地利用规划会优先考虑以下几个因素：

（1）产业集聚经济因素。集聚经济最初由德国经济学家韦伯提出，用于描述厂商集中所带来的经济收益的上升和企业成本的下降。而城市土地利用规划所考虑的产业集聚经济因素是指经济活动空间的集聚引起的资源利用效率的提高和收益的增加；如果收益下降和成本提高则称之为集聚不经济。产业集聚经济的现象有：同一产业企业的集聚或者生产同样产品的商业企业的集中，能够提高本地区的市场知名度，从而吸引众多的消费者；高技能劳动者的集聚，能够降低企业的招聘成本等。产业集聚不经济的现象有：企业、劳动者、消费者的集中会导致交通负担加重、出行成本提高，雾霾等环境污染问题严重化，经济建设用地规模过大甚至侵占了耕地保护等，劳动密集型产业的过度集聚和过度扩张会导致原有的土地资源无法承受。因此，土地利用规划的制定，既要考虑前者，也要考虑后者，必要时还应该考虑主导产业更替。

（2）城镇集聚因素。在城镇化过程中，一个相对完整的区域内，不仅会形成单一的城市或者城镇，而且会引致数个等级规模不同、职能分工不同但又联系密切、分布有序、以中心城市为核心的城镇群。因此，在城镇土地利用规划中，往往需要考虑城镇化的影响，并将之具体到城镇本身，通过建立定量分析的数学模型，进而估算出城镇化引致的人口规模变化与经济增长，从而制定相应的土地利用规划方案。

---

① 周京奎.城市土地经济学.北京大学出版社，2007

（3）产权因素。土地产权边界不清与产权主体模糊，是当前土地利用规划中存在的重要问题。一方面，土地利用规划的实施主体即地方政府的行政行为，会因为重视经济建设用地或者经济绩效考核因素而偏离事先的土地规划。另一方面，土地利用规划缺乏民众监督机制，或者监督行为无效，从而导致土地利用规划落实不到位，甚至违反规划用地的行为时有发生。

（4）土地利用规划与城市总体规划的协调因素。土地利用规划和城市总体规划是决定城镇发展方向最为重要的两个规划。但在目前的土地规划实践中，由国土部门制定的土地利用规划和由建设部门制定的城市总体规划的不匹配问题却十分突出。这已成为城市发展与土地利用之间的主要政策矛盾。有学者认为，城市总体规划应该在充分考虑土地利用规划的基础上进行落实，这是因为城市的所有建设工程和建设项目，不论它们的内涵功能如何复杂、如何重要，不论对空间如何利用，最终都必然要落实到土地资源的利用上。①

（5）人口、环境等因素。从经济使用的角度出发，人口因素始终是影响土地利用的重要环节。土地作为自然物质，早于人类而存在。随着人类的出现和人口的增加，逐渐产生了人类对土地的大量需求，出现了土地资源的稀缺性与人口数量增加对土地需求的急迫性之间的矛盾，进而产生了土地产权界定、土地利用规划等内容，最终形成了人口数量、土地资源、环境承载力之间的现实矛盾。

（6）科技因素。土地利用规划需要重视经济技术要素，这是因为人们对土地的利用程度和利用效率直接或者间接受到经济技术条件的制约。一方面，科学技术的进步和经济社会的发展对土地开发利用提出了更高的要求，也为扩大和加深土地的利用创造了良好的现实物质条件。从原始状态下的土地利用到今天的工业化规模化利用，是科技进步的结果。另一方面，科技进步和经济发展也导致土地利用结构发生较大变化，并促使城市化用地、工业化用地、交通运输用地、旅游用地等非农用地大量增加，土地利用向更高的经济效益和更高的社会效益方面发展。

（7）交通因素。从杜能的理论可以知道，交通因素是决定城镇土地利用的主要因素。因此，城镇土地利用规划需要重视交通及其未来的交通规划因素。对于土地使用者的企业来说，更加关心交通角度下生产要素的便利性、可得性，关心运输成本以及市场距离的远近；对于居民来说，更加关注起居、轨道交通、购物、娱乐、出行的便利性，以及周边的就业机会的远近。

①陈懋. 对城镇发展过程中影响土地利用规划之若干因素的探讨.广东科技，2006（154）：19-20

6.1.4　城镇土地利用规划的原则

土地规划利用原则是土地规划和土地利用过程中都需要遵守的基本准则，是土地利用实践的经济概括和理论总结。土地规划利用原则会受到政治经济体制的影响，也会受到经济技术条件的制约。我国的土地规划利用需要遵循以下基本原则：

（1）维护社会主义土地公有制原则。我国宪法明确规定：矿产、水流、森林、山岭、草原、荒地、滩涂等自然资源，都属于国家所有即全民所有，由法律规定属于集体所有的森林、山岭、草原、荒地、滩涂除外。十分珍惜和合理利用土地、切实保护耕地，是我国的基本国策。各级人民政府应当采取措施，全面规划，严格管理、保护、开发土地资源，制止非法占用土地行为。

（2）因地制宜原则。土地资源具有空间特性，各地的土地资源有着明显的差异，有的适宜发展农业，有的适宜发展工业，有的适宜发展畜牧业，有的适宜发展矿业，有的适宜发展旅游业等。因地制宜原则就是要依据土地的自然特性，安排相应的利用方式，实现最佳经济、社会、生态效益目标。因此，因地制宜原则具体体现在土地特性与用地要求的协调上，体现在土地利用与土地适宜性的一致上。另外，由于土地质量即土地区位与土地肥力是一个动态概念，这就使得土地利用规划没有固定模式和固定的设计标准。

（3）综合效益原则。土地利用既要实现现阶段土地利用的目的即土地的经济效益，也要提高土地利用的社会效益，更不能忽视土地的自然生态属性、违背自然规律。因此，土地利用要实现经济效益、社会效益、生态效益的综合效益。

土地利用综合效益表现为三效益最大化：

$$CB(\max) = \sum_{i=1}^{3} E_i$$

该式中，CB（max）是指综合效益即总效益最大化，E_i 表示社会效益（E_1）、经济效益（E_2）、生态效益（E_3）。

或者，土地利用综合效益表现为总损失最小化：

$$CL(\min) = \sum_{i=1}^{3} S_i$$

该式中，CL（min）是指总损失最小化，S_i 表示社会效益（S_1）、经济效益（S_2）、生态效益方面（S_3）的损失。

（4）逐级控制原则。不同等级、不同尺度的土地利用规划之间，存在着内在的有机联系。上一层次和级别的土地利用规划，对于下一层次和级别的土地利用规划具有指导和控制作用；同时，下一层次和级别的土地利用规划是上一层次和级别的土地利用规划的落实和完善。土地利用规划可以自下而上、自上而下，实现上下关联，相辅相成。

（5）动态平衡原则。土地利用规划是一个行动过程，规划编制和规划实施过程中都应遵守动态平衡的原则。规划区的土地总面积固定不变，各类用地面积之和应等于土地总面积：

$$P=\sum_{i=1}^{8}P_i=P_1+P_2+\ldots+P_8$$

该式中 P 是指土地总面积，P_i 是指各类用地面积，其中 i=1，2，…，8。

（6）集约与节约用地原则。所谓土地集约利用是指在一定面积土地上，集中投入较多的生产资料和劳动力，以实现在较小面积的土地上获得较高收益的土地利用方式。土地集约利用包括三个层次的含义：其一是微观层次，侧重于单块土地的投入产出效益；其二是中观层次，强调用地功能布局和结构合理性；其三是宏观层次，强调土地利用效益综合化，即社会效益、经济效益和生态效益的综合。所谓土地节约用地是指各项建设尽量节省用地，千方百计少占或不占耕地。集约与节约用地原则的最终目的是改善建设用地的结构与布局，挖掘用地潜力，提高土地配置效率。

6.1.5 城镇土地利用规划的作用

土地利用规划是在一定的规划区域内，依据该地区的自然条件、经济条件、社会条件、土地自身的适宜性、市场需求以及国民经济发展的需要，统筹协调国民经济各部门之间的用地矛盾，找到最佳的土地利用结构和土地利用布局，战略性地部署土地资源的开发、利用、治理与保护措施。土地利用规划本质上是一种空间规划，是土地利用管理的“龙头”。编制和实施土地利用规划是解决土地利用矛盾的重要途径，也是国民经济顺利发展的重要保证措施，具有重要意义和作用。

（1）土地利用规划是政府平衡供需矛盾、调节土地资源配置的重要手段。通过编制和实施土地利用规划，可以统筹安排各项建设用地指标和用地的区域布局，从三个方面调控土地供应：其一是总量调控，从全局角度提出增加或者减少土地资源供应；其二是区域调控，制定不同区域的供地政策，引导区域产业布局趋向优化；其三是分类调控，通过导向性的供地政策，引导并促进产业结构调整升级。

（2）土地利用规划能够有效地解决土地利用中的利用方式与利用效率问题。我国多数城市的用地结构中，工业用地占到 30%，高于美国 7.3%的水准，甚至超过了许多发展中国家，而且大多数是粗放型土地利用模式，使得土地利用效率比较低。因此，城市土地利用规划有助于提高土地利用效率，并改善人地供求矛盾。另外，通过规划引导，划分土地利用区域，实行土地用途管制，明确哪些产业的用地优先供给，哪些产业的用地减少或者限制供给。如可以优先保障水利、交通、能源、环境综合治理等基础设施和国家重点建设项目用地，以及重要的生态保护用地和旅游设施用地等。

（3）土地利用规划是土地利用管理的重要依据。通过土地利用规划的引导与调控，可以实现土地资源的集约、节约、合理利用，保障经济社会的用地需求，实现可持续发展。

（4）土地利用规划可以有效保护耕地。我国人口众多，人均土地面积和人均耕地面积都严重低于世界平均水平。而且，农业后备土地资源即可开垦的耕地资源不足。在人口持续增长、经济迅速发展、人民生活水平日益提高、城乡建设用地扩大的环境下，对数量有限的土地资源需要做出统筹兼顾的长远安排，切实保护耕地。耕地是我们衣、食、住、行、用等方面最基本的物质资料，是我们实现可持续发展最基础的物质保障。保护耕地就是保护我们的生命线。但近年来，违法批地、乱占耕地、耕地闲置或撂荒，使耕地面积锐减，甚至土地资产流失问题层出不穷，危及农业根本、农业发展和社会稳定。因此，土地利用规划的实施，有助于保护耕地。

6.2　城镇土地利用规划的国际经验①

6.2.1　城镇土地利用规划的理论演变

6.2.1.1　20 世纪前半叶主要是建设规划或者蓝图规划

20 世纪前半叶，城镇土地利用规划主要是建设性规划或者蓝图规划。它具有 3 个基本特征：①城镇土地利用规划的主要内容是城镇土地利用设计；②城

① 吴次芳，叶艳妹. 20 世纪国际土地利用规划的发展及其新世纪展望.中国土地科学，2000（14）:15-20

镇土地利用规划主要是一种建设性规划（Physical Planning）；③城镇土地利用规划是有关本地区未来发展的蓝图规划。

6.2.1.2 20世纪后半叶以来则以现代控制理论为规划理念

20世纪后半叶尤其是70年代以后，世界范围内的人口、资源、环境、发展问题变得日益突出。在这种背景下，传统的蓝图性质的城镇土地利用规划已经不能满足未来持续发展的需要，开始转变为具有广泛民意基础的、以控制土地利用和实现可持续发展为目标的公共决策。这种公共决策以现代控制理论为理论基础，以目标—连续信息—各种未来方案的模拟和预测—评价—选择—监督为基本模式。

然而城镇土地利用规划的方法论问题，不如土地评价问题发展成熟。这是因为：①城镇土地利用规划的基本概念、研究对象、研究任务以及理论基础等问题总体上发展比较缓慢，有待深入研究；②城镇土地利用规划所涵盖的基本内容、基本任务等问题还存在争议，部分研究者把他们的研究任务定位于城镇土地利用方式的实体设计和布局，而反对者则认为城镇土地利用规划需要通过立法去控制城镇土地利用。

在这个时期，纵观全世界对城镇土地利用规划的理论研究，发现有如下几个基本特征：

（1）城镇土地利用规划属于国家措施体系，是在国家所有的土地上进行规划、设计与利用,旨在实施国家土地政策、调整国家土地关系，其主要任务是有效组织土地利用和有效保护土地资源，其规划结果是解决土地使用者而不是土地所有者的土地利用问题，比如前苏联。

（2）城镇土地利用规划是一门应用性学科，是对城镇土地利用进行组织、协调、控制与监督。

（3）城镇土地利用规划模式以土地评价为基础，开始于以土地评价为基础的土地利用规划模式。1972年，联合国粮食与农业组织（FAO）在荷兰的瓦格宁根召开关于农村土地评价问题的会议。Smyth等学者指出，土地利用规划与土地资源评价的有机结合是必要的，规划应包括四个方面：规划过程的一般环境、规划过程的题材形式、规划单元的确定以及规划的完成形式。

1993年，FAO出版了《土地利用规划》指南，明确界定土地利用规划本质、目的、尺度、对象等理论问题。该书认为，土地利用规划是对土地、土地利用、水资源潜力以及社会经济条件改变的系统评价过程,而规划的驱动力是变化的需要、改善管理的需要，抑或改变土地利用模式的需要，其目的是选择最佳的土地利用方案，以用于满足公众对未来土地资源的需要。

（4）在城镇土地利用规划过程中，最重要的两个方面是城镇土地的最佳利用与城镇土地的有效保护。所谓城镇土地的有效保护，是指可持续环境导向下的城镇土地保护。

（5）关于城镇合理用地规模的理论研究取得重要进展。1960 年，前苏联的达维多维奇首先提出"城市合理规模"问题。随后，波兰的马列什提出，衡量城市发展规模的合理限度是"门槛"理论。美国的 G.戈拉尼则用密度、功能、健康与费用四项指标来确定城市的最优规模。1992 年，莱斯提出"生态印痕"（Ecological Footprint）理论，用于反证人类必须有节制地使用"空间"这种资源。1990 年和 1994 年，Chinitz 与 A.Faludi 等学者基于用途管制理论分别提出成长管理理念，用于控制城市用地的无限制蔓延。

6.2.2　城镇土地利用规划方法与技术的演变

20 世纪 70 年代以前，城镇土地利用规划大多是根据政府部门和专业人员的实践经验与主观愿望，采取定性的经验规划方法，来确定城镇土地利用的发展方向和各种建设用地的配置比例。

20 世纪 70 年代以来，城镇土地利用规划广泛引入遥感、计算机和数学方法，极大地提高了城镇土地利用规划的科学性、规划效率和规划精度。比如线性规划法、生产函数法、比较利益法、收益比重分析法、综合次序指标分析法、效率比法、灰色系统的微分拟合法、（Topics Imager）资料和（Systeme Probatoire d'Observation Dela Tarre）卫星图像资料、地理信息系统（GIS）分析工具等。城镇土地利用规划方法，已从定性分析转向定性与定量方法相结合，从静态规划转向动态规划，逐步实现规划的模型化和信息化。

具体来说，可以分为四类规划方法[①]：

（1）系统分析法。土地利用规划一般包括总体规划和分项规划两大部分，前者是母系统，后者是子系统。规划工作中应用系统分析方法，以定性、定量相结合的综合方法来考察母系统与子系统之间、各子系统相互之间，以及母系统与外部环境之间的相互联系、相互作用、相互制约关系，以达到深刻认识、妥善处理其关系的目的。

（2）数学规划法。土地利用规划工作广泛运用线性规划与非线性规划，借助于经济数学模型和计算机软件的使用，从可供选择的方案中选出能满足预定目的和任务的方案。

---

①百科名片：土地利用规划. 360 百科.2013

（3）统计分析法。在编制土地利用规划时，应用统计分析法来整理和研究各种有关土地利用的统计数据，借以发现土地利用中存在的问题与倾向，进一步揭示土地利用与社会经济发展间的内在联系，从而对土地利用的未来趋势进行预测。统计分析方法的运用，不仅对土地利用进行纯数量的研究，而且在与质量的辩证统一中研究其数量方面的内容。在有关农业和林业的土地利用规划中，关于土地利用水平分析、土地非农占用量预测、土地增产潜力预测，以及确定各种经济指标之间的数量联系等项工作，一般应用回归分析方法。

（4）目标规划法。要全面系统地考虑全部相关因素和条件，同时还要按区域划分等级（全国的、大区的、地区的）、时间长度（长期的、中期的、短期的）、目标性质（单一目标、多目标）、系统状况（开放的、封闭的）等开展多层次的规划工作，要求各经济环节与各要素实现一体化与综合化。

6.2.3 城镇土地利用规划的内容演变

6.2.3.1 传统的城镇土地利用规划内容是“分区”管理

20世纪70年代以前，英美等发达国家的城镇土地利用规划内容，主要是进行“分区”与“分配”管理。所谓“分区”与“分配”管理，是指将一定范围内的土地划分成不同的使用区域，并用分区图界定各个使用区域的位置与使用范围，而且不同的分区制定不同的土地使用规则。分区管理需要事先设计公共建筑物、私有土地、居住用地、商业用地的分布，规划图上要求标明街道、公园、公共保留地、公共建筑物场地、公共机构设置点等元素。

前苏联的城镇土地利用规划内容也对城镇土地利用进行“分配”管理，但其主要任务是改善水利设施，合理配置各类用地，对企业内的土地利用进行详细规划，以消除土地利用的不合理现象，并消灭不合理的地界。

6.2.3.2 城镇土地利用规划内容深入拓展阶段

20世纪70年代以后，伴随着世界范围内的人口、资源、环境、发展问题（PRED）变得日益突出，城镇土地利用规划内容在土地利用规划的基础上变得日益丰富。

1992年，FAO会议认为，农村土地评价问题不仅包括自然的适宜性评价，也包括经济效益评价与环境效应的检验。会议提出了土地利用规划的框架性内容：系统地阐述目标，估量和调查，规划设计，确定规划，补充，土地利用评价。其中，规划设计部分还包括七项内容：现状分析与预期目标，确定实施方案，确定每个可选方案的实现方法和时间，研究各种实施方案的现状，可能的实现途径以及时间，最优和可行方案的比较，实施方案的综合报告。此外，FAO

的土地利用规划指南确定了国家、地区、地方三个不同尺度的规划内容，既存在相互差异性，也存在相互关联性。

城市土地利用规划在土地利用规划的基础上，进一步拓展了内容体系，发展出两个新的规划类型。（1）政策规划，其重点在于书面说明规划目标与规划政策,不直接给出具体的土地利用方式和采取的策略。其主要内容包括目标、现状、方案、与目标配套的政策、需要解决的问题以及执行规划的原则。（2）开发管理规划。通过一系列的分析与目标确定，开发管理规划为地方政府的职能部门指明未来3至10年的时间内可采取的操作程序,包括详细说明规划的内容、地理范围、时间安排、任务布置、区域间规划的协调以及正式图纸。

该规划一般包括以下几部分内容：①序言，包括规划目的、规划假设、与周围区域的关系、规划手段。②规划要素，包括安全性、经济来源、政府内部协调、群众支持系统、自然环境保护以及土地利用。③开发规划，包括定义、图纸、规划要素、分区、传统与新式的交通工具、防洪防风暴设施、场地准备、可允许的土地利用、可执行条件下的环境标准。④管理原则，包括规划标准、竞争因素、规划的修正、修正的查检、短期允许的规划形态、发展程度、修正程序的确定。

6.2.3.3 城镇土地利用规划内容发展成现代综合规划

20 世纪 80 年代以来，城镇土地利用规划已发展成涵盖设计、政策与管理的现代综合规划。其主题内容扩充到自然环境建设、人工环境建设以及能用金融行为推动未来发展的社区意识形态。其规划成果也从未来土地利用、交通、公共设施的大型图纸与简单的政策说明，发展成文本、数据、图纸、时间安排相结合的现代综合体，包括住宅、基础设施、环境、社会经济方面的政策，全面阐明开发策略的土地分类图，标注特殊用途的设计图，显示指导开发的标准与开发管理计划。

1993 年，FAO 在《土地利用规划》中拓展并规范了土地利用规划的内容体系。它包括：确定目标，分析问题；鉴别变化的机会；土地适宜性评价；通过环境、经济和社会的分析，编制与评估不同的供选方案；选择最佳方案；编图并撰写报告；实施规划；监测与修编规划。

6.2.4 城镇土地利用规划体制与机制的演变

6.2.4.1 规划管理机构由规划委员会转向政府

1909 年，英国通过了第一部城市规划法律“Housing, Town Planning etc Act”，这标志着规划作为政府职能的开端。然而，编制规划既不是地方政府的法定义务，也没有哪个国家的中央政府来协调管理不同土地的利用方式。

20世纪前半叶，大多数国家的土地利用规划由职能机构编制，其主导者是土地利用规划编制委员会。该委员会独立于政府机构，也不属于立法机构。但是，二战以后的大规模城市建设对城市土地利用规划提出了众多问题，例如土地及建筑物如何征用补偿的问题、土地增值费如何征收的问题，而这些问题大多数都是规划委员会难以处理的。

20世纪中期，政府才开始成为土地利用规划的主导机构，规划也才成为政府机构的职能之一，而规划委员会与规划师都为地方政府的执行机构工作。规划成为立法的一部分，需要在议会或者人代会中产生。此后，土地利用规划由原来的编制委员会管辖转换为各级政府管理，各级政府职能机构也开始全面重视土地利用规划的编制与实施。

6.2.4.2 发达国家规划管理体制的分类

发达国家的土地利用规划管理体制，大致分为3类。

一是英国的土地利用规划。早期，英国的城市土地利用规划和乡村土地利用规划是分开进行的。1923年，英国颁布《城镇和乡村规划法》，开始统筹城乡土地利用规划，实现了城乡土地利用规划的一体化。20世纪80年代以后，英国才开始对整个区域进行综合开发规划，尤其是区域性的土地利用规划。

英国的土地利用规划共分为4级，分别是国家级土地利用规划、区域土地利用规划、郡级土地利用规划、地方土地利用规划。英国土地利用规划的实施，主要是通过规划许可来实现的，而规划许可的有效期是5年。申请人在得到规划许可后的3年内，必须提交正式的许可申请。此外，英国政府明确规定，开发商可以在得到土地以前提出规划许可申请，但开发商必须将土地开发的增值部分归还给土地的原所有者、使用者，以避免开发商从土地开发中牟取暴利。

二是美国的土地利用规划。20世纪60年代以前的很长时间内，美国都没有全国性的或者较大规模的土地利用规划，只是进行小范围的土地利用规划，而且城市的土地利用规划和农村的土地利用规划是分开进行的，这是因为美国的大部分土地都属于私人所有。到20世纪60年代，美国联邦政府与美国地方政府逐步认识到土地资源保护和环境保护的重要性，于是成立相应的管理机构并进行立法。然而此时的联邦政府和州政府基本不介入土地利用控制，县级以下的地方政府主导了土地利用规划和土地利用立法。

20世纪80年代中期，随着人口规模、住房紧张、基础设施建设滞后、环境和资源保护等问题日益严峻，美国的许多州政府才开始进行综合性的土地利用规划，分为州土地利用规划和地方土地利用规划，而地方土地利用规划包括两个层次，即总体规划（The Master Plan）与分区规划（Zoning）。美国的土地利用规划采用公众参与的方法，包括联邦和州政府、规划委员会、房地产开发商、房屋所有人、社会活动家、城市议会会员以及县执行委员会委员等。近年来，美国土地利用调控的中心任务是保护生态环境使其免受破坏。

美国城市土地收益的分配，主要是采取特别赋税金制度。也就是说，美国政府在指定区域内修建基础设施，在建设初期按照预算规模发行公债，并由土地占有权者或者不动产开发者根据受益的范围与受益的大小分担税款，依据土地面积的比例缴纳款项。

三是德国、荷兰、瑞士、日本等国的土地利用规划体制。这些国家的规划管理，既有全国性的土地利用规划，也有区域性的或者地区性的土地利用规划。这些国家的土地利用规划都在国土规划的指导下进行，旨在保护和改善用地资源，提高土地的综合配置效率，并保护自然的多样性和景观的多样性。然而，日本的土地征用制度与其他国家不同，其征地制度是在正常土地交易无法正常进行时才发挥作用，并对原土地所有者以现金的方式给予补偿，补偿金额参考附近类似土地的交易价格。

6.2.4.3　不同管理体制下土地利用规划模式选择①

以各国土地利用规划的管理体制为主线，存在 4 类土地利用规划的运行模式。

一是政府控制型的土地利用规划模式，比如前苏联、中国、朝鲜、匈牙利等国家。其基本特点有：①国民经济计划和土地规划两个体系共同发生作用，有计划地利用土地；②土地规划分为五年计划与年度计划两种；③土地规划分为企业间土地规划与企业内土地规划；④适宜土地国家所有制与高度集权的计划经济为基础；⑤对土地利用活动的具体组织比较详细，着重为微观管理提供良好的基础，但在宏观的调控上缺乏目标，土地利用结构和方式被详细的规划所固定，难以适应不断变化的社会经济发展的要求。

二是政府主导型的土地利用规划模式，常见于欧洲发达的资本主义国家，比如德国、英国、丹麦、荷兰、瑞典、意大利、瑞士等。国家对规划实行统一领导，在一个主管部门的负责下按照统一程序分级进行，有意识地对规划进行适度干预和总体协调。其主要特点有：①规划共分为四级：国家级规划（规划政策指南），区域规划（区域规划指南），郡级规划（结构规划），区级规划（地方规划）；②土地利用规划的实施大多依靠专门法律，主要控制手段为土地用途

①百科名片：土地利用规划. 360 百科.2013

管制或规划许可。

三是美国模式，即市场主导型的土地利用规划模式。其主要特点有：①主要通过法律法规形式制定土地利用目标和规划，联邦政府并没有城市与住宅领域的权限，没有可以直接参与的法律基础，一般不对规划做集中统一管理。②联邦政府参与土地利用规划相关活动的手段，主要是通过联邦补助金等间接性的财政方式来实现。州政府则有着很大的决定权，州内设置了各种地方政府，州授予地方政府土地规划权力。③其规划形式包括城市和大都市规划、联邦州和区域规划以及农村土地利用规划。从规划体系来看，可以分为 3 大类（总体规划、专项规划和用地增长管理规划）和 6 个层次（国家级、区域级、州级、亚区域级、县级和市级）。从规划内容看，一般包括 7 个要素：土地利用形式（公有地、农业用地、林业用地、城市用地和乡村用地）、交通、居住地、空旷地（绿地）、保护地、安全设施和防噪音污染。④总的规划思想有 3 种：保护农业用地、控制大城市扩大用地规模、保护森林及生态系统。

四是日本模式。规划分为全国规划、都道府县规划和市镇村规划 3 级。在都道府县范围内，还要制定“土地利用基本规划”，其主要内容是：确定土地利用的基本方向，按照城市、农业、自然公园、森林、自然保护的 5 种地域类型进行土地利用规划。除了上述规划外，还通过法律与行政手段，把宏观管理与微观管理结合起来，形成一个比较完整的规划体系。总之，日本模式是以土地私有制、市场经济为基础，通过土地利用规划、土地利用基本规划对土地资源进行宏观调控，以法律与行政手段微观调控土地利用，也就是直接进行宏观调控，间接实行微观调控。

6.3 我国城镇土地利用规划

6.3.1 我国城镇土地利用规划现状

6.3.1.1 城镇土地利用规划是实行城镇土地用途管制的依据

在一定城镇范围内，根据国家社会经济可持续发展的要求和当地自然、经济、社会条件，对土地开发、利用、治理、保护问题，需要在空间上、时间上作总体的战略性布局与统筹安排。城镇土地利用规划从全局和长远利益出发，以城镇全部土地资源为对象，合理调整城镇土地利用结构和布局。城镇土地利用规划以利用为中心，对土地资源开发、利用、整治、保护等方面做统筹安排和长远规划。其目的在于加强城镇土地利用的宏观控制和计划管理，合理利用土地资源，以促进国民经济的协调发展。

6.3.1.2　我国城镇土地利用规划进展

中国真正的土地政策调整始于 20 世纪 80 年代。1986 年的《土地管理法》、1988 年的《中国宪法》与 1988 年的《中华人民共和国城镇土地使用税暂行条例》等一系列法律的颁布，标志着中国土地制度的根本改革，将中国“土地无偿使用制度”转变成“土地有偿使用制度”。在土地有偿使用制度下，国有土地使用权可以进行出让、转让、抵押、出租、转租、捐赠。在土地公有制不变的情况下，土地使用权的交易方式是将土地所用权与土地使用权分离。

90 年代以后，我国城镇土地利用规划工作稳步推进。1991 年，国务院签署《中华人民共和国城镇国有土地使用权出让和转让暂行条例》，这份文件第一次实质性地补充和解释了国有土地的出让方法；第一次在土地使用上引入价格机制，使土地所有权与土地使用权分离，并使之成为城市经济发展的强大动力。1999 年，新的《土地管理法》生效执行，同年 4 月，国务院批准实施《全国土地利用总体规划纲要（1997～2010 年）》。2001 年，国务院审批的 31 个省市自治区和 81 个城市的土地利用总体规划，全部批准实施；其他地方各级土地利用总体规划，也由省级人民政府或授权的市（自治州）人民政府陆续批准实施。2002 年，国土资源部启动 12 个县级规划试点工作。2003 年，批准实施《全国土地开发整理规划》，地方各级土地开发整理专项规划的编制和审批工作也抓紧进行；《土地管理法》修订再次被提上议程，国土资源部启动 14 个地（市）级规划修编试点。2004 年，国土资源部重新开始土地利用规划修编。

2005 年，国务院颁布《关于土地利用规划前期研究工作》国办［32］，标志着新一轮的土地利用规划工作稳步开展。2008 年颁布的《全国土地利用总体规划纲要（2006～2020 年）》包括两部分，分为《国务院关于印发全国土地利用总体规划纲要（2006～2020 年）的通知》与《全国土地利用总体规划纲要（2006～2020 年）》。2009 年 1 月，国土资源部会议审议通过《土地利用总体规划编制审查办法》，还对土地利用总体规划的编制、规划内容、审查和报批等工作作出明确规定。

城镇土地利用规划的编制程序是：编制规划的准备工作；调查研究，提出问题报告书和土地利用战略研究报告，编制土地利用规划方案；规划的协调论证；规划的评审和报批。土地利用规划报告是土地利用规划主要成果的文字说明部分，包括土地利用规划方案和方案说明。

而编制土地利用规划方案是在土地利用现状分析、资源分析、土地利用战略研究的基础上，根据规划目标和任务进行的。规划方案的主要内容是：导言、土地利用现状和存在问题；土地利用目标和任务；各部门用地需求量的预测、地域和用地区的划分；土地利用结构和布局的调整；实施规划的政策和措施。规划方案说明的主要内容有：规划方案的编制过程；编制规划的目的和依据；规划主要内容的说明；规划方案事实的可行性论证等。

总之，自 80 年代中期尤其是 90 年代以来，我国土地利用规划无论在深度还是广度方面都有了很大的进展。规划类型上，包括从农村土地规划发展到土地利用总体规划、土地利用专项规划、土地利用规划设计 3 个层次。其内容涵盖：以可持续发展为导向的土地资源分配与再分配，各类用地结构的合理调整与布局优化，土地开发、利用、保护、整治的总体协调，城市土地利用规划、基本农田保护区规划、土地开发规划、土地整理规划等专项规划及其设计。可以认为，我国土地利用规划正趋于成熟和完善。

6.3.2 我国城镇土地利用规划机制

6.3.2.1 我国的城市土地供给储备模式

我国实行的是土地公有制，但公有的形式包括两种：一是国家所有即全民所有，二是农民集体所有。城市土地是完全国有的，市、县人民政府在法律规定的范围内拥有完全的、合法的对国家所有土地的处置权。农村土地为集体所有，农村集体土地转变为城市建设用地，需要国家征用。

在改革发展的过程中，一些城市根据自身的实际情况，形成了不同的土地供给模式，典型模式共有三种。一是上海的市场主导型运作模式。1996 年 11 月，上海成立全国第一家土地储备经营机构即上海市土地发展中心，标志着我国土地收购储备制度的起源。该模式以市场机制为基本运行机制，充分利用市场机制配置土地资源。其“市场主导”主要体现在，土地储备经营机构在收购土地时没有强制性，需要与其他用地者在市场中竞争。土地收购储备机构隶属于土地管理部门，按照“两级政府、两级管理”的机制，建立以市为主，市、区两级的土地储备网。

二是杭州的政府主导型土地收购储备模式。在政府主导的基础上，充分利用市场机制配置土地资源，从而实现行政主导与市场运作的有效结合。其特点是：政府抓“统一收购权”与“统一批发权”，市区土地特别是用于经营性房地产开发用地，由政府用招标拍卖的方式统一供应。政府通过土地收购、土地储备、土地出让三个环节，实现对市区一级土地市场的垄断。土地储备机构采用双结构模式，即城市土地收购储备委员会与土地收购储备中心，进行两级分层管理。

三是南通的政府市场混合型土地收购储备模式。这种运作模式把行政指导、市场运作与土地资产管理相结合。其特点基本与杭州模式相同，只不过其土地收购储备机构更多承担了土地资产管理的职能。土地储备机构可以对国有企业改革中土地使用权的作价出资部分进行管理，收取改制企业以租赁方式处置的国有土地的使用权租金与其他用地者按规定需要向政府交纳的租金。

上海的市场主导型运作模式、杭州的政府主导型土地收购储备模式、南通的政府市场混合型土地收购储备模式三者具有共同特征，即收购的重点对象是国有困难和破产企业的原划拨土地，并且垄断了城市土地的一级市场。

上海模式遵循市场机制，充分发挥市场机制在土地资源调配过程中的原则性作用，可以对土地市场产生一定的影响，但政府却难以形成对土地市场的垄断控制，政府对土地市场的调控会心有余而力不足。杭州模式具有很强的强制性，但过于频繁地出让土地来缓解资金压力的行为却降低了政府对土地市场的有效调控能力，甚至会成为“空调”。南通模式可以完整地使用“优先购买权”将有限的资金集中于土地的选择性收购存储上，从而有针对性地收购存储计划所需的土地。南通模式兼顾市场和行政的手段，它的优越性主要体现在可以有效控制房价剧烈上涨。

6.3.2.2　城市土地用途管制制度

城市土地用途管制问题越来越重要。这是因为，①经济快速发展导致大量土地非农化，农田存量减小，引起人们对粮食安全问题的担忧；②随着城市化进程的快速推进，城市规模迅速扩大，土地资源变得稀缺而紧张；③土地囤积、土地闲置等现象十分严重。

通过土地用途管制制度调控土地用途。1998 年修订的《土地管理法》规定“国家实行土地用途管制制度”。这就确立了以土地用途管制为核心的新型土地管理制度。为实施土地用途管制，《土地管理法》将土地按用途分为三大类，即农用地、建设用地、未利用地，并分别进行管制。

我国现行的土地用途管制，实质上主要是限制农用地变更为建设用地，而对城市建设用地内部各用途之间的变更管制则主要是通过各种行政法规、规章以及规范性文件来实现的。其法规、规章内容可分为三类：

（1）土地用途变更登记的相关规定。《土地管理法》第十二条规定，依法改变土地用途和权属的，应当办理土地变更登记手续。随后出台的《土地管理法实施条例》第六条对上述规定作了细化：“依法改变土地用途的，必须持批准文件，向土地所在地的县级以上人民政府土地行政主管部门提出土地变更登记申请，由原土地登记机关依法进行变更登记。”

（2）土地用途变更程序的相关规定。《土地管理法》第五十六条规定：“建设单位使用国有土地的，应当按照土地使用权出让等有偿使用合同的约定，或者土地使用权划拨批准文件的规定使用土地，确需改变该幅土地建设用途的，应当经有关人民政府土地行政部门同意，报原批准用地的人民政府批准。其中，在城市区划内改变土地用途的，在报批前，应当先经有关城市规划部门同意。”国务院相继下发了《关于清理整顿各类开发区加强建设用地管理的通知》、《国务院关于加强国有土地资产管理的通知》、《国务院关于深化改革严格土地管理的决定》，均对土地用途变更的程序作出较为严格的规定。国土资源部、监察部联合下发了《关于严格实行经营性土地使用权招标拍卖挂牌出让的通知》、《关于继续开展经营性土地使用权招标拍卖挂牌出让情况执法监察工作的通知》，对土地用途变更程序作出了更为具体的规定。另外，《城市房地产管理法》第十七条、四十三条针对城市中的土地用途变更作了专门性规定。

（3）土地用途变更责任制度的相关规定。我国现有立法体系对土地用途变更责任追究的规定较为薄弱，仅有《土地管理法》第八十条笼统的规定：“依法收回国有土地使用权，当事人拒不交出土地的，临时使用土地期满拒不归还的，或者不按照批准的用途使用国有土地的，由县级以上人民政府土地行政主管部门责令交还土地，处以罚款。”《物权法》第一百四十条规定：“建设用地使用权人应当合理利用土地，不得改变土地用途；需要改变土地用途的，应当依法经有关行政主管部门批准。”

6.3.2.3 城市土地利用规划体系

我国的土地利用规划体系，可以分为土地利用总体规划、土地利用区域规划、土地利用专项规划和土地利用详细规划四项。其中，总体规划包括国家、省、市（地区）、县（区）、乡镇五个层次。国家、省（自治区、直辖市）和地区（省辖市）级属于政策型规划。县（市）级属于管理型规划，重在定性、定位和定量的落实。乡（镇）属于实施型规划，其内容应该达到控制性详规的要求。

在土地利用规划的空间体系方面，我国已经建立了包括国家、省（自治区、直辖市）、市（区）、县（市）、乡（镇）在内的 5 级体系，但不同层级的功能定位、主要内容、编制方法等却不够明确，导致市级规划与上下级规划的重叠、详细规划与部门规划的重叠。因此，土地规划管理体系有待完善。

6.3.2.4 城市土地收益分配制度

我国城市土地收益主要包括三个方面，即地租、地税和地费。地租是实现土地所有权收益的主要形式，是国家土地所有权在经济上的具体体现。我国主要是通过批租制、年租制及场地使用费来实现的。地税是国家以土地为课税对象，凭借政治权力参与国民收入分配所取得的财政收入。土地税收具有强制性、无偿性和固定性等特征。改革开放以来，我国的地税收入基本上形成了土地使用权取得、保有、流转为主要环节的土地税收体系。土地费是土地收益分配的一个重要组成部分。按照政府收费管理部门的分类方法，土地费可分为：行政收费，事业性收费，政府为弥补人员经费不足、筹集事业发展资金或强化土地管理的收费。

在我国的现行体制下，围绕土地资产产生的各种收益和大部分土地税费基本都归地方政府所有，这导致地方政府财政高度依赖土地收益。地方政府的圈地行为，往往与其政绩观、GDP 考核有关。

6. 3. 3　我国城镇土地利用规划存在的问题

6.3.3.1　城镇土地利用效率比较低

随着城市化进程的加快，经济发展与城市人口增长对城市土地的需求日益增加，这导致城市开发建设带来的土地利用短缺与土地供给不足之间的矛盾日益突出。另外，随着城市土地使用制度的改革，原来的划拨配置转变为行政划拨与有偿出让并存的“双轨”配置制度，这种配置制度使得城市土地利用效率更加低下。

城镇土地利用效率比较低表现在多个方面：

一是城市土地利用的内部结构不合理，土地环境恶化。党政军机关、大专院校等土地利用效益比较低的单位占据着城市中心区或者高地价区，城市土地的级差地租得不到体现。此外，工业用地比重偏大，城市绿地和交通用地比重偏小。工业用地比例偏大，必然挤占城市绿地和交通用地，造成交通拥挤、环境质量差等“工业病”。

二是城市土地利用的规模偏大。党政军机关、大专院校、工业建设等土地利用效率低的单位在市区大量占地，还使得已有的城市用地越来越少，城市建设不断向外扩张，直接导致城市用地规模超标。

三是城市土地利用的集约程度低，土地闲置现象严重。土地集约经营是指依靠科学技术进步，在相同单位面积的土地上集中投放物化劳动和活劳动，以提高单位土地面积负荷能力与产值的经营方式。以往的粗放型经济增长方式，使得城市用地不经济，存在土地闲置和资源浪费现象。加上土地利用效率低的单位在市区大量占地，使得城市建设不断向外扩张，导致城市用地规模超标、单位面积土地的产值降低。

土地报酬递减规律要求我们集约利用城市土地。土地报酬递减规律表明，随着对城市土地集约利用程度的提高，城市土地收益也会不断提高，只有当土地开发超过某一限度后，城市土地收益才会表现出递减的趋势，出现土地产出增量小于土地投入增量的现象。提高城市土地的开发强度和城市容积率，集约利用城市土地，增加城市土地收益，势在必行。

6.3.3.2 城市土地产权制度比较混乱

土地所有权的界定模糊。《宪法》规定：城市土地属于国家所有。从字面上理解，这里的国家当然是指中央政府。但是城市土地分散在各地，城市土地的开发利用和出让转让是由地方政府来实施的。因此，地方政府行使土地所有权具有明显优势。这就导致中央政府和地方政府在土地出让金的分成比例等问题上意见相左。

缺乏土地产权的人格化代表。城市土地的国家所有，是指国家代表全体人民行使对土地的所有权。在国家机构内部，土地管理机构与国有资产管理机构都认为自己是国有土地的法定代表人。后来，国家明确了土地管理部门的法定代表人资格，但作为行政机构，也很难像自然人那样行使土地产权并使之最大限度地增值。

各种管理权限混乱。有关城市土地开发利用的管理权限界定模糊，职能交叉产生混乱，比如规划管理权、计划管理权、地籍地政管理权、经营管理权、行政管理权以及与土地密切相关的房屋和建筑物管理权，这种混乱造成各级政府管理部门甚至中央政府的有关管理部门相互冲突。

6.3.3.3 城市土地供给储备制度机制不健全

城市土地储备制度是指在土地利用总体规划和城市规划的指导下，充分发挥市场机制的作用，政府管理部门依照法定程序，通过收回、收购、置换、征用等方式取得土地，进行前期开发并予以储备，用来供应或调控城市各类建设用地需求。虽然我国大多数省市已经设立土地收购储备机构，但各地的操作方法不同，没有全国性的法律或行政法规进行规范。

土地储备的收益分配与征用补偿机制不健全。该机制的实质是政府、原用地单位和土地储备实施机构三者之间的利益分配机制问题。考虑三者利益的结果是土地储备成本的提高，而土地储备成本提高的结果是房价与地价的上涨。如果不满足原用地单位的利益补偿，又会导致其阻挠政府征地。

土地储备机构的资金来源较少，土地储备的投融资体制落后。土地储备过程实际就是土地流转的过程，也是资金流转过程。在实际运作中，没有大额资金的支撑，土地储备机构是难以有效运行的。目前土地储备运作的资金来源主要是，城市土地储备制度构建初期的政府拨款与银行贷款。各城市土地储备的成本较高、风险较大，稍有不慎，城市土地储备资金就难以良性循环。

土地储备机制的立法滞后。《土地管理法》第五十八条规定：“为公共利益需要使用土地，或为实施城市规划进行旧城区改建，需要调整使用土地的，由有关人民政府土地行政主管部门报经原批准用地的人民政府或者有批准权的人民政府批准，可以收回国有土地使用权，收回或调整土地的，对土地使用权人应当给予适当的补偿。”该规定为政府收回土地使用权提供了法律依据，但由于建立土地储备机制的立法滞后，各城市一般都是通过相关政策与行政手段来推进这项工作，因而难免出现矛盾。

6.3.3.4 土地收益分配机制不健全

土地收益分配形式不规范。现行的土地使用税是租、税、费“三位一体”，混淆了政府作为土地所有者的代理人与行政管理者之间的区别，同时以土地使用面积为课征依据也欠公允。国有土地使用权的出让价格不合理，大量用地仍以协议价格出让，不能充分反映土地价值及供求关系，容易导致国有土地资产流失，诱发各种腐败。土地收益的税费繁杂，土地使用者须向政府各职能部门交纳四十多种税费，降低了土地收益分配的有序性。

另外，土地资产收益流失严重。其主要原因是大量国有土地资产的无偿使用，部分国有土地仍按协议价格出让，土地隐形交易比较活跃，以及产权交易市场不规范等。

6.4 房地产市场的土地储备与交易方式[①]

6.4.1 土地储备交易中心

6.4.1.1 土地储备交易中心

我国内地的土地储备交易制度来源于我国香港。我国香港地区通过收购“生地”即未完成拆迁、水电气热等基础设施建设的土地，由一级开发环节达到“熟地” 标准即土地平整、水电气热齐全，然后以“招、拍、挂”方式投入土地市场。1996 年，我国内地第一家土地储备机构在上海诞生，至今全国已有 2000

①王伟.土地交易与储备.天津大学出版社，2011

多个市、县相继建立了这项制度。

土地交易储备中心是由相关地方政府批准的土地交易的专门机构，是该区域范围内进行土地交易的唯一有形市场，隶属于该地方政府的国土资源局，主要负责收集、分析和统一发布各类土地交易信息，提供规范的土地洽谈、招商合作与交易场所，组织与实施其行政范围内的土地使用权的出让工作和租赁工作。

土地交易中心是一个集土地开发整理、土地勘测、土地调查评价、土地数据库建设、土地测绘、土地规划、土地储备、土地交易、相关土地技术课题调研、GIS及计算机制图应用等为一身的综合技术单位。《土地储备管理办法》第三条规定："土地储备机构应为市、县人民政府批准成立，具有独立法人资格，隶属于国土资源管理部门，统一承担本行政辖区内土地储备工作的事业单位。"

6.4.1.2 土地交易中心的主要职能

土地交易中心的主要职能包括：

（1）承担土地开发整理的重点项目，在全省范围内选择和运作土地开发整理示范项目。包括协助编制土地开发整理项目计划，对下级机关编制的土地开发整理项目计划进行技术指导；参与拟定土地开发整理有关政策法规、技术规程和管理办法，开展土地开发整理的调研与资源调查，参与编制土地开发整理专项规划；参与土地开发整理项目的验收工作与下级机关土地开发整理项目的复核和验收；协助管理、使用有关土地开发整理专项资金；开展土地开发整理项目的咨询、服务、评价，参与土地开发整理项目前期论证、规划设计与项目预算编制；建立土地开发整理信息系统，提供信息服务，编辑出版土地开发整理的文献资料；开展土地开发整理技术研究，开展土地开发整理宣传、经验推广及技术培训、指导。

（2）承担国土规划、土地规划和区域规划、土地开发整理规划、基本农田保护区规划等专项规划的编制，并规划前期的土地调查、土地评价等技术工作。

（3）承担土地勘测调查、土地利用数据库、土地规划数据库的建设工作。开展GIS（Geographic Information System）、GPS（Global Positioning System）、RS（Remote Sensing）技术在国土资源领域的应用研究，承担土地资源管理各类专题土地图件编制及计算机制图、打印输出服务。

（4）依照有关规定对纳入储备范围的土地进行储备。包括对储备土地进行符合规划的整理和出让前的合理利用；根据同级人民政府委托或经同级人民政府批准，负责储备土地的融资并筹措运作土地储备资金；负责土地储备、整理和交易的各项具体工作；开展土地开发整理、储备与交易项目的咨询、服务、评价和研究等工作。

6.4.2　土地交易中心的“招、拍、挂”制度

6.4.2.1　土地从无偿使用到有偿使用

建立新中国后的很长一段时期，我国的土地使用是无偿、无限期、无流动的“三无”行政划拨使用制度。这种土地制度导致土地资源配置不合理、效率低下、土地产出浪费严重、产权关系混乱等弊端，严重阻碍了经济发展。

改革开放后，对城镇土地使用制度进行了改革，以修正土地无偿使用带来的种种不利影响。1988 年 4 月 12 日，七届人大一次会议通过了《宪法修正案》，规定：“土地的使用权可以依照法律的规定转让。”这就为土地所有权的转让提供了法律依据。随后，《土地管理法》、《城市房地产管理法》、《城镇国有土地使用权出让和转让暂行条例》等进一步明确了土地使用权的出让制度。

90 年代初，我国完成了城镇土地使用制度的初步改革，建立起土地有偿、有限期、可依法进行土地交易的有偿使用制度的大框架。这种制度从根本上理顺了产权关系，使土地资产的各种特性得到显现，也体现了国家作为土地所有者所拥有的土地所有权。但该制度也存在缺陷：一是交易过程不透明，导致寻租现象普遍，腐败问题时有发生，以致国有资产严重流失；二是缺乏竞争，导致严重的价格倒挂现象，即低价甚至无价出让等现象。

为此，国土资源部开始颁布法规予以规范。2002 年 5 月，国土资源部发布第 11 号令，颁布实施《招标拍卖挂牌出让国有土地使用权规定》。该文件明确规定，包括商业、旅游、娱乐、商品住宅用地的经营性用地必须通过招、拍、挂方式出让。2004 年，国土资源部颁布第 71 号令——《关于继续开展经营性土地使用权招标拍卖挂牌出让情况执法监察工作的通知》。该文件规定，2004 年 8 月 31 号以后，所有经营性用地的出让要全部实行“招、拍、挂”制度，这就是所谓的“831”大限。

6.4.2.2　土地交易市场的“招、拍、挂”制度

（1）土地招标。招标出让国有土地使用权，是指市、县人民政府土地行政主管部门发布招标公告，邀请特定或者不特定的公民、法人和其他组织参加国有土地使用权投标，根据投标结果确定土地使用者的行为。

在招标出让中，土地主管部门要根据出让土地的详细情况汇总编制招标文件，并实施投标的登记，投标人在登记时必须足额缴纳投标保证金，并提交营业执照的副本、法人代表人证明等身份文件。投标人在按照招标文件的要求编写标书后，在规定的时间内将标书密封并投入指定标箱。专家组成评标委员会，

按照事先规定好的评标标准，对企业提交的投标文件进行审查，最后在规定的时间、地点开标。确定中标人后，招标人应向中标人发出“中标通知书”，中标人则在“中标通知书”约定的时间，按照招标文件与土地管理部门签订《国有土地使用权出让合同》。按国家规定，公开招标的投标单位不能少于3家，如果少于3家，则招标人应当停止开标。在公开招标中，投标企业的投标价格是主要的评标因素。然而，为了防止后续开发资金不能及时到位所导致的土地资源闲置浪费问题，评标委员们也重点关注开发商的实践经验和经济实力。

（2）土地拍卖。拍卖出让国有土地使用权，是指市、县人民政府土地行政主管部门发布拍卖公告，由竞买人在指定时间、地点进行公开竞价，根据出价结果确定土地使用者的行为。

土地主管部门根据被拍卖土地的具体数据编制拍卖文件，竞买人应在截止日期前提出“竞买申请”，交纳不少于拍卖文件规定的保证金，并同样提交法定代表人证明书等资信证明。竞买人通过审查后，得到印有编号的“竞买标志牌”。而拍卖会则在拍卖公告规定的时间、地点进行。参加的竞买人同样不能少于3人，否则应终止拍卖。在拍卖中，最终的成交价格必须高于拍卖方所制定的底价，否则也需终止拍卖。拍卖成交后，竞得人按照“拍卖成交书”的规定与土地管理部门签订《国有土地使用权出让合同》。土地拍卖最重要的原则是：“价高者得。”

（3）土地挂牌。挂牌出让国有土地使用权，是指市、县人民政府土地行政主管部门发布挂牌公告，按公告规定的期限，将拟出让宗地的交易条件在指定的土地交易场所挂牌公布，接受竞买人的报价申请并更新挂牌价格，依据挂牌期限截止时间的出价结果确定土地使用者。

土地主管部门编制挂牌文件，竞买人在规定日期前提出竞买申请，按规定交纳保证金，提交法定代表人证明书等资信证明后提交竞买申请书。在挂牌文件规定的挂牌起始日期，挂牌人应该将挂牌宗地的位置、面积、用途、使用年限、规划要求、起始价、增价规则、增价幅度等内容，在土地交易市场挂牌公布，符合条件的竞买人应按照文件要求填写竞买报价单，在挂牌期限内竞买人可多次报价。如果在挂牌期限内只有一个竞买人，且报价不低于挂牌底价，并符合其他交易条件，则挂牌成交。如果在挂牌期限内有两个或两个以上竞买人报价，则报价最高者为竞得人；报价相同的，先提交报价单者为竞得人。如果在挂牌期限内无应价者，或者竞买人的报价均低于底价，或均不符合其他交易条件，则挂牌不成交。挂牌交易的挂牌期限不得少于10个工作日。

竞买人确定后，挂牌人应向竞买人发出“挂牌成交确认书”。竞得人根据“挂牌成交确认书”约定的时间，与市国土房管局签订《国有土地使用权出让合同》。挂牌同样遵循“价高者得”的原则，不同之处在于，不是现场报价，挂牌是以书面的形式报价，所引发的关注程度不如招标与拍卖。

6.4.2.3 招、拍、挂制度的工作程序

（1）制订工作方案。制订拍卖前期的工作方案，经主管领导和单位审定。

（2）编制拍卖文件。根据业务处提供的地块材料，编制、印刷拍卖文件。

（3）发布拍卖公告。出让人至少在拍卖开始日前 20 天发布拍卖公告，公布拍卖出让宗地的基本情况和拍卖时间、地点。

（4）出售拍卖文件。按拍卖公告规定时间出售拍卖文件，并组织现场勘察。

（5）组织现场勘察。组织有意向的竞买人对拟出让地块进行现场勘察，并当场答疑。

（6）受理竞买申请。在拍卖公告规定的时间内，竞买人持竞买申请书、营业执照副本、房地产开发资质证明（另有规定者除外）、法定代表人身份证复印件（或授权委托书、委托代理人身份证复印件）办理竞买申请，并缴纳竞买保证金。

（7）审查竞买资格。根据拍卖文件的规定，对竞买申请人的开发资质、诚信记录进行核查，向符合条件者发放竞买人资格确认通知书及竞买号牌。

（8）举办拍卖会。按拍卖公告规定的时间、地点举行拍卖会。竞得人与出让人当场签订成交确认书，同时缴纳定金和佣金。

（9）公布成交结果。拍卖活动结束后 10 个工作日内，出让人将拍卖出让结果在土地有形市场或者指定的场所、媒体公布，并退还竞买保证金。

（10）签订出让合同。竞得人于签订“成交确认书”之日起 10 日内，与出让人签订《国有建设用地使用权出让合同》。

6.4.2.4 “招、拍、挂”制度的优缺点

“招、拍、挂”制度的优点：

（1）土地“招、拍、挂”制度，有助于完善土地市场的制度建设，促进公平竞争。土地使用权出让的招拍挂制度，以及与之配套的土地储备制度的建立，使土地供应的信息开始公开化，土地出让规划逐渐合理化，避免了以往通过行政命令方式协议出让土地的不合理性，有利于防止土地市场不规范导致的国有资产流失与规划不恰当造成的土地资源浪费问题。

（2）土地“招、拍、挂”制度，有利于政府对城市土地的管理，并减少土地腐败现象。土地是全社会的公共资源，要达到最优利用就必须通过市场手段进行配置，而且配置过程必须接受全社会的全程监督。土地“招、拍、挂”制

度，促进了土地市场竞争方式的建立，完善了土地出让制度。通过市场竞争，土地的真实价格得到实际凸显，从源头上有效遏制了土地寻租等腐败现象。

（3）土地“招、拍、挂”制度，有助于提高房产开发商的综合实力，促进房地产企业的整合与发展。土地通过招标、拍卖和挂牌等方式进行出让，有助于增强市场的竞争性，消除房地产行业的垄断性，使那些没有足够实力、只能靠寻租等不正当方式拿到“黄金地”的开发商逐渐淡出房地产市场，使那些有资金、有竞争力的企业得到更好的发展。同时，开发商可以从土地市场上直接拿到“熟地”进行开发，这就缩短了开发周期，简化了开发流程和开发环节，从而降低了开发的系统风险。

然而，国土资源部和监察部对全国经营性土地的专项执法检查结果显示，经营性土地使用权的出让还存在五个深层次问题：一是经营性土地出让制度还缺少具体的操作规范与之相配套；二是少数市县仍以“招商引资”为名，违规先行立项、先行选址，定点确定土地使用者、土地用途、土地面积和地价；三是有的地方违规，不公开经营性土地出让信息或信息公开不及时、不充分；四是有的地方在经营性土地出让中存在假招标、假挂牌、假拍卖或陪标、串标等问题；五是极少数领导干部仍通过打招呼、递条子等形式违规干预和插手经营性土地出让。以上五大类问题，均涉及“招、拍、挂”制度建设过程中的政府职能转变、观念转变、配套规范等问题。

延伸阅读：国有土地出让合同范本

本合同双方当事人：出让方：中华人民共和国________省（自治区、直辖市）________市（县）土地管理局（以下简称甲方）；

受让方：______________________________（以下简称乙方）。

根据《中华人民共和国城镇国有土地使用权出让和转让暂行条例》和国家及地方有关法律、法规，双方本着平等、自愿、有偿的原则，订立本合同。

第一条　甲方根据本合同出让土地使用权，所有权属中华人民共和国。国家和政府对其拥有法律授予的司法管辖权和行政管理权以及其他按中华人民共和国规定由国家行使的权力和因社会公众利益所必需的权益。地下资源、埋藏物和市政公用设施均不属土地使用权出让范围。

第二条　甲方以现状（或几通一平，注：根据具体情况定）出让给乙方的宗地位于____________，宗地编号________，面积为________平方米。其位置与四至范围及现状（或几通一平）的具体情况如本合同附图（略）所示。附图（略）已经甲、乙双方签字确认。

第三条　本合同项下的土地使用权出让年限为________年，自领取该宗地的《中华人民共和国国有土地使用证》之日起算。

第四条　本合同项下的宗地，按照批准的总体规划是建设________项目。（注：根据具体项目、用途情况定）

在出让期限内如需改变本合同规定的土地用途和《土地使用条件》，应当取得甲方同意，并依照有关规定重新签订土地使用权出让合同，调整土地使用权出让金，并办理土地使用权登记手续。

第五条　本合同附件《土地使用条件》是本合同的组成部分，与本合同具有同等法律效力。乙方同意按《土地使用条件》使用土地。

第六条　乙方同意按合同规定向甲方支付土地使用权出让金、土地使用费、转让时的土地增值税以及国家有关土地的费（税）。

第七条　该宗地的土地使用权出让金为每平方米________元人民币，总额为________元人民币（或美元、港元等）。

第八条　本合同经双方签字后____________日内，乙方须以现金支票或现金向甲方缴付土地使用权出让金总额的________%共计________元人民币，作为履行合同的定金，定金抵作出让金。

乙方应在签订本合同后 60 日内，支付完全部土地使用权出让金，逾期____日仍未全部支付的，甲方有权解除合同，并可请求乙方赔偿因违约造成的损失。

第九条　乙方在向甲方支付完全部土地使用权出让金后________日内，依照规定申请办理土地使用权登记手续，领取《中华人民共和国国有土地使用证》，取得土地使用权。

第十条　本合同规定的出让年限届满，甲方有权无偿收回出让宗地的使用权，该宗地上建筑物及其他附着物所有权也由甲方无偿取得。土地使用者应依照规定办理土地使用权注销登记手续，交还土地使用证。

乙方如需继续使用该宗地，须在期满________日前向甲方提交续期申请书，并在获准续期后确定新的土地使用权出让年限和出让金及其他条件，重新签订续期出让合同，办理土地使用权登记手续。

第十一条　本合同存续期间，甲方不得因调整城市规划收回土地使用权。但在特殊情况下，根据社会公共利益需要，甲方可以依照法定程序提前收回出让宗地的使用权，并根据土地使用者已使用的年限和开发利用土地的实际情况给予相应的补偿。

第十二条　乙方根据本合同和《土地使用条件》投资开发利用土地，且投资必须达到总投资（不包括出让金）的________%（或建成面积达到设计总面积的________%）后，有权将本合同项下的全部或部分地块的余期使用权转让、出租。

本宗地的土地使用权可以抵押，但该抵押贷款必须用于该宗地的开发建设，抵押人和抵押权人的利益受到法律保护。

第十三条　在土地使用期限内，政府土地管理部门有权依法对出让宗地使用权的开发利用、转让、出租、抵押、终止进行监督检查。

第十四条　如果乙方不能按时支付任何应付款项（除出让金外），从滞纳之日起，每日按应缴纳费用的________%缴纳滞纳金。

第十五条　乙方取得土地使用权后未按合同规定建设的，应缴纳已付出让金________%的违约金；连续两年不投资建设的，甲方有权无偿收回土地使用权。

第十六条　如果由于甲方的过失致使乙方延期占用土地使用权，甲方应赔偿乙方已付出让金________%的违约金。

第十七条　本合同订立、效力、解释、履行及争议的解决均受中华人民共和国法律的保护和管辖。

第十八条　因执行本合同发生争议，由争议双方协商解决，协商不成，双方同意向________仲裁委员会申请仲裁（当事人双方不在合同中约定仲裁机构，事后又没有达成书面仲裁协议的，可向人民法院起诉）。

第十九条　该出让宗地方案经有权一级政府依法批准后，本合同由双方法定代表人（委托代理人）签字盖章后生效。

第二十条　本合同正本一式________份，甲、乙双方各执________份。________份合同正本具有同等法律效力。

本合同和附件《土地使用条件》共________页，以中文书写为准。

第二十一条　本合同于________年________月________日在中华人民共和国____________省（自治区、直辖市）________市（县）签订。

第二十二条　本合同未尽事宜，可由双方约定后作为合同附件，与本合同具有同等法律效力。

甲方：

中华人民共和国______省________（自治区、直辖市）______________市（县）土地管理局（章）____________（章）

法定代表人（委托代理人）

法人住所地：________

银行名称：__________

账号：__________

邮政编码：__________
电话号码：__________电话号码：__________
附件：土地使用条件（宗地项目）
乙方：
法定代表人（委托代理人）
法人住所地：________
银行名称：__________
账号：__________
邮政编码：__________

一、界桩定点

《国有土地使用权出让合同》（以下简称本合同）正式签订后______日内，甲、乙双方应依宗地图界址点所标示坐标实地验明各界址点界桩。界桩由用地者妥善保护，不得私自改动，界桩遭受破坏或移动时，乙方应立即向当地土地管理部门提出书面报告，申请复界测量恢复界桩。

二、土地利用要求

2.1 乙方在出让宗地范围内兴建建筑物应符合下列要求：
（1）主体建筑物的性质规定为______________；
（2）附属建筑物____________________________；
（3）建筑容积率____________________________；
（4）建筑密度______________________________；
（5）建筑限高______________________________；
（6）绿化比率______________________________；
（7）其他有关规划参数以批准规划文件为准。
（注：根据具体情况定）

2.2 乙方同意在出让宗地范围内一并建筑下列公益工程，并同意免费提供使用：
（1）____________________________；
（2）____________________________；
（3）____________________________。

2.3 乙方同意政府的下列工程可在其宗地范围内的规划位置建造或通过而无需作任何补偿。
（1）____________________________；
（2）____________________________；

（3）______________________________。

2.4 出让宗地上的建筑物必须严格按上述规定和经批准的工程设计图纸要求建设。乙方应在开工前____天内向甲方报送一套工程设计图纸备查。

三、城市建设管理要求

3.1 涉及绿化、市容、卫生、环境保护、消防安全、交通管理和设计、施工等城市建设管理方面，乙方应符合国家和________的有关规定。

3.2 乙方应允许政府为公用事业需要而敷设的各种管道与管线进出、通过、穿越其受让宗地内的绿化地区和其他区域。

3.3 乙方应保证政府管理、公安、消防、救护人员及其紧急器械、车辆等在进行紧急救险或执行公务时能顺利地进入该地块。

3.4 乙方在其受让宗地上的一切活动，如有损害或破坏周围环境或设施，使国家或个人遭受损失的，乙方应负责赔偿。

四、建设要求

4.1 乙方必须在____年____月____日前，完成地上建筑面积不少于可建总建筑面积的____%的建筑工程量。

4.2 乙方应在____年____月____日以前竣工（受不可抗力影响者除外），延期竣工的应至离建设期限届满之日前____月，向甲方提出具有充分理由的延建申请，且延期不得超过一年。

除经甲方同意外，自第 4.1 条规定的建设期限届满之日起，在规定的建筑工程量完成之日止，超出____年的，由甲方无偿收回该宗地的土地使用权以及地块上全部建筑物或其他附着物。

五、市政基础设施要求

5.1 乙方在受让宗地内进行建设时，有关用水、用气、污水及其他设施同宗地外主管线、用电变电站接口和引入工程应办理申请手续，支付相应的费用。

5.2 用地或其委托的工程建设单位应对由于施工引起相邻地段内有关明沟、水道、电缆、其他管线设施及建筑物等的破坏及时修复或重新敷设，并承担相应的费用。

5.3 在土地使用期限内，乙方应对该宗地内的市政设施妥善保护，不得损坏，否则应承担修复所需的一切费用。

6.5 房地产市场的用地管理①

6.5.1 科学编制城市规划，不断优化城市土地利用结构

城市规划直接关系城市总体功能的有效发挥，关系经济、社会、人口、资源、环境能否协调发展。目前，学者们广泛采用线性规划方法、多目标规划、系统动力学、灰色模糊方法、层次分析法等数量建模技术研究城市土地资源规划问题。应该把这些研究成果更多地运用到我国城市土地资源优化配置的规划实践中，使城市土地资源的规划编制更加科学化与系统化。

科学的城市规划应分析城市化发展的历史阶段，合理预测城市发展中的用地需求，优化城市土地利用结构，均衡协调各类用地发展，拓展土地发展空间，改善城市建设的布局，提高城市的生活质量，充分发挥城市功能。合理的城市规划必须处理好各类用地的比例关系，安排好生态环境保护、资源开发利用和基础设施建设等用地。同时，应处理好城市建设与区域发展的关系，统筹安排基础设施，避免重复建设，实现基础设施区域共享和有效利用。

6.5.2 完善城市土地的产权制度，尽快建立现代产权制度

立足于解放和发展生产力的角度，完善我国城市土地的产权制度。在坚持基本土地产权制度的同时，对现行土地产权制度进行改革创新，去除影响土地产权依法进入市场进行自愿交易的制度障碍，充分发挥市场机制配置土地资源的作用，保证土地财产权利人的合法权益。其核心思想是，建立归属清晰、权责明确、保护严格、流转顺畅的现代土地产权制度。

完善城市土地产权权益的关键是明确土地所有权的归属与实现形式。目前，我国对土地所有权的制度设计与安排，更多的是体现当前的基本经济制度和政治制度。而现代土地产权制度的重要现象，是土地所有者不直接占有、支配财产，只凭借所有权来保留对土地经济利益的索取权。因此，国家的土地所有权应当在现行的“国家所有、各级政府分级管理”的制度基础上，进一步推行国有土地的中央、省级、地（市）级、县（市）级和乡（镇）级的五级占有权。同时，在现有的城市土地产权体系下，淡化所有权，强化使用权，承认土地产

①汪德军.中国城市化进程中的土地利用效率研究.辽宁大学博士论文，2008

权形式的多元化，积极进行城市土地使用权的改革与创新。

积极促进城市土地产权的流转。应当允许合法的土地产权按照自愿、有偿的原则进入市场进行交易和流转，建立真正意义上的城市土地产权交易市场。城市土地产权市场不等同于现有的城市土地储备中心，它是产权人之间土地经济关系的集合地，市场上的交易双方构成土地市场的主体，土地产权机构是土地产权市场交易的客体。土地产权交易市场遵守公平、公正、公开、依法、自愿、有偿以及诚实守信等市场交易规则，公权人和私权人都能够使合法产权自由交换，实现交易费用最低、土地收益最大的目标。

6.5.3 完善城市土地的用途变更制度

从现实情况来看，我国违规土地用途变更，在很多情况下均采取协议变更的方式。而协议方式变更土地用途，最主要的目的是为了低价获取土地新用途的使用权，这种做法必然会损害国家利益和享有平等竞买权的第三方的利益。国家土地主管部门已经发现，协议出让国有土地使用权不仅破坏了正常的土地市场交易程序，极易滋生腐败，而且严重损害国家利益。因此，国土资源部11号令等政府规章严格禁止以协议方式出让经营性土地的使用权，各地方政府也扩大以“招、拍、挂”方式出让土地的范围。

土地用途变更不仅要走市场程序，并且应最大限度地走市场程序。只要土地改变后的用途不是《土地管理法》第五十四条规定的需划拨取得的种类，都应在规划部门同意后，采取“招、拍、挂”方式。

6.5.4 健全土地储备的收益分配机制与补偿机制

合理分配政府和原土地使用者之间的收益，准确界定土地使用权的内涵，在此基础上明确对原土地使用者补偿的性质、补偿依据、如何补偿等。在进行利益分配时，可从土地权利、国际惯例和企业的实际困难等方面综合考虑。在土地产权体系中，与土地收购价格相关的权利有土地所有权、使用权、处置权和发展权。宪法规定我国土地所有权属于国家，因而，土地收购价格不包含土地所有权价格。土地收购价格应包括土地使用者所拥有的土地使用权和处置权的收益，即以土地使用者现在拥有的权利为依据来进行补偿。土地处置权包括土地出让、划拨、转让、出租、抵押等权利。

土地收购价格评估应坚持权利和利益相结合、收购价格与安置补偿费分离、综合协调等原则，采用市场比较法、剩余法、收益还原法、基准地价系数修正法、资金平衡法等方法进行价格评估。同时合理分配政府和企业之间的土地收益，要从土地权利、国际惯例和企业的实际困难等多方面考虑并通过必要的制度安排加以约束。

分析思考

一、基本概念

城镇土地利用　土地利用结构　城镇土地利用规划　土地招标　土地拍卖　土地挂牌　系统分析法　统计分析法　目标规划法

二、思考题

1. 城镇土地利用规划的特征是什么？
2. 城镇土地利用规划的影响因素是什么？
3. 城镇土地利用规划的原则是什么？
4. 城镇土地利用规划的作用是什么？
5. 城镇土地利用规划理论演变指的是什么？
6. 城镇土地利用规划的方法和技术是什么？
7. 城镇土地利用规划的内容演变指的是什么？
8. 城镇土地利用规划的体制机制演变指的是什么？
9. 我国城镇土地利用规划的体制机制是什么？
10. 我国城镇土地利用规划存在哪些问题？
11. 我国土地交易中心的主要职能是什么？
12. 我国土地交易的“招、拍、挂”制度是什么？
13. 我国土地交易“招、拍、挂”制度的优缺点是什么？
14. 我国城镇土地规划利用如何管理？

推荐阅读

1. 吴次芳，叶艳妹. 20 世纪国际土地利用规划的发展及其新世纪展望[J]. 中国土地科学，2000（14）

2. 蔡玉梅，张晓玲.FAO 土地利用规划指南及启示[J].中国土地科学，2004

3. 汪德军.中国城市化进程中的土地利用效率研究[D].辽宁大学博士论文，2008

第7章　房地产产权与产权制度管理

通过学习本章，可以掌握：

※ 产权与房地产产权的定义、属性、特征、本质、类型

※ 契据登记制的理论基础、基本特征

※ 权利登记制和托伦斯登记制的理论基础、基本特征

※ 房地产产权管理的改进

导　言

房地产产权是房地产市场管理的核心内容。既然如此，产权与房地产产权的定义、属性、特征、本质、类型、原则分别是什么？房地产产权与房地产产籍有何区别？契据登记制、权利登记制和托伦斯登记制的理论基础、基本特征是什么？我国房地产产权制度和房地产产权登记制度存在哪些缺点？又该如何改进？对此，本章将逐个讲述。

房地产行业的发展关联着钢材、水泥等近60个相关产业的发展，因而促进其产权明晰意义重大。同时，产权明晰的房地产业又是城市规划与城市建设的重要内容，关系到交通、园林、环卫等市政基础设施建设工作。因此，加强其产权管理是房地产市场管理的重要内容。

7.1　房地产市场产权概述

7.1.1　房地产产权的基本概念[①]

7.1.1.1　产权

现代西方产权经济理论发端于20世纪30年代，主要继承并发展了两大流派的相关理论：一是古典经济学与新古典经济学，二是制度经济学。现代西方产权经济理论的主要代表人物是美国的罗纳德·科斯与哈罗德·德姆塞茨。传统经济学强调"经济人"假定、局部均衡与自由竞争，新古典经济学则重视边际分析方法。而制度经济学的著名代表人物康芒斯则用其名著《制度经济学》泛化"交易"理论，从而为科斯创立"交易费用"理论提供了理论先导。1937年11月，科斯在英国的《经济学》杂志上发表《企业的性质》，该作品标志着产权理论的创立。1960年，科斯发表《社会成本问题》并首次提出著名的"科斯定理"，这标志着现代西方产权理论的日渐成熟。

《牛津法律大辞典》认为，产权"亦称财产所有权，是指存在于任何客体之中或之上的完全权利，它包括占有权、使用权、出借权、转让权、用尽权、消费权和其他与财产相关的权利"。该观点把产权等同于所有权，进而把所有权归纳为所有因财产发生的人与人之间关系的权利约束集。

所谓产权是指一个国家在一定时期内的经济所有制关系的法律表现形式，以法律的形式明确保护人们对于财产的权利，涵盖财产的所有权、占有权、支配权、使用权、收益权以及处置权。法律角度的产权实际上是指财产方面的所有权，即所有权人按照法律规定，对自己的财产拥有包括占有、使用、收益以及处分的权利。此外，产权还包括与财产所有权相关的财产权，即所有权部分权能与所有人发生分离时，非所有人在所有人财产上所享有的部分性的占有、使用、收益以及处分的权利。也就是说，不同主体基于对特定客体的各种权利，相互之间发生的不尽相同的经济关系。这在现代公司制企业中表现为，公司的所有者与管理者、各利益相关者的经济关系。

7.1.1.2　产权的属性与本质

产权是一种排他性的权利，不仅反映人对物的关系，即可以通过某种权利

①百科名片：房地产产权.360百科.2013

形式获取利益，具有制度规则的属性，而且反映人与人之间的经济关系，即产权具有社会关系的属性。在市场经济条件下，产权的属性可以分解为如下五个方面：①产权具有排他性；②产权具有经济实体性，即资产属性；③产权具有可分离性，其所有权、管理权、利益相关者的权利可以分离，能够不断进行细分或重组，以适应社会经济结构的调整和变化；④产权具有流动性，可以在一级、二级资产市场抵押与出让；⑤产权具有层次性。

产权的本质是人与人之间的经济关系。产权实质上是经济运行过程中的法律规范，它以法律的形式明确保护人们对于各种财产的权利。当代学者如菲鲁博腾认为："产权的分配格局具体规定了人们那些与物相关的行为规范，每个人在与他人的相互交往中都必须遵守这些规范，或者必须承担不遵守这些规范的成本。这样，社会中通行的产权制度便可以被描述为界定每个个人在稀缺资源利用方面的地位与经济社会关系。"

7.1.1.3 产权的类别、表现形式与功能

产权通常有三种表现形式：一是原始产权，即资产的所有权，是指受法律保护的经济利益主体对财产的排他性的权利，包括所有者依法对自己的财产享有包括占有、使用、收益、处分的权利；二是法人产权，即法人财产权，是指法人企业对资产所有者授予其经营的资产享有包括占有、使用、收益与处分的权利；三是股权与债权，即法人制度实施后，企业拥有对资产的法人所有权，而原始产权转变为股权与债权，不过原始出资者不能直接干预企业的经营活动，只能利用股东或债权人的各项权利对法人企业产生影响。

产权可以从不同角度进行分类：从产权历史发展形态的角度分为物权、债权、股权；从产权归属和占有主体的角度分为原始产权、政府产权和法人产权；从产权占有主体性质的角度分为私有产权、政府产权和法人产权；从产权客体流动方式的角度分为固定资产产权和流动资产产权；从客体形态的角度分为有形资产产权和无形资产产权；从产权具体实现形态的角度分为所有权、占有权、收益权与处置权。

产权的基本功能包括四个方面：一是激励功能，二是约束功能，三是资源配置功能，四是协调功能。产权制度是一种法权工具，它以法权的形式来体现所有制的关系。科学合理的产权制度，可以规范和巩固商品经济关系中的财产关系，能够约束人与人之间的经济行为，从而维护商品经济的良好市场秩序，并保障商品经济活动的顺利进行。

7.1.1.4 房地产产权与房地产产权内容

房地产产权（Real Estate Title）是指依据国家的法律规定，将房地产作为

特殊的财产形式，房地产所有者对其拥有的房地产直接进行管理、支配并享受其利益的一系列排他性权利的集合体，即房地产所有者对所拥有的房地产财产有占有、使用、收益和处分的权利，同时产权人对其拥有的房地产也需要承担相应的义务。其中，占有是指合法取得和拥有，事实上控制和支配，占有是房地产产权的基本内容。《房地产大辞典》中认为，产权“是指财产所有者在法律规定的范围内,对其财产享有占有、使用、收益和处分的权利。……房屋的所有权叫做房产产权”。房地产产权制度实质是在一定的社会制度下，人们由国家或社会规定的、因房地产而发生的人与人之间关系的总和。

房地产的使用权和占有权密不可分：①占有权是使用权的基础，没有占有权，使用权就失去了存在的基础；②有使用权一定有占有权，即使用权可以从所有权中分离出来；有使用权未必有所有权，却一定具有占有权。而房地产收益权是指房地产所有权人依据法律规定所得到的收益，比如房屋出租可以收取租金。房地产收益是房地产所有权的固有要求，是实现所有权的重要途径。房地产处分权是指房屋所有权人在法律允许的范围内，可以对房地产进行处置的权利，比如依法对自己所有的房地产进行出售、租赁、抵押、继承甚至赠与他人。

房地产产权主要包括房产权和地产权两种。目前我国有法律依据的房地产产权包括房地产所有权和房地产的其他权利，涵盖国家土地所有权、集体土地所有权、国有土地使用权、集体土地使用权、国有房屋所有权、法人房屋所有权、公民个人房屋所有权以及房地产他项权利等。房地产产权是一种最充分、最完整的财产权或物权，既包括直接的物权，也包括由此派生的地役权、地上权、房地产典权、抵押权等他项权利。

7.1.2　房地产产权类型及权能

房地产产权的类型主要有四种：一是土地所有权，包括国家土地所有权、集体土地所有权；二是土地使用权，包括国家土地使用权（出让、划拨、租赁三种）、集体土地使用权；三是房屋所有权，包括城镇房屋所有权、乡村房屋所有权；四是房地产他物权，包括地上权、地役权、抵押权、租赁权、典权以及其他他物权。

其中，地役权是指“为自己土地的便利在他人土地上所设定的权利”，地役权是按设定的特定目的、利用他人土地以便于自己土地使用的权利。其中，供役地是指担负和提供便利的土地，需役地是指利用和享受便利的土地。地役权关系的当事人分别为供役地人和需役地人。需役地的使用者为需役地人，供役地的使用者为供役地人。地役权是权利的扩张，是要求别人给予方便，因此属于物权的范畴。

地上权是指支付地租、利用他人土地建筑房屋和其他附着物或培植竹木植物的权利。地上权人对其建筑物享有使用、出租、出售、继承、抵押、赠与等权利，但地上权人除支付土地的一切赋税外，还需要向土地所有者支付租金，并对土地资源尽合理使用的义务。在我国，土地使用权取代了地上权，具体包括国有土地使用权、集体建设用地使用权、土地承包权、土地开发经营权。

典权是指占有他人不动产并支付典价而获取使用收益的权利。其中，典权人是指占有他人不动产而享有使用收益权利的一方，出典人是指收取典价并将自己的不动产交给典权人占有、使用、收益的一方，典物是指作为典权客体的不动产，典价是指典权人为占有、使用、收益他人不动产而支付的费用。

房地产产权的权能包括地产权权能和房产权权能。地产权权能包括土地所有权、开发权、使用权、占有权、收益权、处分权、租赁权、抵押权、典权、留置权、地上权、通行权、赠与权、继承权。而房产权权能包括房屋所有权、占有权、使用权、收益权、处分权、抵押权、典当权、留置权、租赁权、售卖权、赠与权、继承权。

7.1.3 房地产产权特征、建设原则与土地的取得方式

房地产产权具有五个基本特征，即绝对性、排他性、经济性、可分离性、产权主体的一致性。所谓绝对性是指唯有产权人才具有对房地产的充分且完整的控制权、支配权以及收益权。所谓排他性是指产权人依据法律规定，能够排除他人进行干涉与占有的权利。所谓经济性是指房地产所有者可凭借房地产产权获取经济收益。所谓可分离性是指房地产的所有权和使用权在一定条件下可以分离。所谓房地产产权主体的一致性是指房地产的所有者必须是确定的、不可违法变更的。

我国房地产产权建设的原则有四个：一是坚持社会主义土地公有制原则，二是产权主体适当分解的原则，三是权利与义务相对应的原则，四是效益最大化原则。我国房地产产权建设既要维护社会主义土地公有制的基本方向，也要遵循社会主义市场经济的基本制度，在法律规范的范围内实现房地产产权资源建设的最优配置。

国有土地使用权的取得方式有出让、划拨、继受等种类。出让土地使用权是有偿、有限期而且由国家垄断，本质上是市场行为。划拨土地使用权是无偿、无限期的，本质上是行政行为。继受取得方式，主要有城市私房用地使用权、

作价入股使用权、租赁使用权等。

7.1.4　房地产产权与房地产产籍

房地产产权不同于房地产产籍。房地产产籍是指对土地的自然状况、社会经济状况、法律状况的调查与记录，包括土地产权的登记、土地分类面积等内容。房地产产籍资料包括权利人提交的文件，房产测绘成果，房屋权属登记的图、卡、册、档资料以及其他登记材料。房地产产籍资料反映了房地产的权属、坐落、位置、用地面积、房地权界、房屋建筑面积、结构、层数、建筑时间、权源、用途、有无设定他项权利等基本状况。房地产产籍资料既是城市规划建设、房地产管理的基础，也是处理房地产民事纠纷、保护产权人合法权益的依据，更是制定国民经济计划、城市规划和进行房产税改革的重要资料。

但房地产产权和房地产产籍却是密切联系、互相促进的，产权资料是产籍管理的基础,产籍资料又是产权管理的依据。没有产权调查、产权确定与产权登记,就难以形成完整准确的产籍资料；产籍资料记录着各类房地产的权属信息等基本情况，这些资料又是权属审查、房地产权界确定以及各类产权纠纷处理的重要依据。

7.1.5　房地产产权管理中存在的问题

（1）违法违规用地严重，侵犯了农民与拆迁户的利益。早在 2010 年 5 月，国务院常务会议就强调，严禁地方政府越权抵押，“要坚决制止地方政府违规担保承诺行为”。2011 年，国家土地督察机构查处各地土地违规抵押贷款 557.98 亿元，而 2012 年土地违规抵押贷款 1039.22 亿元，涉及土地面积 29.63 万亩。2013 年，西北地区土地督察结果显示，违法违规占用土地问题仍较为严重，发现违法违规涉地面积近 1.5 万公顷，部分地区还出现了面积达 3 万亩的违规征地问题。其中存在大量违规占地，也存在侵害失地农民与拆迁户利益的问题。比如应给的补偿费被村干部、乡政府层层截留，落不到农民手中，致使全国几千万失地农民陷入困境，造成极大的社会问题。

（2）房屋产权问题复杂，产权问题不清晰。我国现有房屋分为公产房、单位自建房、城镇私产房、农民自产房等多种产权形式，其中仅城镇私产房又分为继承产、自建房、房改产、经济适用房、商品房、落实私房、政策房、共有产权房等多种产权形式。每种产权房主能够享受的权益是不一样的，有的包含几十年土地出让金，有的不包含；有的有完全产权，有的只有不完全产权。这导致我国的房屋产权问题变得异常复杂，致使房产交易、产权管理、物业管理、拆迁补偿出现很多难以厘清和难以解决的矛盾。

7.2 房地产产权制度的国际经验

世界各国采用不同的产权管理制度，主要分为契据登记制和产权登记制两大类型。而产权登记制按其登记方法又可分为两种：权利登记制和托伦斯登记制。

7.2.1 契据登记制

7.2.1.1 契据登记制的理论基础

契据登记制度的理论基础是登记公示主义，或称为对抗要件主义。该理论认为，房地产产权的变更以及他项权利的设定，在当事人订立合约之时就已经生效。也就是说，合同双方在产生债权关系的同时，房地产权利的转移或他项权利的设定也就同时成立。登记仅仅是作为对抗第三人的要件，所以称为对抗要件主义。

7.2.1.2 契据登记制的基本特征

契据登记制度的基本特征主要有如下几个：①契据登记制度的产权依据是房屋买卖双方签订的契约；②房地产登记机关对房产权利只进行形式审查，不进行实质性审查，即登记机关不予审查契约内容是否真实、有无瑕疵等问题；③房地产登记机关只以土地权利人为单元，将登记事项记载于政府的登记簿，并按登记的先后顺序编簿，以便于公众查阅；④该登记只具有公示力而无公信力，但不经过登记，则不能对抗第三人，只能在当事人中产生效力；⑤如果善意第三人提出产权异议，并能提供证据证明其权利，则法院可以裁定已登记的契约无效，而登记机关对此无需承担责任。

7.2.1.3 契据登记制的扩展

契据登记制度又称为“法国登记制”，这是因为该制度为法国首创。此后，契据登记制度扩展到意大利、比利时、西班牙、挪威、丹麦、日本、南美一些国家以及美国的大多数州。

7.2.2 产权登记制度

7.2.2.1 产权登记制的理论基础

产权登记制的理论基础是成立要件主义。该理论认为：当事人订立的有关房地产的权利转移的合同或他项权利设定的合同只是一种债权关系，仅仅具有债权的效力。也就是说，当事人在法律上只能得到债权的保护，而不能得到物权的保护。只有履行房地产权属登记手续以后，房屋受让人或他项权利的权利人才具有特定房屋的所有权或特定房屋的他项权利，才能得到物权的保护。

由于该制度将登记与否作为房地产权利能否成立的要件，所以产权登记制度又称为成立要件主义。产权登记制又可分为权利登记制和托伦斯登记制两种。

7.2.2.2　权利登记制度

权利登记制度的主要特点是：①地方法院（不动产登记局）对权利人的申请要进行实质性审查；②登记是由房地产所在地的登记机关记录到登记簿，登记簿上详细记载着该房地产权利的取得与变更过程，这样有利于存在利害关系的第三人由此推测该房地产的产权状态；③房地产权利的取得需要强制登记，如果未经登记，则不产生债权效力，也不产生物权效力，不仅不能对抗第三人，即使在当事人之间也不存在任何效力；④登记不仅有公示力也有公信力，即登记簿上所载事项，在法律上有绝对效力，能够对抗善意第三人。

由于该项制度发源于德国，所以又称为“德国登记制”。而且，德国《土地登记法》第一条第一款规定：“不动产登记簿由地方法院（不动产登记局）掌管。不动产登记局对位于本行政区域内的地产有管辖权。”德国的不动产登记局一般设在县一级法院，由县法院的登记局具体管理本区域内的不动产登记事务。随后，奥地利、荷兰、瑞士、捷克、埃及等国也逐渐实行权利登记制。

7.2.2.3　托伦斯登记制度

该制度于 1858 年为澳大利亚爵士托伦斯所创，故此得名托伦斯登记制度。托伦斯登记制度的基本特点有：①登记机关对权利人的申请要进行实质性审查，对于必须进行公告的，还应当经过公告程序。②房地产权利一经登记便具有绝对的法律效力。登记机关核准登记以后，房地产权利就会载入政府产籍，并发给权利人权属证书，其权利状态就会明确记载在权属证书上，权利人可以凭借该权属证书行使房地产权利。③已登记权利如果发生转移，则必须在登记簿上加以记载。④登记簿为两份，登记机关保留正本，权利人取得副本，正副本内容必须完全一致。

澳大利亚、英国、加拿大、菲律宾、泰国、美国的部分州实行托伦斯登记制。

7.2.2.4　权利登记制度与托伦斯登记制度的区别

托伦斯登记制与权利登记制的主要区别在于，实行托伦斯登记制时，登记机关除建立产籍外，还会向房地产产权人颁发权属证书，而且以政府颁发的权属证书代替自行订立的契约。该权属证书意味着，以政府的信誉担保所有权的归属。

7.3 我国房地产产权登记制度

7.3.1 房地产产权登记制度概述[①]

房地产产权登记即房地产登记，是指经权利人申请，由国家管理机关对土地所有权、土地使用权、房屋所有权以及房地产他项权利进行登记注册，并颁发权利证书的法律制度。房地产登记机关要设置房地产登记册，对房地产的权利人、权利性质、权属来源、取得时间、变化情况以及房地产的面积、结构、用途、价值、等级、坐落、坐标、形状等信息进行描述，并按编号对房地产登记事项作全面记载。房地产登记可以起到明确房地产边界和房地产面积、明确房地产的权利和义务、明确房地产产权状况等三方面的作用。

2007 年 10 月 1 日起施行的《物权法》第九条第一款对不动产物权作了原则性规定："不动产物权的设立、变更、转让和消灭，经依法登记，发生效力；未经登记，不发生效力，但法律另有规定的除外。"根据本条规定，不动产物权登记是不动产物权的法定公示手段，也是不动产物权设立、变更、转让、消灭的生效要件。

房地产产权登记包括土地使用权登记和房屋所有权登记两种类型。《城市房地产管理法》第五十九条规定："国家实行土地使用权和房屋所有权登记发证制度。"也就是说，一宗房地产要办理国有土地使用权证书和房屋所有权证书两个产权证书。这是与我国现阶段土地和房屋分开管理的行政管理体制相适应的。由于房屋和土地具有不可分割性，我国的部分城市（如天津市）已开始施行两证合一的制度，其优点在于简化了手续，节约了交易成本和公示成本。

经登记机关审查并确认产权以后，房地产管理机关会颁发《房地产产权证》。产权登记是房地产产权管理的主要手段，只有通过产权登记，才能对各类房地产权实施有效管理，并确定房地产的各项权利和相应义务。

---

① 房地产产权登记. 百度百科. 2012

7.3.2　房地产产权登记的目的和意义

（1）保护房地产权利人的合法权益。保护房地产权利人的合法权益是权属登记的根本目的和出发点。加强权属登记管理，就是要及时、准确地对房地产权属进行登记、审查、确认，然后发放房地产权属证书。凡经房地产权属登记机关登记并颁发了房地产权属证书的房地产，其权利人在房地产方面的权利，包括房屋所有权、土地使用权、房地产租赁和抵押权、公民合法继承权等，都受到国家法律的保护。任何组织或个人侵犯了房地产权利人的合法权益，都要承担相应的法律责任。

（2）保证房地产市场的交易安全，并降低交易成本。房地产交易具有价值量大、交易风险高的基本特点。房地产登记能够及时、准确地确定房地产权属，从而使房地产权利人的合法权益受到法律保护，免受他人的侵害。而交易相关人通过查询相关房地产的权属状况，可以准确判断该权属能否进行交易，并能够正确评估该房屋权利所具有的价值，从而避免受到他人欺诈或者产生纠纷。房地产权属登记信息的公开与登记内容的公信力，为交易当事人提供了较大的便利，有助于降低交易成本，有利于交易的顺利完成。

（3）房地产产权登记是房地产管理的基础工作。房地产开发和住宅建设，首先需要向权属登记机关了解建设区域内的土地和原有房屋的各种资料，以便合理地规划建设用地，妥善安置原有住户，并按有关规定对拆迁的房屋给予合理补偿。而商品房预售、房地产买卖和物业管理等一系列活动都涉及房地产权属和房屋的自然状况，这就需要向房地产权属登记机构了解该房地产的位置、权界、面积、建筑年代等准确的信息资料。因此，做好房地产产权登记是做好房地产管理工作的基础。

（4）房地产产权登记为城市规划建设提供了科学依据。要搞好城市规划、建设和管理，首先要了解城市土地的自然状况与房屋的布局、结构、用途等基本情况。权属登记管理工作能全面、完整、及时、准确地提供上述资料，从而使城市规划和建设更加科学化。权属登记管理资料所提供的各种信息对旧城改造、新区建设、市政工程、道路交通、环保、绿化等城市建设管理工作都是不可缺少的科学资料。

7.3.3　房地产产权登记制度的法律依据

我国到目前为止还没有明确的房地产登记法，而房地产产权登记制度的法律依据主要有以下几个：一是《城镇房屋所有权登记暂行办法》，该《办法》由城乡建设环境保护部于 1987 年 4 月 21 日颁布实施；二是《房屋权属登记信息查询暂行办法》，由中华人民共和国建设部 2006 年 10 月 8 日印发，该《办法》于 2007 年 1 月 1 日生效；三是《物权法》，该法案于 2007 年 10 月 1 日起正式实施；四是《房屋登记簿管理试行办法》，该通知由住房和城乡建设部 2008 年 5 月 6 日印发；五是《房屋登记办法》，该《办法》由中华人民共和国建设部印发，于 2008 年 7 月 1 日起正式施行。

7.3.4 房地产产权登记的种类、原则与特点

房地产产权登记的种类比较多，包括总登记、土地使用权初始登记、房屋使用权初始登记、转移登记、变更登记、注销登记、他项权利登记等。进行总登记的原因是没有建立完整的产籍，或者原有的产籍因某种原因造成散失、混乱，不得不全面清理房屋产权、整理产籍，以便于建立新的产权管理秩序。总登记应由县级以上的人民政府在规定的登记期限开始之前 30 日发布公告。转移登记是指房屋因买卖、赠与、交换、继承、划拨、转让、分割、合并、裁决等原因致使其权属发生转移而进行的登记。变更登记是指房地产权利人因法定名称改变或房屋状况发生变化而进行的登记。注销登记是指房屋权利因房屋或土地灭失、土地使用年限届满、他项权利终止、权利主体灭失等原因进行的登记。

房地产产权登记基本上遵循 6 个原则，分别是：产权登记与产权审查确认同步原则，登记产权现状原则，产权人亲自办理原则，权利人会同办理原则，权利主体一致原则，属地办理原则。其中，权利主体一致原则是指房屋所有权与房屋相应的土地使用权的权利主体实行主体一致的原则，即必须是同一个人(包括自然人和法人)。

房地产产权登记的基本特点有 6 个：①由不同的登记机关分别登记，土地使用权登记由土地管理机关登记，房地产所有权登记由房地产管理机关登记；②房地产产权登记实际上是动态登记；③房地产产权登记坚持实际审查的基本方式，登记部门对交易双方提供的资料真实性负责，如身份证明、婚姻证明、交易双方签订的合同、当事人的签名等，一旦对不实的申请行为或虚假的证明没有及时发现，就要承担相应的责任；④房地产产权登记具有可靠的公信力；⑤房地产产权登记施行强制登记的办法，凡是规定范围内的房地产产权，不论归谁所有，其土地使用权和房屋所有权人（自然人和法人）都要向属地的房地产产权管理机关提出申请，并进行权属登记；⑥房地产产权登记要颁发权利证书，该证书具有权利性、有效性和权威性。

7.3.5　房地产产权登记的条件、时限与流程

申请房地产产权登记应同时具备 4 项条件：①申请人或代理人具有申请资格；②有明确具体的申请请求；③申请登记的房地产产权的来源应清楚、合法，证件齐全，没有纠纷，且不属于被限制转移、被查封或者违章建筑的房屋；④属于受理登记的登记机关管辖。

房地产产权登记的受理时限因不同的登记类别而不同。如果是总登记，则申请人应当在地方人民政府公告的期限申请初始登记。如果是新建的房屋，则申请人应当在房屋竣工后的 3 个月内向登记机关提出申请。如果集体土地上的房屋因土地所有权变为国家土地，则申请人应当自这一事实发生之日起 30 日内提出申请。如果是转移登记，则应当在事实发生之日起 90 日内提出申请。如果是变更、注销登记或者他项权利登记，则都应当在事实发生之日起 30 日内提出申请。

房屋所有权的初始登记应按照以下程序进行：①申请。申请人为公民或法人，共有房屋由共有人共同申请。申请人须填写申请书，并出示个人身份证或法人资格证明，以及取得房屋产权的有关证明。②审查。房地产产权登记机关受理申请后，查验各项交验的文件，并通过内部档案调查和实地测量来核实产权人是否属实，产权来源是否合法。③对可能有争议的申请，采用布告、报纸等形式公开征询异议，以便确认产权。④登记入册并颁发证书。登记机关根据审查结果对该房产登记入册、建档，并对申请人颁发房屋产权证，即房屋所有权证书和土地使用权证书。发证的时限也不尽相同，初始登记、转移登记、变更登记、他项权利登记为 30 天，注销登记为 15 天。

房屋所有权的变更登记一般发生在以下情形：①因房屋买卖、赠与、继承、调拨、分析等情况引起产权人变更；②因房屋改建、扩建、翻建、添加附属设施或部分拆除引起房屋变化；③因房屋产权人姓名、名称、地址等变化；④因设定他项权利，如设定典权、抵押权变化；⑤注销登记。

7.3.6　房地产产权登记存在的问题

（1）没有统一的不动产登记法。除《物权法》的规定外，我国的不动产登记制度主要散见于《土地管理法》、《城市房地产管理法》、《森林法》、《中华人民共和国草原法》、《担保法》、《土地管理法实施条例》、《土地登记规则》、《城市房屋权属登记管理办法》等法律、部门规章或行政法规之中。没有统一的登记规则，就难免出现重复、矛盾、不协调、不科学等问题。

（2）基础理论不明确，登记制度存在分歧。有学者力主采用德国物权行为理论，认为物权行为理论是可以解决我国目前物权法领域存在争论问题的科学理论，力主以物权行为理论为基础建立“登记成立主义”的物权变动模式。还有学者却认为，我国的物权立法中无论如何都不能把德国的物权行为理论搬到中国。一部分学者主张采用“登记对抗主义”，另一部分学者却主张采取“折中主义”的方式。法学界之所以对登记制度的设计存在分歧，主要原因是至今尚未在法学界形成普遍认可的基础理论，这自然会导致制度设计的混乱。虽然中国的物权立法已经确立了折中主义模式的地位，但这并不意味着其理论上的正确性。相反，关于物权变动的理论争议不仅没有尘埃落定，反而在物权立法结束之后还在深入进行。①

（3）管理机关不统一，管理层级复杂。《物权法》第十条明确规定对不动产实行统一登记制度，但统一登记机构尚不明确。根据法律规定，至少存在土地管理部门、房产管理部门、林业管理部门、渔政管理部门、草原管理部门、海洋行政管理部门、地质矿产管理部门、公证部门等不动产登记机关。不动产登记机关的不统一，损害了登记制度的基础权威。而《城市房地产管理法》第六十条规定：“以出让或者划拨方式取得土地使用权，应当向县级以上地方人民政府土地管理部门申请登记。”县级以上部门应包括县级人民政府、市级人民政府、省级人民政府和国务院。因此，我国目前的“多头管理、分级登记”的房地产登记体制仍然要持续一段时间。

（4）登记效力也没有考虑不动产物权变动的原因。世界上多数国家和地区会根据登记原因的不同而赋予不同的登记效力，但我国现行的法律法规规定未经登记则不产生物权变动的法律效力，这就是不考虑不动产物权变动的原因。1987 年颁布的《城镇房屋所有权登记暂行办法》第十条规定：“新建房屋，应于竣工后三个月内申请办理所有权登记。”根据该法规，建房人在办理登记后才能拥有新建房屋的所有权，那么在这三个月内新建房屋的所有权归谁所有，就难以做出合理解释了。

（5）在城乡二元房地产制度的大背景下，城乡房产的产权登记工作发展不平衡。所谓城乡二元房地产制度是指将城市房地产制度割裂于农村的住房制度，推行城乡相异的房地产政策，并规定权利人不同的义务内容。城市房地产登记的法律法规逐步完善，而农村房屋登记的法律法规却比较少，甚至相关的规章和地方性法规也比较少。其中，城市房地产登记的法律法规有：1982 年国家建

①于海涌. 论我国不动产登记中的主要缺陷. 私法，2007（2）

设部公布的《关于城市（镇）房地产产权产籍管理暂行规定》，1983 年国务院发布的《城市私有房屋管理条例》，1984 年国家开展的第一次全国城镇房屋普查工作，1987 年建设部发布的《城镇房屋所有权登记暂行办法》和《城市房屋产权产籍管理暂行办法》，1994 年我国立法机关颁布的《城市房地产管理法》，1994 年建设部施行的《城市商品房预售管理办法》，1995 年建设部发布的《城市房地产转让管理规定》，1997 年建设部发布的《城市房地产抵押管理办法》，1998 年建设部又施行的《城市房屋权属登记管理办法》，2001 年国家建设部对《城市房屋权属登记管理办法》等规章的修订，以及 2006 年建设部发布的《房屋权属登记信息查询暂行办法》等。

7.4 房地产产权制度管理

房地产产权管理是指房地产行政管理机关根据国家法律规定，审查并确认房地产产权的归属，记载并整理反映房地产状况与产权变化情况的行政管理活动。不完善的房地产产权制度在征地拆迁、房屋销售、物业管理等方面产生了许多矛盾，一定程度上损害了农民、拆迁户和房屋业主的正当权益，出现了农民闹事、拆迁户自焚、私房主告状、业主游行等一系列影响社会稳定的事件，这些负面事件影响到社会稳定、城市建设、农村城镇化等。因此，我们需要认真研究、逐步完善房地产产权制度并进行严格管理，以妥善处理各方面的利益关系，减少社会矛盾。

7.4.1 实行严格的土地产权管理制度，保障土地产权人的合法利益

实行严格的土地管理制度，首先就要做到土地产权明晰，充分保障土地所有者的权益，不能允许开发商和地方政府中的不良官员任意侵占。严格的土地管理制度要做到国家作为国有土地产权人的权益从制度上不受侵害，国有土地的收益全部足额交入国库。必须严格控制农村土地征用，实行更严格的耕地保护制度和补偿制度，充分体现农民的土地产权人地位，农民集体所有土地的收益要全部交给农民，不能允许压低农民应得的收益，而且要杜绝地方政府、乡官、村官以任何理由截留和侵占。城镇拆迁户所拥有的土地使用权要完善补偿机制予以保障，不仅不能允许压低补偿标准，而且要提高补偿价格，做到足额补偿。另外，逾期闲置或无力开发的地块，政府应收回重新进行招标拍卖，不能允许开发商囤积在手中自行炒作或转让，更不能允许开发商私自变更开发主

体或开发项目，否则要允许政府无偿收回。

7.4.2 严格界定房地产产权边界，构建明确的产权主体[1]

现代商品经济条件下，同一房地产出现了多元利益主体，这就打破了原房地产所有者对该所有权的独享，变成可与人共享的共同权益。房地产产权主体由单一主体变成单一主体、二元主体和多元主体并存的格局，也就随之出现了各经济利益主体之间的所谓“不确定性”，产权边界开始模糊。

而房地产产权制度有效运行的基本前提是产权边界清晰。如何使产权边界的“不确定性”得到明晰的界定？一方面，在房地产权能分解的基础上，使各产权主体独立化、真实化，明确房地产所有权主体、经营权主体以及其他项权利主体。另一方面，明确界定多元化房地产产权主体的责、权、利关系，规范经济活动中各利益主体的经济行为，并形成行之有效的内在约束机制，以保障房地产经济的有效运行。对于公有住房，可以通过住房股份制经营将模糊的“公有住房”转换为“自有”或“部分产权”，明确国家、企业、个人的住房产权边界。此外，国家可以通过购买或出卖住房股权，协调和平衡房地产市场的公有住房产权不清问题。

7.4.3 制定统一的房地产产权登记法，统一房地产产权登记机关

目前我国没有统一的不动产物权登记法，涉及不动产登记的问题时，各部门按照不同的管理体制，对土地、房屋等各项不动产分别制定了具有本部门规章意义的登记规则，以满足对土地、房屋等不动产进行行政管理的需要，但这不能满足不动产进入市场交易的需要，也无法满足对不动产进行保护的需要。《担保法》、《土地管理法》、《城市房地产管理法》等法律法规，虽然都是由全国人民代表大会常务委员会审议通过的，但涉及不动登记的事项却不尽一致甚至相互矛盾，现有的司法解释虽然做出变通，但也只是权宜之计。同时，世界各国的不动产登记机关具有统一性。因此，国家立法部门即全国人民代表大会应制定统一的不动产登记法，统一房地产产权登记机关(可以考虑国土资源部门)，统一房地产产权登记的法律效力，并充分考虑房地产产权变动的原因。[2]

①邓宏乾，陈波. 房地产产权问题的思考与研究. 江汉论坛，1996:53-56

②赵磊. 我国不动产登记制度的建立和完善. 产业与科技论坛，2012（10）

7.4.4 明确房地产产权管理的主要内容

房地产产权管理的主要内容包括：①区别房地产的性质、类别，制定政策法规，审查产权；②确认产权，核发产权证件；③对房地产纠纷进行仲裁调处；④制裁妨碍产权人对其房产的合法占有、使用、收益和处分的侵犯行为，监督产权的合法行使；⑤结合产籍管理进行资料整理，为国家建设提供所需要的统计资料和产权资料。

7.4.5 推进房地产制度的城乡一体化发展

2014 年 3 月，公安部已经明确表示，要逐步推进城乡户籍制度的一体化改革。作为户籍制度改革的配套措施，应推进房地产制度的城乡一体化改革，去除对农村房地产财产自由流转的不合理限制，允许农村集体建设用地使用权入市交易，允许农村房地产财产的自由流转，允许城镇居民购买农村宅基地。这将有利于盘活农村集体建设用地的使用效率，增加农村房地产的市场价值，通过给予农业投资主体产权保障促进农村地区的产业升级，在有利于抑制房价上涨的同时还能极大地解放农村地区的生产力。

分析思考

一、基本概念

产权　房地产产权　地上权　地役权　典权　房地产产权绝对性　房地产产权排他性　房地产产权经济性　房地产产权主体的一致性　房地产产籍契据登记制度　权利登记制度　托伦斯登记制度　房地产产权登记

二、思考题

1. 产权的属性与本质是什么？
2. 产权的类别、表现形式与功能是什么？
3. 房地产的使用权和占有权是什么关系？
4. 房地产产权的内容是什么？
5. 房地产产权的类型与权能有哪些？
6. 房地产产权特征、建设原则与土地的取得方式是什么？
7. 房地产产权与房地产产籍有何区别与联系？
8. 房地产产权制度存在哪些缺陷？
9. 国外房地产产权登记制度有几种类型？分别是什么？
10. 契据登记制度、权利登记制度、托伦斯登记制度的主要特征是什么？

11. 权利登记制度与托伦斯登记制度有何区别？

12. 房地产产权登记的目的和意义是什么？

13. 我国房地产产权登记的种类、原则与特点是什么？

14. 我国房地产产权登记存在哪些问题？如何改进？

推荐阅读

1.赵磊.我国不动产登记制度的建立和完善[J].产业与科技论坛，2012（10）

2.郑小克.我国不动产物权登记制度之辨析[J].湖北经济学院学报（人文社会科学版），2008（9）

3.赵欣.关于我国不动产物权登记制度的现状分析与立法思考[J].科教文汇（上半月），2006（11）

4.胡志刚.我国不动产登记制度的现状及缺陷[J].中国房地产，2006（2）

5.薛亮.我国不动产登记制度的现状及存在问题与建议[J].青海金融，2005（9）

第8章 房地产金融与融资管理

通过学习本章，可以掌握：

※ 房地产金融的定义、任务、特征

※ 发达国家房地产金融的发展阶段、金融制度、融资工具、融资结构

※ 我国房地产金融的发展历程、融资工具、存在问题

※ 我国房地产金融如何改进

导 言

房地产金融是房地产开发、建设过程的重要内容。既然如此，房地产金融的定义、任务、特征都是什么？房地产金融的发展阶段、金融制度、融资工具等国际经验有哪些？我国房地产金融的发展历程、融资方式是什么？存在哪些问题？又该如何改进？本章将逐个讲述。

8.1 房地产金融概述

8.1.1 房地产

房地产又称不动产，是指土地、建筑物及其附着物，既包括物质实体，又包括依托于物质实体上的权益。房地产包括：土地，建筑物及地上附着物，房地产物权。房地产物权除所有权外，还有所有权衍生的租赁权、抵押权、土地使用权、地役权、典当权等内容。

房地产包括房产与地产，二者具有整体性和不可分割性。房产是指建筑在土地上的各种房屋，包括住宅、仓库、厂房、文化用房、教育用房、商业用房、

办公用房、医疗用房、体育用房等。地产则包括土地与地下的各种基础设施，涵盖地面道路设施与供水、供电、供气、供热、排水、排污等地下管线。

房地产业是指以土地和建筑物为经营对象，开展房地产开发、建设、经营、装饰、服务、维修、管理等多种经济活动，具有较高附加值的综合性产业。在实际生活中，人们习惯于将从事房地产开发和经营的行业称为房地产业。房地产业属于第三产业，具有先导性、基础性、带动性和风险性。

房地产业主要包括 6 个方面：一是国有与集体土地使用权的出让。二是房地产的开发与再开发，包括征用土地、拆迁安置、规划设计、旧城区的开发与再开发等。三是房地产经营，包括土地使用权的转让、出租、抵押，房屋的买卖、抵押等经济活动。四是房地产中介服务，包括房地产咨询中介、房地产评估中介、房地产代理中介。五是物业管理，包括房屋公用设备的养护与维修，并为使用者提供安全、卫生、优美的居住或办公环境。六是房地产调控与管理，包括管理房地产市场、信息市场、资金市场、技术市场、劳务市场，制定合理的房地产价格体系，建立健全房地产法规体系，落实国家对房地产市场的宏观调控。

8.1.2 金融

金融是指货币资金的融通，是一种交易活动，可以将未来的收入变现。《新帕尔·格雷夫经济学大辞典》认为，金融指的是资本市场的运营、资产的供给与定价行为。其基本内容包括效率市场、风险与收益、替代与套利、期权定价和公司金融等。

金融的本质是价值交换，可以是不同时间、不同地区的价值在同一个市场进行交换，即跨时间与跨空间的价值交换，但金融交易本身并未创造价值。金融产品的种类有银行、证券、保险、信托，涉及银行学、证券学、保险学、信托学等学术领域。金融学就是研究跨时间、跨空间的价值交换为什么会出现、如何发生、怎样发展等问题。传统金融学研究货币资金的流通，而现代金融学研究经营活动的资本化过程。

金融的构成要素有 5 个：①金融对象是货币。货币制度规范的货币流通具有预支性、周转性、增值性。②金融工具主要以信贷为主。金融市场上的交易，一般是信用关系的书面证明与债权债务的契约文书。信贷融资包括直接融资与间接融资，前者是指无中介机构介入，后者是指通过中介组织的媒介作用实现融资。③金融机构分为银行与非银行金融机构。④金融场所即金融市场，包括资本市场、货币市场、外汇市场、保险市场、衍生金融工具市场等。⑤金融制度与调控机制，主要目标是监督和调控金融活动。

金融的基本职能是为经济运行筹集资金、分配资金，主要是通过金融市场或者金融中介机构，直接或间接地将货币资金从供给方转移给需求方。金融活动一般以信用工具为载体，在金融制度和调控机制的监督和调控作用下，通过信用工具的交易作用转移货币资金的使用权。

8.1.3　房地产金融

随着我国经济规模与城市化建设的快速发展，传统的住房制度与金融体系正在发生根本性的变革。房地产业在房地产商品的生产、分配、交换与消费的生产经营活动中，无法离开各类金融机构与金融市场的资金筹集、融通和结算等金融服务，而其发展本身又为金融业的成长拓展了空间。因此，属于第三产业的房地产业与金融业正在加速融合，交叉形成房地产金融业。

房地产金融是指在房地产开发、建设、流通和买卖的过程中，通过货币市场和资本市场进行筹资、融资及相关金融服务的总称。房地产金融包括房产金融与地产金融。房产金融是指房屋或建筑物在生产、分配、交换、消费过程中的各种资金融通行为。地产金融又称土地金融，是指围绕土地有偿使用产生的各种金融活动。因为房产与地产具有不可分割性，所以人们习惯性地将房产金融与地产金融合称为房地产金融。

房地产金融分为政策性房地产金融和商业性房地产金融。政策性房地产金融主要是房改金融，它是与住房制度改革有关的金融活动。房地产金融通常以抵押权为基础，具有担保信用。商业性房地产金融主要是信贷金融、债券金融、股权转让、私募基金等。

房地产金融业务的主要内容是吸收房地产业存款，开办住房储蓄，办理房地产贷款尤其是房地产抵押贷款，从事房地产投资、信托、保险、典当和货币结算，代理房地产有价证券的发行与交易等。

8.1.4　房地产金融的任务与特征

房地产金融的基本任务有 3 个：一是提供资金保障。运用多种金融方式、金融工具筹集建设资金，支持房地产开发、流通和消费，促进房地产生产与再生产过程所需资金的良性循环，保障房地产生产与再生产过程的顺利进行。二是提供中介服务，提供有关房地产信托、审价、咨询、项目评估、保险代理、房地产资金结算等中介服务。三是落实国家的房地产调控政策，通过房地产金融工具调节房地产市场发展。

房地产金融具有如下几个基本特征：一是房地产金融的政策性比较强，政府补贴比较多；二是筹集所需资金的规模比较庞大；三是房地产金融一定程度上有保障，因为房地产融资过程需要第三方担保、抵押或者质押；四是房地产金融不断创新，从信贷、股权转让、债券、信托发展到私募基金。

8.2 房地产金融的国际经验

8.2.1 发达国家房地产金融的发展阶段①

英国是世界上最早进入工业文明的国家，也是世界上最早开始房地产金融的国家。其房地产金融开始于该国的住房协会，至今已经有二百多年的历史，大致可以划分为三个阶段：

一是18至19世纪，房地产金融的起步阶段。伴随着工业化的快速推进，居民的居住问题日益突出，表现为居住价格昂贵且居住环境较差。这很快就催生了房地产金融的兴起，只不过主要存在于工业化革命较早的英国、美国、德国等国家。当时，房地产金融的贷款规模比较小、额度比较低、时间比较短，而且缺乏专业性的房地产金融机构。

二是20世纪上半期，房地产金融低水平发展。这个时期的房地产贷款规模变大、额度变大、时间变长，而且出现了较多房地产金融机构。但是，这个时期的房地产金融机构很不稳定，市场机制很不健全，破产倒闭时有发生。

三是20世纪50年代至今的阶段，房地产金融快速发展。发达国家的房地产金融，无论是市场规模还是金融制度迅速发展，这使得居民的居住水平与住房自有率得到了大幅提高。这个阶段的突出特点是政府干预作用明显增加，而且是系统性的、全面的干预。

8.2.2 发达国家的房地产金融制度

发达国家的房地产金融制度中，最具代表性的国家是美国、德国和新加坡。

美国的抵押贷款证券制度。美国《住房法》规定，居民贷款购房的还款时间最长不能超过30年。金融机构借出购房贷款后，要通过很长的时间才能收回

①曲世军.中国房地产金融风险判断及防范体系架构研究.东北师范大学博士论文，2008

本金和利息，贷款周期比较长，这就损害了金融机构的资产质量。1968 年，美国联邦国家抵押贷款协会由政府机构改为股份公司，这使得上述问题更加突出。于是，美国政府开始执行购房抵押贷款证券制度，由政府特许的金融机构承保所有金融机构的购房抵押贷款债权，然后把债权通过合法途径发行股票、债券甚至国债，目的是将贷款的债权变现，并通过购买金融机构的债权等方式还给放出贷款的金融机构，使其加快资金流动、持续发放购房贷款、提高资产质量。

德国的住房储蓄金融制度，实质是合作与融资。其基本特点有如下几个：①住房储蓄体系执行先存后贷制度，贷款资金来源于众多的储户；②住房储蓄体系的贷款利率不仅普遍低于市场利率，而且固定不变；③在住房储蓄体系中，国家付出的奖励成本较小，而且国家的回报收益较大，比如带动相关产业发展、税收增加等；④先储蓄方式可以引导国民延迟消费，有助于缓解通货膨胀的压力；⑤住房储蓄体系的运作机构是住房储蓄银行，具有市场融资和社会保障的双重职能，实现了商业性和政策性的有机结合。

新加坡的住房公积金制度。1955 年，新加坡开始推行住房公积金制度，强制规定所有雇员都必须参加该制度。公积金是一种强制性的社会保障制度，由雇主和雇员按照雇员工资收入的一定比例强制储蓄、逐月缴纳、定向使用。公积金平时可用于购房或者支付雇员本人及其直系亲属的医疗费等费用，雇员 55 岁后可以领取公积金作个人养老使用。

新加坡推行的公积金制度具有明显特征：①立法严格。新加坡国会于 1955 年通过《中央公积金法》，制定公积金制度。②成立专门的组织管理机构即中央公积金局，负责公积金的收集和管理工作。③适时调整缴交率。刚推行公积金制度时规定，雇主和雇员的缴交率各占雇员工资的 5%，之后每隔两三年提高一个百分点。④公积金的使用方向逐步扩大。公积金制度刚建立时是纯粹的养老金制度，之后逐步扩大到养老、住房、教育、医疗、保险等各个领域。1968 年的公共租屋计划、1984 年的家庭保险计划和保健储蓄计划、1986 年的填补退休金储蓄计划，以及 1989 年的教育计划等，都跟公积金挂钩，允许使用公积金进行支付。随着用于购房比重的越来越大，公积金本身成为政府建房与个人购房的主要资金来源，对解决国民的住房问题、实现“居者有其屋”国家方略发挥了巨大作用。

8.2.3　房地产金融的融资工具与融资结构

房地产融资方式包括房地产企业的内部融资与外部融资两种。内部融资是指开发企业利用自有资金支持项目开发，或者通过多种途径增加自有资金。内部融资的方式包括“抵押、贴现股票和债券而获得现金”、“预收的购房定金或购房款”等。

房地产企业的外部融资是指开发企业通过资本市场进行融资与通过金融中介进行融资。前者包括发行股票、债券，或者得到外部的直接投资；后者是指从金融机构获得贷款。从金融机构获得贷款称为间接融资，通过金融市场发行证券、股票、企业债券等方式获得资金称为直接融资。

在房地产企业的外部融资中，间接的融资工具主要有 4 种：①银行贷款，包括信用贷款与房地产抵押贷款；②非银行融资机构的贷款，比如房地产投资基金管理公司、房地产保险公司、房地产抵押公司、房地产财务公司等的贷款；③回买融资，即开发商将自己开发的某项物业卖给贷款机构，再用贷款机构的贷款买回该物业；④前沿货币合约，即贷款机构出资、开发商出地和技术，双方成立合资公司，但是参与合作的资本投入者也是贷款方，按合约规定要分期收回投资并取得利息，又称为“双重身份贷款合作”。

而直接的融资工具主要有 7 种：①发行股票。②发行债券。③合作开发，包括合资开发。④房地产的辛迪加，由经理合伙人与有限合伙人组成，经理合伙人负责房地产的经营管理且具有无限责任，有限合伙人享有所有权，不参与经营但以其出资比例承担有限责任。⑤房地产信托，地产开发商通过房产信托从信托投资公司获得信托贷款。⑥租赁融资，即拥有土地的开发商将土地出租给另外的投资者建设房屋，然后用每年应获得的租金作为抵押，申请全额的长期抵押贷款；或者是开发商通过租赁方式获取土地的占用权与使用权，然后将自己开发的房地产项目作为抵押，向银行申请长期抵押贷款。⑦回租融资，即开发商将自己开发的物业出售，之后再租回来经营。该开发商出让了该物业的所有权，却保留着对该物业的经营权。

房地产融资方式从 20 世纪 70 年代以来始终是多元化格局，90 年代中后期变得比较合理，更具避险功能。20 世纪 70 年代以前，借贷融资方式占主导地位。20 世纪 70 年代后期，传统融资工具所占比重逐渐减少，证券融资所占比重逐渐增加。80 年代初期，证券融资首次超过信贷融资占据主导地位。20 世纪 90 年代至今，直接融资成为房地产企业的主要融资方式。

8.2.4 发达国家房地产金融的基本特征

发达国家的房地产金融具有几个明显特征：

一是房地产金融市场以市场机制为基础，其主导力量一般都是非政府性质的金融机构。在住房贷款市场，非政府所有的金融机构一般占整个市场份额的90%或者更多，非政府所有的金融机构往往成为发达国家房地产金融市场的主导力量，比如美国的储蓄贷款协会、日本的信用公库。

二是发达国家的住房建设贷款与住房消费贷款相互独立。住房建设也称住房开发，提供住房建设贷款的机构主要是商业银行而非专业性质的房地产金融机构，住房建设贷款的主要对象是房地产开发商，其性质是完全商业性的融资活动，政府不会给予优惠。住房消费主要由专业性质的房地产金融机构提供贷款，消费对象往往是居民个人。住房建设贷款与住房消费贷款相互分离的贷款体制，能有效扩大住房市场的规模、提高资金使用效率并降低市场风险。

三是房地产金融体系比较完整。发达国家的房地产金融体系包括专业性的房地产金融机构、非专业性的房地产金融机构以及提供担保或者保险的机构三个部分。专业性的房地产金融机构专门从事住房金融业务，例如英国的住房协会、加拿大的抵押贷款公司、美国的储蓄贷款协会以及日本的住宅金融公库等。专业性的房地产金融机构往往能够主导房地产金融市场，例如 1775 年产生的英国住房协会长期占住房贷款市场的 80%以上。另外，美国的联邦住宅管理局与退伍军人管理局、加拿大抵押贷款与建房公司等都为符合规定的住房贷款提供保险或给予担保。

8.2.5　发达国家房地产金融的主流模式

发达国家房地产金融发展的主流模式是房地产投资信托基金。房地产投资信托（Real Estate Investment Trusts，即 REITs）以发行收益凭证的方式聚集特定数量投资者的资金，由专门的投资机构进行资本运作，然后将投资收益按比例分配给投资者。根据房地产投资信托基金的投资类型，可以分为三类：一是资产类（Equity）基金，其主要收入来源于房地产租金；二是房地产贷款类（Mortgage）基金，即投资房地产抵押贷款或者房地产贷款支持的有价证券（MBS），主要收益来源是房地产贷款利息；三是混合类（Hybrid）基金，采取贷款与资产类投资策略，既投资房地产项目，也投资房地产贷款。比如美国房地产投资信托基金中的很大比例是从事资产类投资，占整个房地产投资信托基金的 95%以上。

8.3 我国房地产金融市场

8.3.1 我国房地产金融的发展历程[①]

1840到1949年，中国的房地产金融业务在内外交迫中萌芽。鸦片战争后，随着房地产业务在上海、天津等地区的发展，房地产金融业务开始萌芽。各殖民主义国家纷纷到中国成立房地产公司，开设洋行，依仗特权牟取暴利。“一战”后，中国民族资本主义工商业得到发展，先后成立多家商业银行，开始以投资、抵押等形式参与房地产金融业务。不过，在上海、天津等城市的房地产金融业务中，外国银行占一半以上。当时，汇丰银行利用抵押贷款实际操纵房地产市场，还大量购买各房产公司的股票，成为名副其实的房地产大亨。

1949年到1978年，中国的房地产金融业务出现萎缩甚至停滞。20世纪50年代后，我国开始实行计划经济体制，改革了财政金融体制，严格限制了房地产金融业务。1956年底，基本完成了对工商业的社会主义改造，开始以国家财政拨款的方式建设城镇住房，住房成为福利分配的重要组成部分，城市房地产进入了非经营阶段，真正意义上的房地产金融业务不复存在。

1978年到1994年，中国的房地产金融业务开始恢复并获得发展。1978年，我国重新开始投资体制改革和金融体制改革，城镇住房制度也开始改变，开启了住房商品化的时代。建设银行承担生产性基建贷款任务，广州市建设银行率先开设商品房贷款业务。1981年，建设银行总行投资组建中国房屋开发公司，开始用经济办法经营包括住宅在内的房地产项目。1984年，国务院印发的《关于基本建设和建筑业管理体制改革座谈会纪要》提出，各地要组建房地产综合开发公司，由建设银行提供所需的周转资金。

1988年2月，国务院制定《关于在全国城镇分期分批推行住房制度改革的实施方案》（国发［1988］11号）。该方案明确提出：“住房制度改革，要广泛而有效地筹集和融通资金建立一套科学的结算办法，金融体制必须进行相应的配套改革。”此后，房地产金融业务得到迅速发展。1993年11月30日，第三次全国城镇住房制度改革工作会议提出，全面建立公积金制度，开办住房储蓄、购房抵押贷款、分期付款和住房保险等房地产金融业务。

---

①曲世军.中国房地产金融风险判断及防范体系架构研究.东北师范大学博士论文，2008

1994 年至 1997 年，中国的房地产金融业务持续调整。1994 年 12 月，国务院房改领导小组、财政部等多部门联合颁布《政策性住房信贷业务管理暂行规定》。1995 年 7 月，中国人民银行印发《商业银行自营住房贷款管理暂行规定》，初步规范政策性住房金融业务与商业性住房金融业务。1997 年 4 月 30 日，中国人民银行颁布《个人住房担保贷款管理试行办法》，以规范个人住房贷款业务。2001 年 6 月，中国人民银行发布《关于规范住房金融业务的通知》，明确商业银行在住房金融业务中应该遵守的规范，有利于促进房地产金融业务的快速健康发展。

2004 年 8 月，全国人大常委会修改《中华人民共和国土地管理法》，将第二条第四款修改为“国家为了公共利益的需要，可以依法对土地实行征收或者征用并给予补偿”，将第四十三条第二款、第四十五条、第四十六条、第四十七条、第四十九条、第五十一条、第七十八条、第七十九条中的“征用”修改为“征收”。2007 年，国务院颁布《国务院关于解决城市低收入家庭住房困难的若干意见》（国发［2007］24 号），进一步建立健全城市廉租住房制度，改进和规范经济适用住房制度。

1998 年至今，中国的房地产金融业务在快速发展中出现“局部过热”。1998 年 4 月 7 日，中国人民银行发布《关于加大住房信贷投入支持住房建设与消费的通知》，允许商业银行办理所有商品房的个人住房贷款业务，住房贷款转向主要支持普通住房消费与配套设施建设。1998 年 5 月 15 日，中国人民银行宣布购房首付款不低于 30%，贷款期限最长不超过 20 年。2002 年 2 月，中国人民银行发布《中国人民银行关于降低商业银行存贷款利率的通知》，存款利率平均下调 0.25 个百分点。2003 至 2013 年，部分城市房价大幅上涨，全国 70 个大中城市（除温州等地）的商品房屋销售价格涨幅远超经济增速。

8.3.2　我国房地产金融业务的主要融资工具①

我国房地产业务的主要融资工具有信贷（抵押贷款）融资、股权融资、债券融资、信托融资、私募基金等。

（1）信贷融资是指房地产企业为满足自身生产经营的需要，与银行等金融机构签订协议，借入一定数额的资金，并在约定的期限内还本付息。2014 年 1 月，央行发布的《2013 年金融机构贷款投向统计报告》显示，2013 年房地产新增信贷规模超过 2.34 万亿元，占全年信贷总额的 30%。

①中国房地产业协会金融委员会.中国房地产金融 2012 年度报告.中国房地产金融，2013（5）

（2）股权融资是指房地产企业的股东出让企业的部分所有权，通过增资方式引进新股东。股权融资所获得的资金，房地产企业无须还本付息，但新股东将与老股东共同分享企业的盈利。房地产企业的股权融资主要包括三种方式：一是公开发行（IPO），比如2013年1月12日，开世中国控股有限公司在香港证交所上市，共募集资金1.35亿港元；二是增发募集现金，比如2013年2月29日，碧桂园通过配股募集资金21.9亿港元；三是增发收购资产，比如2013年7月16日，万科完成对南联地产控股公司的收购。

（3）债券融资工具。债券融资是指房地产项目主体按照法定程序发行债券，并承诺按期向债券持有人支付利息、偿还本金。随着保障房建设政策的不断落地，城投债的发行数量和发行规模明显上升。2013年全年，内地共发行与房地产相关的债券55支，发行金额达到617.5亿元，比2012年的16支、219亿元有了大幅上升。其中，中期票据比较活跃，主要原因在于中期票据的利率低于银行同期贷款的优惠利率，同时具有发行机制灵活、信息透明、发行成本低、发行风险低等特点。从2013年8月开始，交易商协会开始允许非金融企业发行资产支持票据。

（4）房地产信托融资工具。“Real Estate Investment Trusts”即房地产投资信托，简称 REITs，是指房地产法律上或契约上的所有者将房地产委托给信托公司，由信托公司按照委托者的要求进行管理、处分、收益，信托公司可以对信托房地产租售，也可以委托专业的物业公司进行物业经营，从而使投资者获取溢价或管理收益。房地产信托也指房地产资金信托，即委托人基于对信托投资公司的信任，将自己合法拥有的资金委托给信托投资公司，由信托投资公司按委托人的意愿，将资金投向房地产业并进行管理、处分和收益。我国目前大量采用房地产信托融资方式。

信托业协会公布的数据显示，2012年全年投向房地产领域的信托资金余额为6881亿元，与上年持平。2012年全年累计新增房地产信托项目金额3163.2亿元，其中集合信托1496.5亿元，占比47.3%；单一信托1666.7亿元，占比52.7%。2012年房地产信托融资对整个行业资金链的影响依然有限，仅占到2012年开发商新增资金96538亿元的3%。在我国发展新型城镇化的大背景下，未来房地产市场的发展离不开融资方式的创新，房地产信托可抓住这一重大机遇，开拓市场份额，推动房地产业和信托业持续稳步发展。

（5）房地产私募基金。房地产私募基金，或称房地产股权投资基金，是指房地产企业通过非公开的方式，向特定投资者即个人投资者和企业法人募集资金。在中国现行的法律制度下，房地产私募基金可能采取的组织形式分为合伙制、公司制、信托制。合伙制则是私募基金的主要形式。公司制是以《公司法》为法律框架，通过发行公司股份方式筹集资金。信托制是以《信托法》为依据，以当事人各方订立信托合同的方式筹集资金。

房地产调控以来，银行信贷对房地产行业收紧，这迫使企业积极拓宽融资渠道。房地产基金由于受监管程度低，募集与投资方式灵活，开始受到行业的青睐，房地产私募基金迎来了难得的发展机遇。2010 年 5 月底，国务院批准了国家发改委《关于 2010 年深化经济体制改革重点工作意见》，明确提出要加快股权投资基金制度建设。2010 年房地产基金开始蓬勃发展，当年新募基金 41 支，募集资金规模 163.75 亿元。2011 年新募基金 67 支，总募集资金规模 712.316 亿元。2012 年，共 94 支私募房地产投资基金完成募资，基金数量创出新高，其中披露金额的 90 支基金共计募集资金 59.55 亿美元。但是，当前的绝大部分房地产私募基金属于机会型策略，即通过参与房地产开发过程而非通过持有和增值过程，来获取行业成长所带来的高额收益。

8.3.3 我国房地产融资存在的主要问题

我国房地产金融市场存在几个方面的问题：

一是房地产金融市场的监管不到位，调控机制不完善。随着房地产市场的迅猛发展，我国的房地产金融市场也快速发展，但房地产金融市场的法规建设相对滞后，除《商业银行法》有关银行设立和资金使用的规定外，没有专门的房地产金融监管框架。在分业监管体制下，金融监管部门受其他因素影响，无法有效监督、统一管理房地产金融市场。

二是房地产金融市场结构简单，缺少专业化的房地产金融机构和专业化的房地产金融中介服务体系。我国目前的房地产金融市场主要由商业银行和部分信托投资公司组成，缺少专业化的房地产抵押贷款机构、投资机构、担保机构和保险机构等多层次的市场体系。另外，我国房地产金融市场的中介服务体系比较薄弱，专业化的中介服务机构在资产评估、信用评估、风险评估、金融担保、法律咨询等方面性质不明确、隶属关系复杂，尚未完全确立独立、有效、市场化的运行体制和管理体制。

三是房地产金融的融资渠道不够丰富，房地产融资风险主要集中于以银行为主的金融机构。房地产融资的主要方式依然是银行信贷。根据统计估算，近 80%的土地购置资金和房地产开发资金都直接或者间接来源于商业银行的信贷支持。银行信贷贯穿土地储备、交易、房地产开发、房地产销售的全过程。部分商业银行和其他金融机构甚至把房地产信贷作为“优良资产”大力发展。因此，房地产金融的市场风险和信用风险，高度集中于商业银行。

8.4 房地产市场的融资管理

房地产行业的健康发展离不开房地产金融的大力支持。为了促进房地产业和房地产金融的稳定发展，应稳定房地产市场的相关金融政策，支持房地产金融机构的发展，促进房地产企业金融能力建设，加快房地产市场的金融创新，防范房地产市场的金融风险。

8.4.1 构建房地产融资管理的政府管控体系

政府管控房地产融资安全的根本目的是促进房地产融资体系的健康运转，避免房地产融资发生系统性风险。政府有效管控房地产融资安全的工具包括发展计划、行业规划、财政补贴、税收、利率、行政命令等。发展计划一般分为三种：长期计划、中期计划、年度计划。各国或各地区政府普遍重视发展计划，比如我国香港特区 1973 年的“十年房屋计划”、1978 年的“居者有其屋计划”、1993 年的“夹心阶层计划”，澳大利亚 1987 年的“住房长远发展计划”。规划工具是指土地利用总体规划与城市规划等，规划工具能够有效控制房地产开发项目。

而财政补贴是政府通过价值转移形式，对企事业单位或个人给予补助，实现国民收入的再分配。政府补贴房地产项目的方式有住宅生产补贴和住宅消费补贴两种。利率是房地产企业借贷资金的现实成本，税收是房地产企业经营管理的成本，行政命令是政府指令性强制要求，政府可以通过利率、税收和行政命令手段，有效实现房地产融资管理的目的。当然，必要的政府管理工具还应该包括宣传教育、舆论引导、社会监督等内容。

8.4.2 设立专业化的房地产融资机构，健全融资体系

美国的住房金融机构体系呈现多元化的结构特征，有商业银行、保险公司等商业性住房金融机构，有储蓄和贷款协会的互助合作性住房金融机构，也有联邦政策性住房金融机构。我国的住房金融机构除了商业银行和信托投资公司以外，其他专业化的房地产抵押贷款机构、投资机构、担保机构和保险机构比较少。政策性住房金融机制虽有住房公积金制度，但其覆盖面不广、资金利用效率比较低。独立、有效的房地产金融中介服务体系也不健全，资产评估、金

融担保、信用评估、风险评估、法律咨询等专业化的中介服务机构比较薄弱。

今后应大力扶持专业化的房地产金融机构的发展，实现房地产企业融资活动的外部化，并避免出现恶性竞争。房地产业是从事房地产开发、建设、经营、管理、装饰、服务、维修的综合性产业，并不从事资金融通活动。因此，将融资职能从房地产企业内部职能中分离出来符合专业化分工的要求，也有利于房地产企业专注于房地产开发、建设等投资活动。应考虑房地产企业融资活动的外部化问题，使房地产企业的投资活动与融资活动相互分离，并成立专业化的融资中介机构。[①]

因此，我国房地产融资管理体系需要重点建构专业性与非专业性的房地产金融机构，组建专门的房地产政策银行、房地产商业性银行、城市住房储蓄银行、城市住宅信托，成立房地产投资公司、房地产债券公司、房地产基金公司等直接投资机构，鼓励典当行、城镇住宅合作社等民间信贷类的非专业性融资机构也能够参与房地产的融资发展，最终形成多层次、多渠道的房地产融资渠道，并与法律系统、个人征信系统、二级市场系统、监管系统、政府补贴系统、物业资金管理系统共同构成健全的房地产融资管理体系。

8.4.3　创新房地产融资工具，拓展房地产金融产品

房地产行业是资金密集型产业，建立专业的房地产融资机构、打造良好的房地产金融产品并在国内外资本市场进行运作，是房地产金融不可或缺的发展方向。在市场机制下，应积极推进房地产证券化发展，以房地产抵押贷款与抵押资产贷款证券化为主要方向，将金融风险与信用风险从银行体系逐步转移、分散到金融市场，从而降低房地产金融业务的集中性风险；组建住宅再贷款、再抵押公司，以缓解商业银行可能发生的流动性风险；成立房地产抵押担保公司，以保障房地产贷款抵押物在贬值、毁损等情况下能得到部分价值补偿。

专业的房地产融资管理公司应该具备的基本能力，涵盖产品设计能力、资金募集能力与投资管理能力。在房地产信托产品的设计上，需要考虑其专业化属性和差异化属性，在加大融资业务的基础上，打造投资化、基金型的业务模式。从房地产基金的角度来看，需要更多地考虑私募基金市场，因为对私募基金的监管比对公募基金的监管宽松，因此私募市场能够提供比公募市场更多的产品，从而能够更好地满足整个房地产市场融资的需求。2010年，房地产基金开始发展，当年私募基金41支，募集规模163.75亿元。2011年，私募基金67

①姜永铭，史闻东．房地产企业融资外部化研究．技术经济与管理研究，2013（6）

支，总募集规模 712.316 亿元。2012 年，共计 94 支私募房地产投资基金完成募集，私募基金数量创历史新高。

同时，房地产基金与开发商的交易方式，可以考虑从传统的股权债权模式发展到纯股权交易模式，通过第三方中介组织即房地产企业的股权交易平台进行房地产项目融资。目前国内房地产市场的基本投资方式是股权投资、债权投资，以及两种方式的混合投资。目前以纯粹股权进行投资的机构数量占整个市场的 24%，管理金额占 41%；以债权方式进行投资的机构数量占整个市场的 33%，管理金额占 14%；以股权和债权结合进行投资的机构数量占 37%，管理资金量占到总管理资金量的 38%；单纯的夹层投资机构数量占 6%，管理的资金量占 7%。

另外，房地产基金化产品还要通过信托契约型基金、有限合伙基金等方式进行推进，从标准化与组合投资角度做好房地产行业的资产管理，从而有效分散房地产金融市场的非系统性风险。此外，房地产金融的投资业务还要进行差异化经营，通过与优秀开发商的合作，实现与商业地产经营模式相近的工业地产、养老地产、文化地产、旅游地产和物流地产等新兴地产市场的快速融合。

8.4.4 拓展房地产企业的融资渠道，加快其金融能力建设

面对房地产调控政策的持续进行和调控效果的不断深入，房地产企业面临的资金压力越来越大，房地产企业的转型问题与创新发展问题已经刻不容缓。于是，房地产企业的金融能力建设已经成为其经营管理的重要内容。房地产企业在保持以往的融资渠道的基础上，应积极探索并建设能够符合自身发展要求的多元化的融资体系；加强制定系统、全面、可行的金融体系的战略规划，拓宽融资渠道，采取多种方法充实金融血液，包括加强资本运作、引进战略合作伙伴等方式；重视企业的人力资本建设，建立富有战斗力的金融团队，打造企业良好的金融形象，为企业做强做大提供人力资源支持；房地产企业还要树立正确的融资风险观念，建立有效的风险防范机制，防范企业的融资风险。

8.4.5 严格审查房地产信贷行为，避免金融过度支持

商业银行在发放开发贷款前，必须加强“四证”审查，即审查国有土地使用权证、建设用地规划许可证、建设工程规划许可证以及施工许可证。积极引导房地产信贷投向资质等级高、资金实力强、开发业绩佳、企业形象好、设计品位优的房地产集团，同时加大廉租住房与公租房的投资开发力度，优化房地产融资结构，满足广大中低收入阶层的需要，坚决禁止向违规开发、“四证”不

全或者信用不良企业的房地产项目发放贷款。同时，要避免金融业过度支持房地产信贷。中国人民银行公布的数据显示，全国社会融资总规模在 2012 年全年达到 15.76 万亿元，而房地产业融资规模达到 9.65 万亿元，所占比例高达 61%。

分析思考

一、基本概念

房地产　房地产业　金融　房地产金融　房地产企业的内部融资　房地产企业的外部融资　回买融资　前沿货币合约

二、思考题

1. 房地产业包括哪些内容？
2. 金融的本质、构成要素与基本职能分别是什么？
3. 房地产金融的分类与主要内容是什么？
4. 房地产金融的任务与基本特征是什么？
5. 发达国家房地产金融的发展阶段是什么？
6. 发达国家房地产金融制度有哪些典型代表？
7. 美国的抵押贷款制度是什么？
8. 德国的住房储蓄制度有哪些特征？
9. 新加坡的住房公积金制度是什么？
10. 房地产企业内部融资工具与外部融资工具有哪些？
11. 发达国家房地产金融的基本特征和主流模式是什么？
12. 我国房地产金融的发展历程是什么？
13. 我国房地产金融的融资工具有哪些？
14. 我国房地产融资存在哪些典型问题？如何管理？

推荐阅读

1. 中国房地产业协会金融委员会.中国房地产金融 2012 年度报告[J].中国房地产金融，2013（5）

2. 姜永铭,史闻东.房地产企业融资外部化研究[J].技术经济与管理研究，2013（6）

3. 曲世军.中国房地产金融风险判断及防范体系架构研究[D].东北师范大学博士论文，2008

第9章　房地产税收与税收管理

通过学习本章，可以掌握：

※ 房地产税收的起源、概念、种类、特点

※ 美国、英国、德国、韩国、新加坡的房地产税收制度

※ 我国房地产税收制度的历程、对象、时间、办法、方式等

※ 我国房地产税收制度的改进

导　言

房地产税收管理是房地产市场管理的重要内容。那么，房地产税收的起源、定义、种类、特征分别是什么？国外房地产税收制度尤其是美国等发达国家的税收制度有哪些成功经验？我国房地产税收制度有哪些内容？存在什么缺陷以及如何改进？本章将逐个讲述。

9.1　房地产税收概述

9.1.1　房地产税收的起源

房产税是各国政府普遍征收的古老税种。欧洲中世纪时，房产税成为封建君主敛财的重要手段。房地产税名目繁多，如“窗户税”、“灶税”、“烟囱税”等，这类房产税大多以房屋的某种外部标志作为确定征税的标准。中国古籍《周礼》所称的周朝“廛布”即为最初的房产税，但作为独立的征税税种却是从唐朝建中四年的“间架税”开始的，其课税对象是房屋，计税依据是房屋的外部标志，分成上屋、中屋和下屋三个等级，税率采用比例税的方式。清朝初期的

“市廛输钞”、“计檩输钞”，以及清代末期与中华民国时期的“房捐”等，均属于房产税的范畴，不过，民国的房屋税被称为“房税”。1927 年，国民党政府税收划分为国税与地税，“房捐”随后被划归为地税的范畴。1949 年中华人民共和国建立后，政务院发布《全国税政实施要则》（1950 年），将房产税列为开征的 14 个税种之一。

9.1.2　房地产税收

房地产税收是指国家税务机关或税务机关委托房地产行政管理部门，依据相关法律规定，把房地产作为征税对象，向房地产产权所有者或房地产经营单位征收有关房地产赋税的税收行为。征收房地产税的目的在于，运用税收杠杆节约使用土地资源、加强房地产管理、提高房产使用效率、配合国家房地产证调控、合理引导住房消费、调节房产所有人与经营人的收入、控制固定资产投资规模等。房地产税收的计税依据是房屋的计税余值或租金收入。

9.1.3　房地产税收的种类①

房地产税收是房地产业务涉及的诸多相关税种的总称，包括营业税、城市维护建设税、土地增值税、教育费附加、印花税、所得税、契税等。对于新房而言，卖方应缴纳的税费有营业税、城市维护建设税、教育费附加、土地增值税、印花税、所得税。买方应缴纳的税收有契税、印花税。对于目前卖方市场下的二手房交易而言，买方除了缴纳契税、印花税以外，还需要缴纳营业税、土地增值税等税种。

其中，房地产营业税是一种对提供商品或劳务的全部收入征收的税种。《营业税暂行条件》规定，营业税的纳税义务人为在中华人民共和国境内提供应税劳务、转让无形资产或者销售不动产的单位和个人。提供应税劳务、转让无形资产或者销售不动产是指有偿提供应税劳务、有偿转让无形资产或者有偿销售不动产的活动。所谓“有偿”是指通过提供、转让或销售方式，取得货币、货物或其他经济利益。所谓“销售不动产”是指销售建筑物、构筑物和其他土地附着物，并连同不动产所占土地的使用权一并转让的行为，比照销售不动产征收营业税。如果以不动产投资入股，则参与接受投资方利润分配、共同承担投资风险的行为，不征收营业税。如果单位将不动产无偿赠与他人，则视同销售不动产征收营业税；但对个人无偿赠送不动产的行为，不征收营业税。

---

① 房地产税收.360 百科.2013

房地产城市维护建设税是国家对缴纳增值税、消费税、营业税的单位和个人就其实际缴纳的三税总额为计算依据而征收的一种税收。城市维护建设税属于特定目的税，是国家为扩大城市维护建设资金来源、加强城市维护与建设而采取的税收措施。城市维护建设税附加于“三税”总额且本身没有特定的、独立的征税对象，因而具有附加税的性质。城市维护建设税按照纳税人所在地的不同，设置了三档差别比例税率：纳税人所在地为市区的，税率为 7%；纳税人所在地为县城、镇的，税率为 5%；纳税人所地不在市区、县城或者镇的，税率为 1%。

房地产土地增值税是对转让国有土地使用权、地上建筑物及其附着物而取得收入的单位或个人，就其转让房地产所得的增值额征收的税种。根据《土地增值税暂行条例》，土地增值税的纳税义务人为转让国有土地使用权、地上建筑物及其附着物并取得收入的单位或个人。其中，所谓“单位”包括各类国家机关、企事业单位、社会团体及其他组织。所谓“个人”是指个体经营者。土地增值税的计税依据是转让房地产过程中取得的增值额。所谓增值额是纳税人转让房地产所取得的收入减除规定扣除的项目金额后的余额。土地增值税的纳税人应在转让房地产合同签订后的 7 日内，到房地产所在地的主管税务机关办理纳税申报，并向税务机关提交房屋及建筑物产权证书、土地使用权证书、土地转让或房产买卖合同、房地产评估报告及其他相关资料。

房地产印花税是对经济活动和经济交往中书立、使用、领受具有法律效力凭证的单位和个人征收的税种。印花税是一种行为税性质的凭证税，凡发生书立、使用、领受应税凭证的行为，都必须依照印花税法的有关规定履行纳税义务。房地产印花税的纳税人是指在我国境内书立、领受应税房地产凭证的单位和个人，以及在国外书立、受我国法律保护、在我国境内适用的应税房地产凭证的单位和个人。房地产印花税的税率有两种：第一种是比例税率，适用于房地产产权转移书据且税率为 0.05%，适用于房屋租赁合同且税率为 1%，还适用于房产购销合同且税率为 0.03%；第二种是定额税率，适用于房地产权利证书，包括房屋产权证和土地使用证，税率为每件 5 元。

房地产契税是针对境内转移土地、房屋权属而征税的税种，具体包括国有土地使用权出让、土地使用权的转让、房屋买卖、房屋赠与、房屋置换等行为。契税的计税依据是不动产的价格，但土地、房屋权属的转移方式不同，则定价方法不同。国有土地使用权出让、土地使用权出售、房屋买卖，以成交价格为计税依据；土地使用权赠与、房屋赠与，由征收机关参照土地使用权出售、房屋买卖的市场价格核定；土地使用权交换、房屋交换，以所交换的土地使用权、房屋权属的价格差额为准；以划拨方式取得土地使用权，且经批准转让房地产的，由房地产转让者补交契税；成交价格明显低于市场价格并且无正当理由的，或者所交换土地使用权、房屋价格的差额明显不合理且无正当理由的，征收机关可以参照市场价格核定计税。

契税的优惠涉及5个方面：国家机关、事业单位、社会团体、军事单位承受土地、房屋用于办公、教学、医疗、科研和军事设施的，免征契税；城镇职工按规定第一次购买公有住房的，免征契税；因不可抗力灭失住房而重新购买住房的，酌情减免；土地、房屋被县级以上人民政府征用、占用后，重新承受土地、房屋权属的，由省级人民政府确定是否减免；承租荒山、荒坡、荒丘、荒滩土地使用权并用于农、林、牧、渔业的，免征契税。

9.1.4　房地产税收的特点

房地产税收的特征有三个：一是国家性，即房地产税收是一种国家行为，是通过国家税务机关或者借助相关房地产行政管理机关来实现的。国家具有土地资源的最终管理权限，只有国家才有权选择或实施房地产税收行为，其他任何组织或个人均无权实施房地产税收行为。二是法定性，即国家通过立法规定，将房地产税收的种类、内容、法律责任等予以确认并公布，为房地产税收的征收、管理、稽查等工作奠定法律基础，使房地产税收具有普遍遵行的效力。三是规范性，即从房地产税种的设立、开征，到房地产具体税种的征税对象、征税范围、税率、计税依据、减免规定等内容的确定，都具有很强的规范性，税务机关或者房地产行政管理部门只能在法律规定的范围内征税。房地产税收是严谨、规范的工作，无论是国家税务机关还是受委托的房地产行政管理部门，都必须遵守国家的法律规范，不可任意乱征。

9.2　房地产税收的国际经验[①]

9.2.1　美国的房产税制度

9.2.1.1　美国房产税制度的起源

在建国初期，美国就开始征收房地产税，后来房地产税逐渐成为各州政府

①靳超. 我国房产税法律制度研究.郑州大学硕士学位论文，2013年4月

的传统税收。1792 年，美国有 4 个州征收房地产税。1798 年，美国通过了“财产税”立法，其中包含了对房产和土地分别征税的规定。1973 年，美国政府进行税制改革，规定财产税不能超过 1%，而且需要本地居民 2/3 以上的人同意才能增加新的财产税。到了 20 世纪初，美国所有的州都制定了关于征收房地产税的法规。经过 200 多年的发展与完善，美国各个领域的法制体系包括房地产税的法律体系都已经相当完备，美国房地产税的法律体系在解决本国居民的住房问题和本国的房地产市场调控方面具有代表性。

9.2.1.2 美国房产税制度的主要内容

房产税评估与征收制度。美国房产税遵循的基本原则是评估与征收相互独立，即房产税评估由专门的核税官负责，而房地产税及相关问题由独立于核税官的税务官负责征收，然后在全国以州为单位建立网络化管理体系，实名登记私人财产，准确记录并及时更新居民的个人财产与信用状况，这便于税务征收部门轻松掌握房产评估后的纳税额和房地产所有者的其他相关资料。

房产税的计税依据与税率制度。美国房产税的计税依据是房屋评估价值，该数值分为两部分：一是房屋自身的价值部分，包括房屋的实际价值、装修后的附加值以及市场价值的增值部分；二是土地价格成本部分。美国各州按照该州政府规定进行房地产价值的市场评估，以市场评估价值作为计税基础，进而确定房地产的计税依据，因此，美国房地产税实际上是从价税。在税率的制定中，美国还允许各州根据本地区发展的实际情况和财政需要酌情考虑制定，但大致都在 1%至 3%之间，不过各州税率却不尽相同。该税收主要用于支付民众所在区域的教育经费及公共服务经费，比如学校、医院、公共图书馆等公共设施，以及街区维护、警察、消防、国防等方面的开支。

房地产税的优惠机制。美国房地产税实行的是宽税基原则，但其税收优惠政策却是多种多样，包括应纳税额优惠、税基优惠、税率优惠以及纳税时间优惠等优惠形式。美国的税收优惠政策均是各州立法部门以法律形式明文确定的，包含了该州、郡（市）和镇的税收优惠对象、内容、条件、税收优惠管理权限、办理程序等内容，其目的是鼓励居民纳税并维护纳税人的利益。

9.2.1.3 美国房产税制度的主要特征

美国没有专门的房产税法律制度，其征收主体是各州政府。美国地方政府往往根据议会和本州财政的实际需要，确定房地产税收的征收条件、征收原则、征收税率、减免措施以及征税稽查等制度。征税评估主要由各县级专门机构操作，各州只设立相关的专门委员会以解决评估产生的纠纷。

美国房产税制度的基本特征是宽税基、简税制与低税率。所谓宽税基是指房地产税收的征收范围广泛，除了宗教、公共、慈善等房产免征税外，其他房地产都必须征税，以确保税收来源充足。所谓简税制是指税收的种类比较少，比如房地产保有环节只设置了财产税，以避免因税种复杂而重复课税。所谓低税率则是指流通环节的税收比例小、优惠多，如各州发行利率较低的个人购房抵押债券，而且不征收投资者的个人所得税，以降低个人尤其是中低收入者的投资成本。

美国房地产税收主要是针对房地产所有者在保有环节的课税，将房地产看作财产的一部分征收财产税，所有拥有房产的美国公民都要缴纳包含房地产的财产税。每年各州都会对公司或个人的房产、企业的营业不动产进行估价征税。此外，美国房地产税收的九成归地方政府，扣除联邦和州政府的转移支付以外，该收入占地方政府各项税收的 80%以上。

9.2.2　英国的房产税制度

9.2.2.1　英国房产税制度的体系

英国的房地产税制逐步完善，主要包括营业税、住房财产税即市政税或家庭税或人头税两个税种。住房财产税是英国最为广泛的房地产税种，纳税对象是城市的房地产，农村的房地产则不征收房产税；纳税主体是所有年满 18 周岁的住房者或承租者；该税制依据居民住宅的实际价值进行征税。不过，住房财产税也有相应的免税范围，包括学生、外交人员或残疾人的自住房产免税，空置住宅也可以免税但免税期最长 6 个月。住房财产税的征税目的非常明确，即筹集地方财政收入。住房财产税在地方财政体系中占据重要地位，是地方政府的重要税收来源，在各地区一级财政收入中占比 45%。

1988 年，英国的《地方财政法》规定，中央政府决定非住宅建筑的财产税税率，然后根据地方的成人数分配给地方政府，同时废止住宅财产税，转变为地方政府征收人头税。由于民众抗议活动不断，英国政府于 1991 年又将人头税调整为市政税。

英国的房地产营业税主要针对经营性房地产进行征税，包括法人和个人营业用房屋。营业房屋税按租金计算，租金由专门设置的评估机构负责，对纳税人财产按出租的租金收入进行估定，每过 5 年重新估定 1 次。与住房财产税不同的是，英国的房地产营业税目前属于中央税种的范畴，地方政府征收后需要上缴中央财政，而后中央会根据地区人口基数比例与地区贫富差距情况，把部分房地产营业税返还地方财政，该税种在英国地方财政中也占比 15%以上。

9.2.2.2 英国房产税制度的主要内容

英国房产税的评估与征收。英国住房财产税等级评估由独立的专门机构即评估局（国税与海关局下属的评估办公室）进行，而政府税务部门只负责征收和管理，且其具体评估过程和纳税无需个人参与。英国政府使用专用软件自动完成估价，然后从个人工资账户划拨到市政房地产税交纳账户自动完成纳税。如果存在异议，则个人可以申请复核。

英国房产税的计税依据与税率。英国房产税的计税标准主要是房屋的评估价格，住房财产税的计税依据是居民房屋（包括自住和租住）的评估价值。评估工作由国内税收部门所属的房地产估价部门完成，评估周期为 5 年。根据房屋的市场价值，英国环境部将房地产税分为 8 级，分别用英文字母 A 到 H 表示，而且规定 D 级的税值为参照级，其他级别的税值是 D 级的百分比或者倍数。全国实行统一税率，税率采用定额税率模式，税费按年度缴纳，近年来呈逐年增长的态势，但各个地方的税级和税率不尽相同，目前税率大致为 41.6%[①]。英国房产税税收的资金大部分被用于公共事业建设。

9.2.3 德国房地产税制度的特点

德国的房地产税收制度比较完善，其《房产税法》和《房产购置税法》规定，除自住房产以外的所有房地产都需要交纳房产税；如果房产本身是文物，而且其维护费用超过该房产的收益时，才可以提出免税申请。德国居民必要的自住房屋之所以不需要缴纳房产税，只需要缴纳相应的土地税，主要是因为德国把房地产行业看成福利产业而非支柱产业。只有自主房屋用于出售时才需要缴纳房地产价值评估的不动产税，房屋买卖的交易税为 3.5%；如果出售后获得盈利，则需要缴纳差价盈利税 15%。

德国的房地产税和房产购置税都是地方税种。其中，房地产税的计算方式是征税值乘以 3.5%再乘以当地确定的税率。征税值相对比较固定，德国西部按照 1964 年 1 月 1 日的标准确定，而德国东部按照 1935 年 1 月 1 日的标准确定。德国法律要求每 6 年要重新核算，但实际上并未做到。因此，德国征收的房产税低于房产的实际价值。而德国的房产购置税要求每购置一处房产，就要按照该房产的实际价值足额交纳购置税，虽然联邦各州的标准略有不同，但其征税标准大致都是房产价值乘以 3.5%。为降低企业和个人的税收负担，改善地区投资环境，德国于 1977 年取消了房产税。

---

① 李乃康，易文华，王林. 我国房地产税收制度改革研究. 中国房地产，2013（10）

9.2.4　墨西哥房地产税制度的特点

墨西哥的房地产税经历了较长的历史沿革。早在西班牙殖民时期，墨西哥当地居民就要为自己的不动产缴纳不动产费。1917 年，墨西哥法律正式确认了房地产税。1983 年，墨西哥议会通过《宪法》第 115 条修正案，规定各州政府授权给市政府，市政府综合考虑建筑物所处地段等因素后，决定当年的房地产税税率和所需征收的房地产税税额，并代表州政府收缴税款。

墨西哥法律规定，征收房地产税的主体是墨西哥州政府。墨西哥居民的房屋的价值由政府派遣的评估师确定，而居民每年都要为自己的房产向州政府缴纳一定的房地产税。不过，墨西哥房地产税的税率比较低，主要是因为墨西哥政府希望通过低税率刺激房地产市场的投资，促进房地产市场发展。

墨西哥各州政府征收房地产税时几乎都遵循如下计算准则：房地产税=（土地面积×土地价格+建筑面积×房屋每平方米价格）×房地产税税率。在征税过程中，房地产税的税率还要与各地全年的物价指数以及该地区发展情况相结合，并适时作出相应调整。

9.2.5　韩国房地产税制度的特点

韩国房地产税大体分为财产税、营业场所税与城市规划税三种。其中，财产税实际上主要是对房屋征收，其税率采用比例税率、累进税率，住宅大都采用累进税率的计税方式，而工厂建筑物几乎都采用比例税率的方式。如果住宅价值高于 1300 万韩元但低于 1800 万韩元，则征收 1.0%的财产税；如果住宅价值低于 1000 万韩元，则征收 0.3%的财产税；如果住宅价值高于 1000 万韩元但低于 1300 万韩元，则征收 0. 5%的财产税等。

而韩国的营业场所税是按照营业场所面积与支付雇员的工资总额来计算税款的，并不按照人口规模划分征收范围。其中，营业场所面积每平方米缴纳 500 韩元，支付工资则征收总额的 0.5%，按月计征。如果营业面积在 300 平方米以下或雇员少于 50 人，则免征营业场所税。而城市规划税是对城市规划法划定区域的房屋所有人征税，其征收对象的住房、店铺、工厂、仓库以及其他建筑物，以城区土地与房屋评估值作为计税标准，标准税率为 0.2%，最高税率为 0.3%。

为打击房地产投机行为，韩国政府出台了更为严厉的房产转让所得税。拥有 2 套住宅的家庭，如果要在 2 年之内出售购买的房产，则要缴纳 50%的房产转让所得税；拥有 2 套住宅的家庭，如果要在 2 年之后出售购买的房产，也要缴纳 6%～35%的房产转让所得税；拥有 3 套以上住宅的家庭，如果要在 2 年之内出售购买的房产，则要缴纳60%的房产转让所得税。

9.2.6 新加坡房地产税制度的特点

房产税是新加坡政府的主要税收来源，属于要素税的范畴。新加坡房产税的计算依据是房屋的年产值，而年产值是指房屋每年可赚取租金的净收入，即年租金减去物业管理费、家具费、维修费。

政府的房产税向弱势群体倾斜。如果是自住房产，则其房产税率是 4%；如果是小户型业主，则政府会在自住的 4%基础上再给折扣；如果是其他类型的房产，比如用于出租的房屋，则税率是 10%；对 10%的最困难群体，政府提供补贴或廉租房；对于大于 100 平方米的“富人住房”，则收取较高的土地出让金与较高的物业费。

2011 年，新加坡政府改革了房产税制度，改革后的新制度更倾向于弱势群体。如果房屋年值低于 6000 新元，则该房屋免收房产税；如果房屋年值在 6000 新元至 24000 新元，则只对高出的部分征收 4%的房产税；如果房屋年值超过 24000 新元，则超过部分要缴纳 6%的房产税。

9.3 我国房地产税收制度

9.3.1 我国房地产税收的发展历程

1950 年，政务院发布《全国税政实施要则》，将房产税列为开征的 14 个税种之一，规定全国统一征收。1951 年 8 月，政务院发布《中华人民共和国城市房地产税暂行条例》，将房产税与地产税合并为房地产税。1973 年，通过简化税制仅剩下契税、工商统一税、城市房地产税三种，把对国营企业和集体企业征收的城市房地产税并入工商税，但对个人、房管部门、外国企业、外商投资企业、外国侨民继续征收城市房地产税的税种。1984 年，考虑到中国城市的土地属于国家所有，城市土地的使用者没有土地产权的实际情况，进行了工商税制改革，国家决定恢复征收房地产税，将房地产税分为房产税和城镇土地使用税两个税种。

现行的房产税开征于第二步“利改税”以后。1986 年 9 月 15 日，国务院发布《中华人民共和国房产税暂行条例》，同年 10 月 1 日起开始施行，对在中国有房产的外商投资企业、外国企业以及外籍人员仍征收城市房地产税。1994

年，房地产税涉及耕地占用税、城市土地使用税、土地增值税、房产税、城市房地产税、契税、农业税、城市维护建设税、企业所得税、外国企业和外商投资企业所得税、营业税等共计 14 种。

据 2010 年 7 月 22 日《证券日报》报道：在财政部举行的地方税改革研讨会上，相关人士表示，房产税试点于 2012 年开始推行。但鉴于全国推行难度较大，试点将从个别城市开始。2011 年 1 月 27 日，上海、重庆宣布：次日开始试点房产税，上海征收对象为本市居民新购房且属于第二套及以上住房和非本市居民新购房，税率暂定 0.6%；重庆征收对象是独栋别墅高档公寓，以及无工作户口无投资人员所购二套房，税率为 0.5%～1.2%。2014 年 2 月 28 日，在二十国集团（G20）财长和央行行长会议上，财政部部长楼继伟点名将房产税和个税改革作为未来重点推进的对象。这是十八届三中全会后，财政部门首次明确了财税改革的重点税种。

9.3.2　我国房地产税收的特点

我国房地产税收的基本特点有 4 个：一是房产税属于财产税中的个别财产税，其征税对象只是房屋。二是征收范围限于城镇的经营性房屋。三是区别房屋的经营使用方式规定征税办法，对于自用的按房产计税余值征收，对于出租房屋按租金收入征税。四是房屋出典不等同于出租，出典人收取的典价也不同于出租人收取的租金。不应将出典确定为出租行为从租计征，而应按房产余值计算缴纳。为此，《财政部、国家税务总局关于房产税城镇土地使用税有关问题的通知》（财税［2009］128 号）明确规定：产权出典的房产，由承典人依照房产余值缴纳房产税，税率为 1.2%。

9.3.3　我国房地产税收的纳税义务人

（1）产权属国家所有的，由经营管理单位纳税；产权属集体和个人所有的，由集体单位和个人纳税。

（2）产权出典的，由承典人纳税。

（3）产权所有人、承典人不在房屋所在地的，由房产代管人或者使用人纳税。

（4）产权未确定及租典纠纷未解决的，亦由房产代管人或者使用人纳税。

（5）无租使用其他房产的问题。纳税单位和个人无租使用房产管理部门、免税单位及纳税单位的房产，应由使用人代为缴纳房产税。

（6）外商投资企业和外国企业、外籍个人、海外华侨、港澳台同胞所拥有的房产不征收房产税。

9.3.4 征税范围与征税对象

我国房地产税的征税范围只包括城市、县城、建制镇、工矿区的房地产房屋，不包括农村宅基地房屋与其他房屋。

房产税的征税对象是房产。所谓房产，是指有屋面和围护结构，能够遮风避雨，可供人们在其中生产、学习、工作、娱乐、居住或储藏物资的场所。但独立于房屋的建筑物如围墙、暖房、水塔、烟囱、室外游泳池等不属于房产。但室内游泳池属于房产。

由于房地产开发企业开发的商品房在出售前，对房地产开发企业而言是一种产品，因此，对房地产开发企业建造的商品房，在售出前，不征收房产税；但对售出前房地产开发企业已使用或出租、出借的商品房应按规定征收房产税。

9.3.5 我国房地产税的纳税时间

（1）纳税人将原有房产用于生产经营，从生产经营之月起，缴纳房产税。

（2）纳税人自行新建房屋用于生产经营，从建成之次月起，缴纳房产税。

（3）纳税人委托施工企业建设的房屋，从办理验收手续之次月起，缴纳房产税。

（4）纳税人购置新建商品房，自房屋交付使用之次月起，缴纳房产税。

（5）纳税人购置存量房，自办理房屋权属转移、变更登记手续，房地产权属登记机关签发房屋权属证书之次月起，缴纳房产税。

（6）纳税人出租、出借房产，自交付出租、出借房产之次月起，缴纳房产税。

（7）房地产开发企业自用、出租、出借本企业建造的商品房，自房屋使用或交付之次月起，缴纳房产税。

9.3.6 我国房地产税收的计税依据

房产税的计税依据有两种：一是房产从价计征，二是房产从租计征。

（1）从价计征。按照房产余值征税的，称为从价计征。房产税依照房产原值一次减除10%～30%后的余值计算缴纳。其中，扣除比例由省、自治区、直辖市人民政府在税法规定的减除幅度内自行确定。这样规定，既有利于各地区根据本地情况，因地制宜地确定计税余值；又有利于平衡各地税收负担，简化计算手续，提高征管效率。房产原值应包括与房屋不可分割的各种附属设备或一般不单独计算价值的配套设施，主要有暖气、卫生、通风设备等。如果纳税人对原有房屋进行改建、扩建，则要相应增加房屋的原值。

（2）从租计征。按照房产租金收入计征的，称为从租计征。房产出租的，以房产租金收入为房产税的计税依据。

（3）注意如下问题：①房产出租的，以房产租金收入为房产税的计税依据。对投资联营的房产，在计征房产税时应予以区别对待。共担风险的，按房产余值作为计税依据，计征房产税；对收取固定收入的，应由出租方按租金收入计缴房产税。

②对融资租赁房屋的情况，在计征房产税时应以房产余值计算征收，租赁期内房产税的纳税人，由当地税务机关根据实际情况确定。

③新建房屋交付使用时，如中央空调设备已计算在房产原值之中，则房产原值应包括中央空调设备；旧房安装空调设备，一般都作单项固定资产入账，不应计入房产原值。

9.3.7 我国房地产税的税率与计算办法

我国房地产税的税率分为两种：

（1）按房产余值计征的，年税率为1.2%。

（2）按房产出租的租金收入计征的，税率为12%。但对个人按市场价格出租的居民住房，用于居住的可暂减，按4%的税率征收房产税。

我国房地产税的计税办法有三种：

（1）从价计征的计算

从价计征是按房产的原值减除一定比例后的余值计征，其公式为：应纳税额=应税房产原值×（1-扣除比例）×年税率1.2%。

（2）没有从价计征的换算问题

纳税义务发生时间：将原有房产用于生产经营，从生产经营之月起，缴纳房产税。其余均从次月起缴纳。

（3）从租计征的计算

从租计征是按房产的租金收入计征，其公式为：应纳税额=租金收入×12%。

9.3.8 房产税税收的优惠政策

（1）国家机关、人民团体、军队自用的房产免征房产税。但上述免税单位的出租房产不属于免税范围。

（2）由国家财政部门拨付事业经费的单位自用的房产免征房产税。但如学校的工厂、商店、招待所等应照章纳税。

（3）宗教寺庙、公园、名胜古迹自用的房产免征房产税。但经营用的房产不免。

（4）个人所有非营业用的房产免征房产税。但个人拥有的营业用房或出租的房产，应照章纳税。

（5）对行使国家行政管理职能的中国人民银行总行所属分支机构自用的房地产，免征房产税。

（6）从2001年1月1日起，对个人按市场价格出租的居民住房，用于居住的，可暂减按4%的税率征收房产税。

（7）经财政部批准免税的其他房产：

①老年服务机构自用的房产免税。

②损坏不堪使用的房屋和危险房屋，经有关部门鉴定，在停止使用后，可免征房产税。

③纳税人因房屋大修导致连续停用半年以上的，在房屋大修期间免征房产税，免征税额由纳税人在申报缴纳房产税时自行计算扣除，并在申报表附表或备注栏中做相应说明。

④在基建工地为基建工地服务的各种工棚、材料棚、休息棚和办公室、食堂、茶炉房、汽车房等临时性房屋，在施工期间，一律免征房产税。但工程结束后，施工企业将这种临时性房屋交还或估价转让给基建单位的，应从基建单位减收的次月起，照章纳税。

⑤为鼓励地下人防设施的利用，暂不征收房产税。

⑥从1988年1月1日起，对房管部门经租的居民住房，在房租调整改革之前收取租金偏低的，可暂缓征收房产税。对房管部门经租的其他非营业用房，是否给予照顾，由各省、自治区、直辖市根据当地具体情况按税收管理体制的规定办理。

⑦对高校后勤实体免征房产税。

⑧对非营利性的医疗机构、疾病控制机构和妇幼保健机构等卫生机构自用的房产，免征房产税。

⑨从2001年1月1日起，对按照政府规定价格出租的公有住房和廉租住房，包括企业和自收自支的事业单位向职工出租的单位自有住房，房管部门向居民出租的私有住房等，暂免征收房产税。

⑩对邮政部门坐落在城市、县城、建制镇、工矿区范围内的房产，应当依法征收房产税；对坐落在城市、县城、建制镇、工矿区范围以外的尚在县邮政

局内核算的房产，在单位财务账中划分清楚的，从2001年1月1日起不再征收房产税。

⑪向居民供热并向居民收取采暖费的供热企业的生产用房，暂免征收房产税。这里的“供热企业”不包括从事热力生产但不直接向居民供热的企业。

⑫自2006年1月1日起至2008年12月31日，对为高校学生提供住宿服务并按高教系统收费标准收取租金的学生公寓，免征房产税。对从原高校后勤管理部门剥离出来成立的、有法人资格的高校后勤经济实体的自用房产，免征房产税。

9.3.9　房产税的缴税方式

房产税的缴税方式有三种：一是办税服务厅。纳税人可以到住房所在区县税务局的办税服务厅申报纳税专窗，用带有银联标志的银行卡通过POS机当场缴税，并取得“通用缴款书”。二是银行。纳税人也可到就近的中国邮政储蓄银行（自营）等银行在本市办理个人业务的营业网点，使用银行卡或现金缴税。三是付费通网站。纳税人还可以登录付费通网站按照网上流程缴税。

9.3.10　我国房地产税存在的问题[①]

目前我国房产税主要包括与房产相关的税收、与土地相关的税收两类。其中，与房产相关的税收主要集中在房地产的交易环节，而房产取得和保有环节征收的税费相对较少。这对于房屋持有者而言，房产越多只意味着个人财富的增多却不需要为此承担相关税费，房产成为间接避税的避税港。

与土地相关的税收主要体现在房产的开发环节。房地产开发商取得土地需要向政府缴纳相关税费，包括土地出让金、契税、耕地占用税以及土地开发费等。分税制改革以后，地方政府财政收入的主要来源大多依靠土地出让，以费抵税、以费代税等情况十分普遍。2000年至2012年，我国房产税占税收总额的比重大致维持在1.5%左右。

9.3.10.1　税收项目多、税率高，但税基较窄，减免范围有待改进

现行的房地产税收制度中，税收项目比较多，有房产税、营业税、土地增值税、教育附加税、个人所得税、契税、印花税等14项税种。而且税率较高，如果房地产所有者转让房产，则卖方要缴纳营业税，买方缴纳契税。

另外，我国房产税暂行条例制定的时候，考虑到农村的发展速度比城市发

① 靳超.我国房产税法律制度研究. 郑州大学硕士学位论文，2013年4月

展缓慢,而且农村除了农副业生产用房之外绝大部分都是农民自住，故未将农村房产纳入到房产税征收范围之内。因此，暂行条例规定，房产税的征税范围只包括城市、县城、建制镇和工矿区，税基比较窄。

近年来，随着农村经济和农村城镇化的快速发展，农村房产尤其是小产权房借机兴起，这是因为小产权房从土地使用、房屋建设、转让交易等都避开了房产税的管辖。其弊端在于，房产税优惠制度的过度倾斜，造成房产税征收失衡，城市居民承担的房产税税负过重，违背了税收公平原则。此外，机关、国企与事业单位的非经营性房产也没有纳入房产税的征收范围，于是出现了大量的单位福利房等免税或者减税的现象。

9.3.10.2 房产税的计税依据不科学

目前我国房产税的计税依据是房屋原值，即用房屋原值扣除 10%～30%的余值来计算需要缴纳的税额。这种计税方法在当前复杂的市场经济环境下已经不再合理。①房产在使用周期内的税额几乎是固定不变的，这就无法从税收角度反映它的新旧程度与价值高低等信息。②随着基础设施的不断完善、物价水平的不断上升以及房屋使用年限的增加，房产损耗程度不断上升且房产价值不断下降。如果还按照原值来征收房产税，则不符合市场经济的运行规则。③为了避税，纳税人会按照双方交易自愿的原则，采取过低的成交价款达成交易，于是导致税费市场隐形交易的泛滥，造成国家赋税的流失。④计税依据中没有区分自住房屋与经营性房屋，这就让部分房屋所有人或者单位钻房产税法律制度的漏洞，把经营性房屋转化为自用型住房进行偷税漏税，导致国家房地产税的税收流失。

9.3.10.3 房产税的税权过于集中，税制结构不合理

我国现行的税权主要集中在地方政府手中，房产税费主要集中在房地产开发、转让与出租环节上，涉及的税种多达 14 种，实际征收的也有 12 种之多，而且多个环节重复征税。比如营业税与企业所得税在房地产开发、交易、出租三个环节都必须缴纳。除房产税外，房产环节还存在多种多样的收费项目，如开发阶段的费用、交易阶段的费用、综合服务费、房地产权属登记费等。这不仅加重了纳税人的负担，提高了房地产经营成本，造成了房价上涨与地方政府的土地依赖，降低了税收的房产调控功能，还滋生了偷税漏税与贪污腐败问题，以上这些都严重损害了政府形象和政府公信力。

阅读资料一：中华人民共和国房产税暂行条例

文号：国发［1986］90 号　发文单位：国务院　发文日期：1986-9-15

第一条　房产税在城市、县城、建制镇和工矿区征收。

第二条　房产税由产权所有人缴纳。产权属于全民所有的，由经营管理的单位缴纳。产权出典的，由承典人缴纳。产权所有人、承典人不在房产所在地的,或者产权未确定及租典纠纷未解决的，由房产代管人或者使用人缴纳。

前款列举的产权所有人，经营管理单位，承典人，房产代管人或者使用人，统称为纳税义务人（以下简称纳税人）。

第三条　房产税依照房产原值一次减除 10%至 30%后的余值计算缴纳。具体减除幅度,由省、自治区、直辖市人民政府规定。没有房产原值作为依据的，由房产所在地税务机关参考同类房产核定。房产出租的，以房产租金收入为房产税的计税依据。

第四条　房产税的税率，依照房产余值计算缴纳的，税率为 1.2%；依照房产租金收入计算缴纳的，税率为 12%。

第五条　下列房产免纳房产税：

一、国家机关、人民团体、军队自用的房产；

二、由国家财政部门拨付事业经费的单位自用的房产；

三、宗教寺庙、公园、名胜古迹自用的房产；

四、个人所有非营业用的房产；

五、经财政部批准免税的其他房产。

第六条　除本条例第五条规定者外，纳税人纳税确有困难的，可由省、自治区、直辖市人民政府确定，定期减征或者免征房产税。

第七条　房产税按年征收，分期缴纳，纳税期限由省、自治区、直辖市人民政府规定。

第八条　房产税的征收管理，依照《中华人民共和国税收征收管理暂行条例》的规定办理。

第九条　房产税由房产所在地的税务机关征收。

第十条　本条例由财政部负责解释；施行细则由省、自治区、直辖市人民政府制定，抄送财政部备案。

第十一条　本条例自 1986 年 10 月 1 日起施行。

9.4 房地产税收管理

9.4.1 完善房地产统一登记制度，为税收管理提供准确信息基础

我国现行的房地产登记制度规定，房屋与土地在不同部门登记，这就增加了房地产统一登记制度的困难。另外，有些部门是垂直管理，有些部门是地方管理，这就需要把涉及国家和地方的行政系统予以整合，包括对应的法律规定，像目前的土地法、城市房地产管理法、物权法等法律法规。因此，国务院办公厅于2013年3月28日发布《关于实施〈国务院机构改革和职能转变方案〉任务分工的通知》，其中就提出2014年6月底前出台不动产统一登记制度。这是要建立以公民身份为基础的房地产统一登记制度,避免再出现2012年末的“房叔房姐”问题，从制度上加强社会管理，预防腐败。

9.4.2 执行严格的房地产评估制度，为税收管理提供正确的计价基础

1992年，我国实行土地有偿使用时规定，要“实行房地产价格评估制度”。2000年6月1日，国家标准的《房地产估价规范》正式实施，房产评估作为一种行业开始出现。但房地产评估权问题始终没有设定，目前主要由评估公司评估完成。这容易出现审核混乱、质高价低等舞弊问题，买卖双方还会使用“阴阳合同”来规避各项税收，致使房产税收流失。而美国、英国等国家先后设立独立的房产评估机构，该机构作为政府的专门行政职能部分来履行职责，遵循评估与征管相互独立的原则，保证评估结果的公允，避免行业舞弊问题和税源流失问题。

9.4.3 宽税基、简税制、重持有、低税率，扩大房地产税的征收范围

美国房产税制度的基本特征是宽税基、简税制与低税率。除了宗教、公共、慈善等房产免征外，其他房地产都必须征税，不过税收的种类比较少，比如房地产保有环节只设置了财产税，而且流通环节的税收比例小、优惠多。而我国

目前的房地产税税基窄、税制多、税率高。征收范围只涉及城市、县城、建制镇和工矿区，不包括广大农村地区，故税基比较窄。

而税收项目却繁多，包括房产税、土地税、契税、营业税、个人所得税、教育附加税等，主要是对房地产的流通环节征税，税率还比较高。因此，可以考虑进行税制改革，由“税基窄、税制多、持有轻、税率高”向“税基宽、税制少、持有重、税率低”的方向转化，不仅要扩大房产税的征收范围，把农村住房和企事业单位住房纳入征税范围，而且要加大房产持有环节的税收，以扩大财政收入。

然而，需要说明的问题是，通过征收房地产税来管理房地产价格，不仅存在缺陷而且存在风险，征收房产税难以起到降低房价的作用。我国房产税难以推行的困境在于，城市土地属于国家所有，而且已经收取 70 年的土地出让金和土地使用权，只要不改革现有的土地制度，仅仅寄希望于房产税来降低房价，就难以做到有效管理。这是因为卖方市场会把政府增加的房产税成本，转嫁到租金和房价中，不仅导致房价和租金上涨，而且最终还是由买方和租房人买单，必将进一步加剧公众的税收负担。

阅读资料二：房地产转让的税收

一、契税（受让人缴纳）

新建商品住房买卖：按房价的 3%（个人购买普通住房为 1.5%）。

非居住新建商品房买卖：按房价的 3%。

存量住房买卖：按房价的 3%（个人购买普通住房为 1.5%）。

非居住存量房屋买卖：按房价的 3%。

交换：房屋交换差价支付方按差额的 3%。

赠与：按房地产评估价格的 3%。

预购商品房及其转让：按房价的 3%（其中个人预购普通住房按房价的 1.5%）预征。

二、印花税

（1）合同印花税：新建商品住房买卖、新建非居住商品房买卖：受让人按房价的 0.03%；存量住房买卖、非居住存量房屋买卖：买卖双方各按房价的 0.05%。

（2）权利、许可证照印花税：房屋产权证每件 5 元。

三、营业税（5%）

个人将购买不足 5 年的住房对外销售的，全额征收营业税；个人将购买超过 5 年（含 5 年）的普通住房对外销售的，免征营业税；个人将购买超过 5 年

（含 5 年）的非普通住房对外销售的，按其销售收入减去购买房屋的价款后的余额征收营业税。

单位销售或转让其购置的不动产，以全部收入减去不动产或土地使用权的购置或受让原价后的余额为营业额。

单位和个人销售或转让抵债所得的不动产，以全部收入减去抵债时该项不动产作价后的余额为营业额。

四、个人所得税

个人转让住房，以其转让收入额减除财产原值和合理费用后的余额为应纳税所得额，按照"财产转让所得"（20%）缴纳个人所得税。

纳税人未提供完整、准确的房屋原值凭证，不能正确计算房屋原值和应纳税额的，税务机关可对其实行核定征税，即按纳税人住房转让收入的一定比例（上海：1%）核定应纳个人所得税额。

房屋出租、转租的税收：

出租、转租：不缴纳契税；租赁双方按合同金额的 0.1%缴纳印花税。

个人出租居住：出租人按房屋租金的 5% 缴纳综合税款。

个人转租居住房屋：转租人按房屋租金的 2.5%缴纳综合税款。

单位出租房屋、个人出租非居住房屋：

营业税：按租金的 5%（附加 0.56%）。

所得税：个人按 20%，单位按 33%（有优惠按优惠税率）。

房产税：从事房地产租赁业务的企业租赁办公楼，按房产原值×80%×1.2%；其他按年租金收入×12%。

单位转租房屋、个人转租非居住房屋：

营业税：按租金的 5%（附加 0.56%）。

所得税：个人按 20%，单位按 33%（有优惠按优惠税率）。

分析思考

一、基本概念

房地产税收　土地增值税　营业税　契税　印花税　城市维护建设税

二、思考题

1. 房地产税收的起源是什么？
2. 房地产税收的种类是什么？
3. 房地产税收的特征是什么？
4. 美国房地产税收制度的内容是什么？

5. 英国房地产税收制度的内容是什么?
6. 德国房地产税收制度的内容是什么?
7. 韩国房地产税收制度的内容是什么?
8. 新加坡房地产税收制度的内容是什么?
9. 墨西哥房地产税收制度的内容是什么?
10. 我国房地产税收制度的发展历程是什么?
11. 我国房地产税收制度的特征是什么?
12. 我国房地产税收制度的内容是什么?
13. 我国房地产税收制度存在哪些缺陷?
14. 我国房地产税收制度如何管理?

推荐阅读

1. 李晶.中国房地产税收制度改革研究[M].大连：东北财经大学出版社，2012

2. 李乃康，易文华，王林.我国房地产税收制度改革研究[J].中国房地产，2013（10）

3. 靳超.我国房产税法律制度研究[D].郑州大学硕士论文，2013

第 10 章　房地产市场风险与风险管理

通过学习本章，可以掌握：

※ 风险的含义、产生前提、分类、主要特点和理论基础

※ 不确定性的含义、产生原因、分析方法和主要作用

※ 房地产市场风险的含义、类型、识别方法和规避方法

※ 国内外已有的房地产风险案例

※ 国内房地产市场风险的已有研究、现实表现和可能后果

※ 国内房地产市场的风险管理

导　言

房地产市场风险是房地产市场管理的重要内容。既然如此，不确定性是什么？风险的定义、特征、产生原因、类型、作用分别是什么？房地产市场风险的含义、类型、识别方法、规避方法分别是什么？国内外已有的房地产风险案例有哪些？国内房地产市场风险的已有研究、现实表现、可能后果是什么？国内房地产市场如何进行风险管理？本章将逐个讲述。

10.1　不确定性与房地产市场风险概述

10.1.1　风险的定义

远古时期，渔民在长期的捕捞实践中，深深地体会到“风”给他们带来的危险是无法预测、无法确定的。他们认识到，在出海捕鱼的生活中，“风”就意味着“险”即危险。因此，“风险”一词产生于渔民的捕捞实践。

1901年，美国著名学者A.M.Willet在《风险与保险的经济理论》中提出："风险是关于不愿意发生的事件发生的不确定性之客观体现。"随后，许多学者与专业组织对风险进行定义。1972年，J.S. Rosen将风险定义为：损失发生的不确定性。1985年，C. A. Williams认为，风险是在给定条件和某一特定时期内事件未来可能发生的结果的不确定性。1993年，30国集团在《衍生证券的实践与原则》报告中，把市场风险描述为经过某一时间间隔，具有一定公信区间的最大可能损失，并将这种方法命名为Value at Risk，简称Var方法。2000年，叶青、易丹辉把风险定义为：在一定时间内，由风险因素、风险事故和风险结果递进联系而呈现的可能性。2003年，王明涛认为，所谓风险是指由于各种不确定性因素的作用，决策过程产生的决策方案在一定时间内，出现不利结果的可能性及其可能损失的程度；包括损失的概率、可能损失的数量以及损失的易变性三方面的内容，其中最重要的是可能损失的程度。还有学者认为，风险是决策的实际结果偏离其期望结果的程度，是期望收益或可能受益的方差。

风险是指一定条件和一定时间内，各种可能受损结果发生的不确定性及其受损程度。风险本身既包含了各种可能结果的不确定性，也包含了各种可能损失的不确定性。如果风险表现为可能结果的不确定性，则说明风险的结果可能是获利、损失或者既无损失也无获利，这属于广义风险的范畴，比如房地产金融风险。如果风险表现为损失的不确定性，则说明风险只能表现出损失，没有获利的可能性，这属于狭义风险的范畴。

10.1.2 风险产生的前提：不确定性

10.1.2.1 不确定性的定义

不确定性（uncertainty）是指经济主体对于未来的经济状况，尤其是收益与损失的分布范围与状态不能事先确知，是风险产生的前提条件，属于风险管理的范畴。长期的经济实践说明，人们对未来事件的分析和预测，都是根据以往的数据资料或者过去的经验，但环境变量总是在发展变化的，因此，预测结果往往不会完全符合未来的真实情况。而且距离时间越远，变量的变化就会越大，预测的偏差也会越大。总之，只要某种决策的可能结果不止一种，就会产生不确定性，而且经济行为主体事先难以准确知道该决策所产生的实际结果。因此,要提高决策的科学性与可靠性，就必须正确分析和评估事件的不确定性。

10.1.2.2 不确定性产生的原因

产生不确定性的因素很多，主要包括以下几个：

（1）经济形势与经济环境因素。在市场经济的环境下，国家的经济发展、宏观经济政策的调整、改革措施的推进、通货膨胀的出现，以及微观经济下的价格、产量、支出、收入等因素，对经济行为本身均会产生影响。如果以上这些因素本身在不断地发生较大变化，那么它们无疑会加重经济行为的不确定性。

（2）社会因素。社会因素中的人口总量变化、人口结构变化、消费观念、消费习惯、公众预期等的改变，也都会对经济行为产生难以准确预测的影响。如果该经济行为本身的周期又特别长，那么这些影响所导致的不确定性必定会更加明显。

（3）不充分与不完全信息。由于信息具有大量性与及时性的特征，任何经济主体要想获得充分信息都是需要花费巨额财富和大量时间的，而实际情况是，在规定时间内几乎是不可能的。由于信息无论是质量还是数量方面，都无法满足准确预测未来的现实需要，所以经济主体所掌握的信息十分有限，其理性往往是不完全的，其决策必定存在或大或小的偏差，于是经济行为的不确定性难以避免。

（4）技术进步因素。斯密认为，只有市场经济制度才是使人类富裕和谐的康庄大道。从利己心出发，市场经济最终能实现公共利益。法拉第、贝尔、福特、乔布斯等都是追求自我利益的，然而正是他们的这种追求，才为人类做出了卓越的贡献。市场经济制度的优点在于，它能激励人的激情与创造性，允许并鼓励创新，运行成本小但效率比较高。因此，未来的某种技术实现进步或者新技术的诞生都很有可能，但这种可能性在事先却难以预测。

（5）其他因素导致的不确定性，比如统计数据的可靠性大小、数据不足、假设的不合理不真实、数据处理方法的局限性，以及操作人员的主观随意性、偏好、工作的严谨程度等，这些因素都会使得项目的预期效果与操作结果产生差距，甚至是严重偏离。

10.1.2.3 不确定性分析的主要方法

不确定性分析的主要方法有盈亏平衡分析、敏感性分析两种。在具体应用时要充分考虑事件的类型、特点、周期、目标、人力、物力、财力等因素。

（1）盈亏平衡分析。盈亏平衡分析（Break-even Analysis），又称保本点分析或本量利分析法，是在完全竞争或者垄断竞争的市场条件下，根据产品的业务量或产量与销量、产品成本、销售利润之间的相互制约关系，掌握盈亏变化的临界点（保本点）而进行选择的方法。

盈亏平衡分析的重点是确定盈亏平衡点。总成本 $C=F+C_v\times Q$，总收入 $S=P\times Q$，由盈亏平衡方程 $C=S$ 即 $P\times Q=F+C_v\times Q$ 得到盈亏平衡点（销售量）：$Q=F/(P-C_v)$。其中，P 为产品销售价格，F 为固定成本总额，C_v 为单件变动成本，Q 为销售数量，S 为销售收入。如果盈亏平衡点比较低，则造成亏损的可能性就比较小，项目盈利的可能性就比较大，项目适应外部环境变化的能力和抵抗风险的能力也会比较大。如果盈亏平衡点比较高，则造成亏损的可能性就比较大，项目盈利的可能性就比较小，项目适应外部环境变化的能力和抵抗风险的能力也会比较小。

盈亏平衡分析可用来控制成本、预测利润、判断经营状况。盈亏平衡分析可以对项目的风险情况与各个因素不确定性的承受能力进行科学的判断，为投资决策提供依据。

（2）敏感性分析。敏感性分析主要是分析某个或某几个敏感性较强的因素对决策行为的经济效果带来的影响以及影响程度。其中，敏感性较强是指该因素发生变化甚至是微小的变化也会导致项目方案的经济效果发生重大变化，以至于调整对策。因此，敏感性分析亦称灵敏度分析。敏感性分析是可行性研究的一项重要程序，是方案决策的依据之一。它表明项目可能容许的风险程度以及应采取的相应措施。敏感性因素包括 5 个方面：产品价格变动；原材料的供应来源、运输方式与保管方法；市场需求与销售方式；施工速度和达产时间（达到生产能力的时间）；资金来源、贷款利率等。

10.1.2.4　不确定性分析的主要作用

不确定性分析既能减少投资决策的失误，又能提高项目的风险防范能力。项目建设的总投资额、建设周期、销售收入、成本等统计指标不同于真实指标，而且二者往往存在较大差异。通过对经济、社会、信息等因素的不确定性分析，可以预测这些差异的取值范围，然后进行研究判断并采取相应措施，规避可能存在的风险，调整投资对策。

10.1.3　风险的分类

风险按照性质分为纯粹风险与投机风险。前者是指只有损失机会，而没有可能获利的风险；后者是指既有损失的机会，也有可能获利的风险。按照风险产生的环境分为静态风险与动态风险。前者是指由于自然力的不规则变动，或者因为人们的过失行为所导致的风险；后者指由于经济、社会、科技，或者政治变动产生的风险。按照发生风险的原因分为自然风险、社会风险、经济风险。其中，自然风险是指由于自然因素或物力现象所造成的风险；社会风险是指由个人或团体的社会行为所导致的风险；经济风险是指在经济活动过程中，因市场因素或者因经营管理不善导致经济损失的风险。按照致损对象可以把风险划分为财产风险、人身风险与责任风险。其中，责任风险是指因行为人的行为不当或不作为，导致他人财产损失或人身伤亡后果的，行为人应负经济赔偿责任的风险。

10.1.4 风险的主要特点

风险本身存在如下特点：

（1）风险的客观性。所谓风险的客观性是指风险独立于人的主观意识、不以人的主观意志为转移。但风险的客观性并不意味着人类在风险面前无能为力，相反，人们可以发挥主观能动性，通过掌握客观事物的运动规律，认识风险并加以利用，最大限度地降低风险或者减少损失。不过，风险客观性也意味着可以减少或者降低风险带来的损失程度，却不可能从根本上消灭它。

（2）风险的普遍性。风险的普遍性是指风险普遍存在于客观事物的运动过程之中。风险的普遍性要求我们在看待风险时要头脑清醒，并尽量采取合理措施降低风险、减少损失，而不是忽视风险、无视风险的存在。

（3）风险的损失性。风险的损失性意味着风险的存在一定程度上必将给我们带来损失，区别在于其损失的程度不同而已。所以，许多学者在研究风险问题时，往往是从风险带来的损失角度展开的。

（4）风险的相对性和群体性。风险的相对性和群体性是指同一种风险对于不同的人群来讲其风险程度是不同的，或者不同风险对于同一个群体来讲其风险程度也是不同的。人群可以按照风险程度的大小区分为风险偏好型、风险中立型、风险规避型三种。所谓风险偏好型，是指经济主体偏好有风险的事件，期待着从高风险中获取高收益。所谓风险中立型，是指经济主体对于风险的大小及其危害程度，既不存在偏好也不存在厌恶。所谓风险规避型，是指经济主体在预测到风险的存在及其可能带来的损失后，主动采取措施规避风险带来的可能损失。

（5）风险的可测可控性。所谓风险的可测可控性，是指人们依据客观事物运动情况的往期数据，利用现代科技手段和方法对风险的成因、发生频率、影响程度及其带来的经济社会危害后果等问题能够提前预测，并可以采取相应措施管控风险以减少风险带来的损失。

10.2 风险分析的理论基础

房地产风险分析的理论基础应该是虚拟资本理论、经济周期理论与资产泡沫理论。查阅相关文献得知，经济学前辈对房地产风险问题的研究由来已久。了解虚拟资本理论与资产泡沫理论，有助于更加深刻地认识房地产市场的运行机制，充分理解部分城市房价上涨所引发的潜在经济风险、政治风险与社会风险。

10.2.1 虚拟资本理论

在《资本论》第 25 章“信用和虚拟资本”中，马克思分析了虚拟资本理论问题。他在该章明确指出虚拟资本的价值:“真正的信用货币不是以货币流通(不管是金属货币还是国家纸币）为基础，而是以汇票流通为基础。”

虚拟资本是指独立于现实的资本运动之外的、以有价证券的形式存在的、能给持有者按期带来一定收入的资本，比如股票、债券以及不动产抵押单等。

虚拟资本可以分为狭义与广义两种。其中，狭义的虚拟资本一般是指专门用于债券、股票等有价证券的价格，它是最为一般的虚拟资本。马克思在论及国债时曾经说过:“不管这种交易反复进行多少次，国债的资本仍然是纯粹的虚拟资本；一旦债券卖不出去，这个资本的假象就会消失。” 而广义的虚拟资本包含以下几个方面：①有价证券（股票、债券等）；②银行的借贷信用（汇票、期票与存款货币等）；③名义存款准备金；④由投机票据等形成的资本。

马克思本人侧重从狭义角度阐述虚拟资本理论。这是因为他曾经指出:“虚拟资本，生息证券，在它们本身是作为货币资本而在证券交易所内流通的时候，也是如此。”马克思在这里说明，虚拟资本实际上是“生息的证券”。

虚拟资本是信用制度与货币资本化的必然产物。第一，虚拟资本是信用制度的产物。在资本主义社会中，信用制度存在两种基本形式：一是商业信用，二是银行信用。商业信用这种支付凭据演变成商业信用工具即商业货币，然后进入流通领域，因此它本身已经包含了虚拟资本的成分。随着商业信用的发展，银行信用与银行券便出现了。第二，虚拟资本不仅伴随着货币资本化的过程出现，而且还是生息资本的派生形式。法律意义上的所有者跟经济意义上的所有者之所以会分离，其主要原因在于生息资本导致了资本的所有权与使用权的分离。

虚拟资本跟实体资本关系密切。第一，实体资本是虚拟资本的基础。如果没有实体资本和实体经济，则不会产生虚拟资本。如果股份制企业等实体经济不产生，则股票、债券等有价证券形式也就不会产生。第二，实体经济是虚拟资本利润的源泉。虚拟资本的利润根源于实体经济，也就是说，虚拟资本能够获得利润但它却不会创造价值。实体资本进行有效运作是虚拟资本实现价值增值的必要前提。这正如马克思在《马克思恩格斯全集》第25卷所说，虚拟资本是“现实资本的纸制复本”，它能够间接反映现实资本的运动效果。第三，虚拟资本独立于实体资本。虚拟资本虽然产生于实体资本，而且必须借助实体资本进行运动，但它又是从实体资本中独立出来的资本形式，具有独立性。它的市场价值由证券的定期收益与利率决定，而且与定期收益成正比，与利率成反比，并不随职能资本的变动而变动。其价格波动，既取决于有价证券的供求，也取决于货币的供求。

虚拟资本具有正面效应。首先，它扩大了货币资本的积累规模和积累速度。股票等虚拟资本作为现实资本的纸制复本，代表着对未来收益的索取权，其大量发行显然有利于扩大货币资本积累。其次，它促进资本的集中。以有价证券形式存在的资本，为企业的兼并与重组提供了现实条件。再次，加快资本周转的速度。虚拟资本通过加快资本周转速度和缩短周转时间的方式，创造出更大的经济效益。

虚拟资本也具有负面效应。其一，虚拟资本容易造成虚假繁荣，产生经济泡沫。有价证券的买与卖成为现实的投机工具，会造成虚假繁荣，产生价格泡沫，甚至爆发经济危机。其二，缩小整个社会的支付能力。危机爆发后，商品和有价证券都将难以转化成货币，这必然会缩小全社会的支付能力。其三，生息货币的过剩或不足，增加了宏观经济调控的难度。虚拟资本积累快于现实资本积累时，生息的货币资本不仅不再能够真实反映现实货币资本的积累情况，而且还会进行自我扩张，这必将导致现实资本的供求明显差别于生息货币资本的供求。

10.2.2 马克思主义经济周期理论

马克思于1867年在其名著《资本论》中对经济周期问题进行了深入研究。之后，学术界把繁荣、衰退、危机、停滞四个阶段周而复始的过程称为经济周期。

经济周期的原因。马克思认为，经济周期是在贫富分化严重、产业联动性加强和发达的银行制度条件下才会发生的问题。贫困化会导致购买力明显不足，而购买力不足则会导致产品过剩。消费资料的过剩会导致生产资料过剩，这是经济周期的必要条件。购买力不足与产品过剩的矛盾虽然通过消费贷款的方式得以延迟，但又得以加深。

经济周期的长度。马克思在《资本论》第3卷第554页提到，“在世界贸易的幼年期，自1815-1847年，大约五年一个周期；自1847-1867年，周期显然十年一次”。而且，《资本论》第1卷第694页也提到，“现代工业特有的生活过程，由中等活跃生产、高度繁忙、危机和停滞这几个时期构成的、穿插着较小波动的十年一次的周期形式，就是建立在产业后备军或过剩人口的不断形成、或多或少地被吸收、然后再形成这样的基础之上的”。但不能把经济周期理解成具有确定的时间间隔的理论，周期的长度要看时间和空间的条件。

经济周期的物质基础是固定资本的大规模更新。《资本论》第2卷第207页提到，“这种由若干互相联系的周转组成的包括若干年的周期（资本被它的固定组成部分束缚在这种周期之内），为周期性的危机造成了物质基础……虽然资本投下的时期是极不相同和极不一致的，但危机总是大规模新投资的起点。因此，就整个社会考察，危机又或多或少地是下一个周转周期的新的物质基础”。

经济周期会依次经历复苏、高涨、危机、萧条四个阶段。马克思《资本论》中讲到：“随着大工业的产生，这种正确比例必然消失；由于自然规律的必然性，生产一定要经过繁荣、衰退、危机、停滞、新的繁荣等等，周而复始地更替。”

经济危机的治理。《资本论》认为，治理经济危机，可以从缩小两极分化、找准产业关联、解决信用链条的薄弱环节三个方面入手，实现治理的目的。如果没有两极分化、没有产业关联、没有发达的信用制度，就不会发生经济危机。

10.2.3 经济泡沫与房价泡沫理论

（1）经济泡沫

所谓经济泡沫，是指局部的投机需求或虚假需求使资产的市场价格脱离其内在价值的部分。经济泡沫的实质是资产价格与经济基础条件相背并出现明显膨胀。1978年，美国经济学家C.Kindleberger认为：“泡沫状态这个名词，随便一点说，就是一种或一系列资产在一个连续过程中陡然涨价，开始的价格上升会使人们产生还要涨价的预期，于是又吸引了新的买主—这些人一般只想通过买卖牟取利润，随着涨价，常常是预期的逆转，接着就是价格暴跌，最后以金融危机告终或者以繁荣的消退告终而不发生危机。”

1981年，Robert P.Flood 和 Peter M.Garber发现，在理性预期的经济主体不会犯系统性预期误差错误的假定前提下，泡沫产生于实际市场价格伴随预期的变动率上升而上升的时期，而且理性预期的假定构成理性泡沫模型的理论基础。1987年，Charles P.Kindleberger 研究了经济泡沫和泡沫经济的产生、膨胀和破灭的总过程，认为泡沫产生于资产价格的连续急剧上升，破灭于市场预期逆转后资产价格的急剧下跌期。

对经济泡沫的检验分为直接检验和间接检验两种。1980年，Flood和Garber

分析了德国的严重通货膨胀，给出确定性泡沫的直接检验。1991 年，Froot Obstfreld 分析了美国股票价值，给出了内在性泡沫的直接检验。而 1981 年，Shiller 和 Porter 提出了超常易变性检验的间接检验。2000 年，刘立峰通过研究虚拟资本认为，虚拟资本以经济泡沫的形式存在，经济泡沫是虚拟资本增殖过度膨胀的结果，而经济泡沫会在多方面和多渠道影响经济发展。2001 年，扈文秀和席酉民使用 IS-LM 模型研究了非理性经济泡沫后认为，泡沫经济虽然不会脱离局部的经济泡沫，但是，如果货币当局的货币政策没有失误，那么，不大可能会产生泡沫经济。

经济泡沫具有固定的形成机制。中国台湾 1990 年的楼市和股市泡沫、泰国 1997 年的房产泡沫、美国 2000 年网络股崩溃等案例说明，人的非理性行为会导致泡沫经济的形成，经济虚拟化会催生经济泡沫。因此，经济泡沫起源于股票和房产市场的过度投机，形成于信用制度、有限理性、信息传递的时滞和不完整，被刺穿于价格机制和货币发行的有限性。

需要说明的问题是，适度的经济泡沫却是有利于经济发展的。关键在于确定经济泡沫的风险控制区，而风险控制区由金融系统的安全程度、财政调节的有效程度以及国家外债的借支能力三方面的力量决定。适度的经济泡沫会促进经济增长，只有经济泡沫的持续膨胀才会对实体经济产生威胁。

（2）房产泡沫分析

经济学者认为，房地产容易产生泡沫，而且房地产泡沫可以测算。1996 年，中尾宏使用收益还原模型给出了东京商业用地的理论价格公式，即不动产价格=纯收益/（安全资产利率+风险补偿率-租金预期上涨率）；他通过计算发现，东京商业用地的实际价格自 1983 年以来就已经开始大幅高于理论价格。1996 年，Abraham 和 Hendershott 通过市场供求因素建立数学模型，找出市场均衡价格时的住宅价格基值，并与实际价格比较得出泡沫程度数据。1997 年，Charles Collyns 和 Abdelhak Senhadji 实证分析了东南亚各国银行信贷、资产价格波动以及金融危机三者之间的关系，发现银行信贷膨胀是造成这些国家资产价格较大波动的重要原因。2000 年，Allen 和 Gale 认为银行等中介机构的代理问题引起资产价格的投机泡沫。

多数学者认为，金融机构等在泡沫产生方面具有不可推卸的责任。1986 年，Cuttentag 等将银行的贷款集中决策模型化，初步研究了银行在地产泡沫形成和破裂过程中的作用。1998 年，Allen 用模型说明银行等金融中介的代理问题会导致地产泡沫。1998 年，Wrong 阐述了在经济过热和国际资本流入等情况下，地产商与百姓对未来的过度预期会形成羊群效应，最终会导致地产泡沫产生和膨胀。1999 年，Krugman 研究后认为，所有地产泡沫都具备共同属性即由银行融资产生。

2002 年，Minsky 研究了日本 20 世纪 80 年代的经济后得出，地产泡沫产生于货币政策的失误。当时，日本银行为鼓励投资、刺激经济而降低利率，使得大量银行资金纷纷进入房地产行业，加上房产金融缺乏严格纪律约束，这样，宽松融资环境产生大量不良信贷。2005 年，Winston T.H. Koh 认为，对市场的乐观预期推动资产价格泡沫的形成，并实证分析了 20 世纪 90 年代泰国、马来西亚以及印度尼西亚房价泡沫的基本情况，发现金融机构进行抵押贷款时低估了已经存在的潜在风险。2008 年，何正霞和许士春通过分析普通居民的微观价格决策，解释了房价泡沫如何形成与怎样破灭的问题。

10.3 房地产市场风险

10.3.1 房地产市场风险的概念

房地产市场风险是指政策因素、货币因素、房地产市场价格、供求结构、借款人收入等宏微观因素改变所引起的房地产市值出现负面变化的风险。[①]房地产市场风险主要包括两个方面：一是房地产投资风险，即房地产投资收益由于受到随机因素的干扰而偏离预期收益的程度，主要变现为投资收益下滑的可能性；二是房地产金融风险，是指银行在为房地产企业提供融资、清算等金融服务的过程中，由于受到内外部不确定因素的干扰，使得银行的实际收益偏离预期收益并且会造成损失的可能性。在市场经济条件下，房地产行业面对的不确定因素非常多，比如国内外政局变动、经济政策调整变动、居民收入水平的变动、人口结构的改变等，这些不确定因素容易引发房地产市场风险的发生。

10.3.2 房地产市场风险的类型

从风险形成的角度，可以把房地产市场风险分为以下几个类型：

（1）土地与土地制度风险。房地产市场的基础资源是土地，而土地的基本特征是稀缺性与不可再生性。土地本身具有需求弹性大、供给弹性小的明显特点，其需求量受价格因素的干扰比较明显，但其供给量却难以随需求的增加而

① 鄂紫晴. 房地产市场风险. 百度词条. 2013

快速增加。土地价格会随着土地需求的增加而迅速上涨，只要土地供给的速度跟不上土地需求的增幅，必将导致土地价格在供需脱节中连续上涨。

此外，我国土地使用制度的基本特点是所有权与使用权相互分离，政府垄断了土地一级市场，这就容易产生政府配置土地资源的制度性成本提升、土地产权管理制度不规范、委托代理问题滋生等土地制度性风险。因此，土地资源的稀缺性、垄断性、投机性必然导致土地价格的上涨，使房地产价格偏离其实际价值，为风险的形成和积累提供了基础条件。

（2）房地产市场的政策风险。房地产市场的政策性风险是指因政府的经济政策、房地产产业政策，以及某些房地产干预措施导致的房地产市场收益不确定性的风险。房地产市场的政策性风险有多种表现形式：一是房地产政策目标制定不恰当，或在实施过程中发生偏差所引起的房地产风险；二是由政策传导机制中断引起的房地产业发展预期的不确定性风险，其政策传导机制中断常常因时滞、部门间协调不足以及故意延误等因素引起；三是由于政府房地产政策的不连续引起的房地产风险。

（3）房地产市场的投机投资风险。房地产本身具有保值、增值的功能，住房需求不仅是消费需求而且是投资投机需求。同时，房地产本身不仅具有实体经济的内容，还有虚拟经济的内容。房地产交易是一种资产交易行为，可在房地产管理部门的约束下反复进行，于是经常发生从房地产投资投机中获利的现象，但容易导致投机投资过度并积累风险。另外，住房抵押贷款制度的普遍实施，不仅把潜在的次级购房意愿转化成了现实的次级房产购买力，而且把潜在的次级房产投机投资意愿也部分转化成了现实的次级房产投资投机需求量，这必然会加大房地产市场的投机投资风险。

（4）房地产自身因素引起的内生性风险。房地产市场的内生性风险包括经营管理风险、财务风险、信用风险、流动性风险、抵押风险、利率风险等。其中，经营管理风险是指由于房地产企业经营管理不规范、效率低下、企业家掌控能力不足等因素引起的风险。财务风险是指房地产投资者的财务状况恶化，其投资收益不足以抵偿投资成本时发生的风险。信用风险即违约风险，是指企业融资或者个人消费信贷到期未能还本付息而产生的风险。根据违约者主观意志的不同，违约风险可以分为理性违约、被迫违约两种。流动性风险是指银行因发放长期住房债权而降低了资产的变现能力并由此导致资金周转困难的风险。抵押风险是指由于自然灾害与意外事故等不可抗力因素，抵押人故意隐瞒抵押物的真实权属关系，抑或抵押物处置不当，导致抵押物发生自然损失造成价值下降所带来的风险。

（5）房地产市场其他类型的风险，比如通货膨胀、通货紧缩、自然灾害、国外金融危机输入等因素引起房地产市场波动的风险。

从房地产金融风险状态的角度，可以把房地产金融风险划分为静态风险和动态风险两种。从银行监管角度，根据巴塞尔《有效银行监管的核心原则》和我国现有的金融管理体制，可以把房地产金融风险分为流动性风险、信用风险、利率风险、操作风险、法律风险等。从风险产生根源的角度，可以把房地产金融风险划分为自然风险、经济风险、政治风险、社会风险、技术风险等五种类型。从风险性质的角度，可以把房地产金融风险划分为信用风险、流动性风险、市场风险和政策法律风险等四类。从贷款的具体类型角度，可以把房地产金融风险划分为土地贷款金融风险、开发贷款金融风险和个人贷款金融风险等。

10.3.3 房地产市场风险的识别

房地产风险识别是指在房地产风险发生之前，运用各种方法系统地、连续地认识房地产所面临的各种风险，并分析房地产风险发生的潜在原因。房地产风险识别过程包含感知房地产风险和分析房地产风险两个环节，分析房地产风险是房地产风险识别的关键。

房地产风险识别涵盖环境风险、市场风险、生产风险、技术风险、财务风险、人事风险六个方面。所谓房地产环境风险是指国家宏观经济政策变化，社会文化、人口机构等变量变化引起的风险。房地产市场风险指市场供需格局的变化、消费者消费偏好的变化、竞争格局的变化等市场变量引起的风险。房地产生产风险是指房地产因计划失误或者计划中断引起的风险。房地产技术风险是指房地产企业在技术创新的过程中由于没能实现技术突破或者无法商业化等因素引起的技术创新失败的风险。房地产财务风险是房地产企业因收支状况发生意外变动给企业财务造成困难而引发的风险。房地产人事风险是指房地产企业因人事关系改变而引发的风险。

房地产风险的识别方法包括项目可行性分析、生产流程分析、投入产出分析、资产负债分析、损失清单分析、头脑风暴法、德尔菲法、幕景分析法、故障树分析法、筛选-检测-诊断分析法等宏微观识别方法。其中，1939 年美国人 A·F·奥斯本首创的“头脑风暴法”即专家会议法，是指进行无限制的自由联想和讨论，其目的是激发新设想或产生新观念。20 世纪 40 年代，赫尔穆与达尔科首创的德尔菲法，是指专家之间不相互讨论，不发生横向联系，只能与调查人员沟通，采取匿名方式发表意见，并通过多轮修改汇总成基本一致看法的方法。幕景分析法是只对一个决策项目的未来状况进行图表、曲线或者数据的描述，提供未来几年内的最好结果、最坏情况与最可能发生的情况等三种不同的预测，为决策提供参考依据。

此外，1962 年美国贝尔电报公司的电话实验室开发了故障树分析法（Fault Tree Analysis，FTA），形象地进行危险分析工作。故障树分析法共分为 9 个步骤：熟悉系统，调查事故，确定分析对象，确定目标值，调查原因事件，画出故障树，确定事件结构的重要度，计算事件的发生概率，讨论可维修系统和不可维修系统。1974 年，美国原子能委员会大量使用 FTA 分析方法，发布了关于核电站危险性的评价报告即《拉姆森报告》，从而推动了该方法的迅速推广。

10.3.4 房地产市场风险的规避

房地产市场风险规避是指通过变更政策规划来消除房地产市场风险或改变房地产市场风险发生的条件，保护房地产市场的既定目标免受风险的影响。房地产市场风险规避并不意味着完全消除房地产市场风险，我们所要规避的是房地产市场风险给我们造成的可能损失。其主要方式有：①降低房地产市场损失发生的几率，这主要是采取事先控制即风险预控的措施；②降低房地产市场损失的程度，这主要包括房地产市场风险转移、房地产市场风险组合、房地产市场风险自留等三种方式。

其中，房地产市场风险转移是将房地产市场自身可能存在的潜在损失以一定的方式转移给对方或第三方，包括以预售、预租方式实现契约式转移，购买房地产保险及房地产资金证券化等内容。房地产市场风险组合的目的在于分散风险，即所谓“不要把所有鸡蛋都放在一个篮子里”。自留风险，也叫做风险承担，是指房地产企业以自身所具有的资源理性或者非理性地承担未来可能存在的损失。风险承担可以是主动的，可以是被动的，可以是有意识的，可以是无意识的，这是因为有时候完全回避风险是不可能的或明显不利的。该方式在国内外大中型房地产企业较为常见，通常会以建立企业自留资金或预提损失基金的方式来具体实施。

10.4 国内外房地产市场的风险案例

事实上，过多依赖房地产推进经济增长的经济体，几乎都有过崩盘的经历，比如美国 20 世纪 80 年代以及 2009 年的楼市崩溃，日本 20 世纪的楼市泡沫及其破灭，中国 20 世纪的海口市和北海市地产狂潮及其破灭、香港地区楼房泡沫及其破灭，泰国楼房泡沫及其破灭等，本节将按照泡沫发生的时间顺序分别讲述。

10.4.1　储贷协会危机的风险案例

有据可查的最早的房产泡沫，是 20 世纪 80 年代美国的储贷协会危机。美国经济于 1947 年进入高涨期，而且美国政府也需要解决退伍军人的住房问题，于是大力鼓励储贷协会发展。1965 年，储贷协会控制的金融资产占所有金融资产的 50%，这也使得美国地产出现了过度泡沫。但是美国在 70 年代后进行了利率的市场化改革，并取消了利率管制的 Q 条例，这直接导致了储贷协会的负利率。1982 年，半数储贷机构丧失偿付能力，80%的储贷协会遭遇经营亏损[①]，挤兑风波蔓延，储贷机构纷纷倒闭。加上 1986 年的国际石油价格暴跌和 1987 年的股市黑色星期一作用的叠加，导致美国的地产泡沫迅速破灭。美国房产泡沫的破灭引发储贷机构纷纷倒闭。

10.4.2　日本房地产市场的风险案例

战后，日本确立“贸易立国”战略，推行出口导向型发展模式，实现了数十年的经济高速增长。为应对美国的贸易摩擦，日本在 1985 年与美国签订《广场协议》，推行金融自由化，对外参与货币政策的多边协调，对内采取扩张性的货币与财政政策。日元迅速升值，这使得日本实体经济增速下滑。企业家投资实业的积极性不高，转而投资房地产和金融产品。1989 年，东京地价是 1983 年的 350%，住宅用地价是 1983 年的 300%[②]，因为国民普遍信任“马尔萨斯条件”即地价只涨不跌，而政策的“双扩张”更是加剧了这种预期。

1990 年，东京中央区的商业楼和土地价格，从 1982 年的 350 万日元/平方米涨到 3200 万日元/平方米，按当年汇率相当于 22 万美元/平方米。虽然国土面积仅仅相当于美国的加利福尼亚，但 1990 年东京都的地价就相当于全美的土地价格；日本土地总价值是美国的 4 倍；日本土地资产总额比 1985 年年末的增加部分是 1385 万亿日元，相当于 1985 年 GDP 的 3 倍。[③]日本索尼公司用 48 亿美元买下美国的哥伦比亚广播公司，而三菱不动产公司用 8.48 亿美元取得美国资本主义和商业象征的洛克菲勒中心 51%的股权。日本的房地产泡沫经济愈

---

①截至 1990 年 12 月 31 日，美国 35 家主要银行的坏账为 54555 亿美元，其中与不动产相关的坏账高达 23683 亿美元

②日本国土厅. 地价报告：1983-1998

③曹建海. 向高房价宣战. 中信出版社，2010

演愈烈。

日本政府于1989年在贴现率上调问题上给股市以沉重打击，房价开始急剧下跌。日本政府虽然害怕政策调整伤害实体经济，但迫于压力在1989年5月两次上调贴现率并达到6%，1990年3月又开始对土地金融进行总量控制，日本股市应声下跌，尽管日本当时的对外贸易依旧处于顺差状态（日本对外贸易1985～2002年间的17年都是顺差）。

从1990年秋季开始，日本房价直线下降，比高峰期下降70%。涉足房地产较深的大银行纷纷倒闭，比如日本十大银行中的日本长期信用银行、北海道拓殖银行等；涉足房地产较深的大企业纷纷倒闭，仅2000年建筑行业就有6000家公司破产。日本经济进入了数十年的漫长衰退期，甚至直到现在都没能走出泡沫破灭的阴影。

10.4.3 中国上世纪房地产市场的风险案例

中国最早的楼市泡沫，发生于1991～1993年海南、北海和惠州等地的地产过热，其破灭造成众多金融机构出现大量坏账甚至倒闭并导致相关产业衰退。1998年8月23日，海南岛脱离广东省成为中国第31个省级行政区。1992年，海南岛注册的房地产公司多达4020家；当年的房地产投资额，占到全省固定资产投资总额的50%。海内外炒家云集，其炒作对象包括土地、报建申请批复、半成品楼以及成品楼，有些土地项目被转手加价20次以上，乡村甚至部队营区的土地也被购置。地价从1991年的每亩十几万元，飙升到1993年的每亩600万元。海南的商品房均价从1991年的1400元/平方米，涨到1992年的5000元/平方米和1993年的7500元/平方米，两年时间暴涨400%以上。海口1992年的经济发展速度达到惊人的83%，三亚则高达73.6%，海南岛全省财政收入的40%来自于地产领域。

中央政府当时的宏观调控措施果断摧毁了海南岛等地的房产泡沫（曹建海，2010）。1993年，国务院宏观调控的16条措施迅速摧毁疯狂的海南楼市泡沫经济。但后果是严重的，因为当时四大国有商业银行的坏账高达300亿元人民币。1995年8月，海南岛成立海南发展银行，目的是解决省内诸多信托投资公司在地产领域的呆账和坏账问题，但1998年6月，央行不得不关闭这家发生了严重支付危机和挤兑风波的省级银行。从1999年到2006年，海南省用了整整7年时间处置"烂尾楼"和空置房，直到2006年的下半年才缓慢恢复增长。

北海房产泡沫破裂，造成北海市的房地产及相关领域明显衰退。1992年，北海执行"土地成片批租、成片开发"政策，全市都是开发区。房地产开发公司从 1992 年初的 3 家，发展到 1993 年 5 月的 1100 多家；土地出让价从每亩 9.7 万元，涨到 1992 年 10 月的每亩 120 万元。但广西北海市的房地产泡沫破灭于 1993 年。1993 年 4 月 28 日，监管当局下决心调控北海的土地泡沫，冻结大额拆借资金。这使得土地价格骤降到每亩 8 万元还难以出手，楼价跌到每平方米 500～1000 元仍有价无市，房产泡沫最终破灭。其烂尾楼和空置房一直存在到 2005 年。

我国香港的楼市火热开始于 20 世纪 70 年代，破灭于 1997 年。20 世纪 70 年代时，商界巨头李嘉诚、包玉刚等纷纷进军房地产行业，先后上市的地产公司有十多家，来自日本、澳大利亚等国的热钱也疯狂投资，这造成地价和房价骤升。1981 年我国香港地区房价仅次于日本，全球第二，1984 年到 1997 年年均增长 20%，中环和尖沙咀等区域每平方米超过 10 万港元，黄金地段的写字楼更是高达 20 万港元。金融危机来临时，其泡沫破灭带来的损失也是空前的。据测算，1997 年至 2002 年，香港房地产损失和股市市值损失共计 8 万亿港元，甚至高于香港的同期总产值。

10.4.4　泰国房地产市场的风险案例

泰国国内外投资者共同制造了地产泡沫。20 世纪 80 年代，泰国实行出口导向型经济发展战略，其经济增长在 80 年代末达到顶峰。大量外资涌入泰国，其原因有两个：一是其劳动力价格相对廉价；二是政府在 1992 年放宽了对资本账户的管制，允许国内投资者从曼谷国际银行获得低息的外国资金，以减小经常账户的赤字。但绝大部分外资没有进入实质性生产部门，只有极少数外商投资领域产生效益。1996 年，泰国房地产领域里的外商直接投资总额是 188.1 亿泰铢，约占外商投资总额的 1/3。

泰国金融机构贷给房地产企业的资金约占其贷款总量的 50%，这使得泰国的房产供给量远大于市场需求量。泰国银行统计数据显示，泰国土地价格从 1988 年到 1992 年平均每年上涨 20%~30%，而 1992 年到 1997 年间平均每年上涨 40%，某些地方的地价甚至一年上涨 14 倍。1997 年，首都曼谷的空置新房总量达到 35 万套，其空置率高达 21%。

泰国市场对经济泡沫也有所察觉，这是因为：①国际机电产品市场需求低迷导致泰国贸易赤字加大，其经常项目赤字高达 147 亿美元（1996 年）；②泰国政府经济决策失误，比如误认为香港回归与台海紧张局势会给自身带来诸多外国投资；③泰国金融系统状况不佳且缺乏有力监管。

泰国股市从 1995 年底开始下跌，到 1997 年 4 月时下跌了 70%，其中地产股和银行股累积跌幅分别高达 85%、80%。于是，国际游资纷纷撤离泰国。泰国中央银行在 1997 年 5 月进行了泰铢保卫战，但最终被迫放弃固定汇率制度，实行管理下的浮动汇率制度，这又加剧了股市和汇率市场的下滑趋势。泰国地产价格仅 1997 年下半年就缩水 30%，房产泡沫最终破裂。泰国地产泡沫破裂引发了严重的经济衰退。

10.4.5 美国房地产市场的风险案例

美国的经济增长模式刺激了美国房地产行业呈泡沫式增长。2001 年的网络泡沫破灭后，美国过剩的流动性就涌入房地产市场。美国政府把房地产业作为下一个支柱产业，其主要目标是满足占人口多数的低收入阶层的住房需求，这直接刺激了次级房贷（发放给信用较低或者收入较低的客户的住房贷款）的迅速增长。2006 年底时，美国银行的次级贷款达到 180 万户，资金规模达 6000 亿美元。经过 MBS（住宅抵押贷款支持证券）、ABS（资产支持证券）、CDO（担保债务凭证）、CDO 平方、CDO 立方等 20 多次衍生，6000 亿美元转变成 18 万亿美元的“次债”，其杠杆率达到 30 多倍，个别金融机构达到 60 多倍。

美国楼市泡沫破灭发端于房利美和房地美企业的倒闭，其严重后果是导致全球经济衰退。2004 年 6 月至 2006 年 5 月，美联储先后升息 17 次，基准利率从 1%调高至 5.25%，美国住房市场降温，住房价格下跌，这导致次贷借款人“断供”，许多银行因处理房产而资不抵债，纷纷倒闭。美国次贷危机迅速演变成全球金融危机和全球经济危机，所有经济体几乎无一幸免。

房地产风险发生的经济后果是非常严重的，因为它很可能造成房地产行业下滑、轻重程度不等的金融危机甚至是整个经济的崩溃。2004 年，曹春明认为，房地产泡沫引发经济危机的传导机制在于，房价下跌产生大量银行坏账，银行倒闭，继而破坏整个金融系统，从而企业资金链断裂，影响实体经济，导致投资下降，产出下降，失业增加。2007 年，刘丹通过对美国、英国、挪威、日本和中国上海、香港等地区的实证分析发现，如果房地产泡沫不引发金融危机，那么它对宏观经济带来的冲击会持续两年左右；但是，如果泡沫破裂，它所引发的金融危机会造成巨大的经济损失。

10.5 当前国内房地产市场的价格风险分析

一线城市房价的高不可攀让许多普通百姓“望楼兴叹”，这与党的十七大、十八大报告所承诺的和中国传统生活价值所追求的“居者有其屋”的目标之间形成非常鲜明的对比。而且，中国目前的房地产市场已经出现类似于当年美国、日本房地产的危险信号与非理性特征，比如对房价只涨不落的乐观预期（2011年以前），金融机构资金大规模进入的无序性，企业抽调生产资金从事房地产投资的盲目性，温州、鄂尔多斯与杭州等部分城市房地产价格的持续下跌等。总之，房地产市场已经成为中国经济发展所面临的主要矛盾源和主要风险源之一。

10.5.1　中国房地产市场存在价格风险的已有研究

许多研究机构对中国目前的房产风险进行了研究，并得出相似的观点即存在泡沫。惠誉国际评级公司（Fitch，2009）认为中国银行体系已经发出初步的泡沫警示信号，因为中资银行的信贷规模激增是在实体经济疲软的情况下发生的；不久，又把中国宏观经济风险的评级指标从“安全”降到跟已经破产的冰岛同级的级别。2009 年，朱大鸣认为拜地主义制造了房产泡沫。2010 年，国土部数据显示，中国 2009 年的住宅平均价格是 4474 元/平方米，其住宅均价上涨了 25.1%，是 2001 年以来上涨的最高水平。国土部还认为，一线城市的房产泡沫非常严重，而且地价是推动房价快速上涨的关键因素。中国自 2000 年以来的房地产高潮已经持续 10 年，一线城市上涨 4 至 5 倍，尤其是利益集团的垄断和错误预期导致 2009 年的飞涨和 2010 年春节前后的抢购现象发生，而且已经形成经济泡沫。

2011 年，林毅夫认为，中国经济面临着通胀压力与房地产泡沫等风险，要对这些风险居安思危，适时进行宏观经济调控。同年，陈思进认为，中国内地的房地产市场自从 2005 年就已经存在泡沫，上海、北京等城市的租售比（月租金除以房价，超过 160 倍则是泡沫的开始）甚至高达 500 至 800，远超美国房价最高时期的租售比（最高时期是 200）。中国房产信息集团数据表明：2010 年北京房价继续上涨，涨幅高达 42%。潘石屹和陈志武认为，北京等城市的房地产泡沫不仅存在而且已经非常严重。

2011 年，曹建海认为，全国公众掀起通过贷款投资房地产的狂潮，期望借助房价上涨减轻甚至是抵消通胀的侵蚀。这些“合理预期”行为不仅加大了中国地产的泡沫程度，而且也将中国经济与社会笼罩在危险的泡沫破灭风险之下。而中国房地产业已经存在举世公认的巨大资产泡沫，住房越是脱离居民的支付能力，房价越是居高不下，中国房价泡沫破裂的日子就会越近。

2014 年，中国社科院财经战略研究院的报告指出，房地产市场再次出现全面反弹表明，住宅市场重调控、轻改革的思路需要做出全面调整。报告警告称，住房供求已经失衡，房价面临全面失控，如果不及时推进改革，那么市场还将出现大起大落。

很多学者认为，应该采取有力措施以规避房价泡沫破裂所带来的经济以及政治风险。2007 年，刘丹认为房价已经超出实体经济与资源局部合理配置的支撑程度，其虚高的泡沫财富最终会通过缩水的方式与实体经济的发展水平相一致；并且认为上海房地产市场在 2001 年和 2005 年就已经出现了明显泡沫，其原因在于资源配置的局部失衡。2008 年，罗海平认为要实现房产市场的健康发展，就需要防控和治理房产泡沫。2010 年，中国社科院通过住房绿皮书发布中国住房发展报告认为，我国普通商品房的平均泡沫是 29.5%，其中 7 个城市（福州、杭州、南宁、青岛、天津、兰州、石家庄）的房价泡沫超过 50%。

2010 年，中国人民大学经济研究所等机构认为中国 2011 年上半年的房地产价格将会下滑 20%，并预计 2011 年的楼市拐点将会出现在 3 至 4 月份，但楼市不会出现“硬着陆”。2010 年，宣栋强使用 Ramsev 模型分析中国房地产基本情况后认为，中国确实存在房产泡沫，而且正处于泡沫的警戒区，应当采取相应措施加以治理。2011 年，朱大鸣认为，解决楼市泡沫的基础是，减少税费等建设成本。陈思进认为，可以借鉴欧美方式控制房价，征收房产税，调高利率，加大借贷成本，以及大量建设廉租房“劫富济贫”。

10.5.2 中国房地产市场存在价格风险的表现

中国房地产市场存在价格风险的问题，可以从房屋租售比、房价收入比研究等角度进行比较与测量。不论是从房屋租售比角度，还是从房价收入比角度进行研究，都能够比较容易地判断出中国房地产市场存在价格风险的问题。

10.5.2.1 房屋租售比研究

所谓房屋“租售比”是指，每平方米使用面积的月租金除以每平方米建筑面积房价所得到的比值。国际普遍认为，某区域房产状况运行良好的租售比标准是 1∶300-1∶200。如果租售比低于 1∶300，那就意味着房地产的投资价值相对变小，房地产的泡沫已经显现。如果租售比高于 1∶200，这就表明该区域进行房地产投资的潜力相对较大，而且后市看好。这个比值意味着，房子出租 200 至 300 个月或者 16 年至 25 年就能收回房款。无论是租售比低于 1∶300，还是高于 1∶200，都表明房产价格已经偏离其真实价值。

房屋租售比的计算公式是：租售比 = 每平方米使用面积的月租金/每平方米建筑面积的房价。例如某二线城市某小区一套住房 100 平方米，售价是 18000 元/平方米，月租金 3000 元。通过计算发现，每平方米的租金是 3000/100=30

元，而租售比是 30/18000=1∶600，这是国际标准线 1∶300 的一倍，说明该地区的房价泡沫已经非常严重，需要政策治理。

中国目前许多城市的租售比都高于国际标准线。中国指数研究院的统计显示，2009 年 1 至 10 月，北京地区的房屋租售比高达 1∶434，上海地区的房屋租售比是 1∶418，深圳与杭州的房屋租售比都已突破 1∶360，这些都远高于国际上的通行标准。而某些城市部分区域的租售比甚至达到 1∶800，比如北京的通州区。中国指数研究院指数研究中心的副总经理张化学指出，这些统计主要采用的是二手房销售与租赁报价的数据，而二手房销售中商品房的比重大，租赁市场中的老公房比重大，因此计算值“可能比实际水平还低”。

北方网讯认为，天津市整体房屋的租售比普遍高于 1∶500，而和平区与河西区等区域部分房屋的租售比甚至达到 1∶700，远高于国际上 1∶300 的租售比标准。例如和平区文化村一套两居室住房 66 平方米，成交价格是 110 万元，而月租金约 1500 元，其租售比达到 1∶733。在预期房价不会快速上涨的背景下，租售比的居高不下，让许多求房人更加坚定地选择租房而居的生活方式。其近几年的房屋租售比数据如表 10-1 所示。

表 10-1　天津市部分区域部分房源的房屋租售比

年份	2007	2008	2009	2010	2011
和平区吉利花园 60 平方米一室	1∶480	1∶456	1∶466	1∶486	1∶450
梅江香水园 120 平方米两室	1∶346	1∶360	1∶350	1∶480	1∶583

数据来源：北方网讯，http://www.enorth.com.cn，2011 年 7 月 8 日

10.5.2.2　房价收入比研究

房价收入比（Housing Price-to-Income Ratio）是指某地区住房价格与该地区居民家庭的年收入之比。比如，2009 年，北京某区的普通两居室新房共 80 平方米，单价是每平方米 2.5 万元，房款共计 200 万元。假设某夫妇月工资为 2000 元左右，家庭月收入总量是 4000 元，则年收入为 4.8 万元。这样，房价收入比就是 41.67，该家庭还清房款总共需要 41.67 年，其住房压力非常大。

一个国家或地区的平均房价收入比是指，该国家或地区每户居民的平均房价与每户居民的平均年收入之比。其计算公式是，房价收入比=每户居民的住房平均总价÷每户居民的年平均总收入。而每户居民的住房平均总价=每户家庭的平均人口数×单位面积住宅的平均销售价格×人均住房面积，每户居民的年平均总收入=每户居民的平均人口数×每户居民的人均年收入。

表 10-2　中国 1991—2009 年的房价收入比数据

年份	城镇人均住房面积（m²/人）	每户家庭平均人口数（人/户）	城镇每户平均住房面积（m²/户）	城镇住宅平均单价（元/m²）	城镇每户住房平均总价（元/户）	城镇家庭人均全部年收入（元/人）	城镇家庭年平均总收入（元/户）	房价收入比
1991	14.2	3.43	48.7	756.23	36828.40	1713	5875.59	6.27
1992	14.8	3.37	49.9	996.4	49720.36	2032	6847.84	7.27
1993	15.2	3.31	50.3	1208.23	60773.97	2583	8549.73	7.11
1994	15.7	3.28	51.5	1194.05	61493.58	3502	11486.56	5.35
1995	16.3	3.23	52.6	1508.86	79366.04	4288	13850.24	5.74
1996	17	3.2	54.4	1604.56	87288.07	4845	15504	5.63
1997	17.8	3.19	56.8	1790	101672.0	5188	16549.72	6.14
1998	18.7	3.16	59.1	1854	109571.4	5458	17247.28	6.35
1999	19.4	3.14	60.9	1857	113091.3	5888	18488.32	6.12
2000	20.3	3.13	63.5	1948	123698.0	6296	19706.48	6.28
2001	20.8	3.42	71.1	2017	143408.7	6869	23491.98	6.10
2002	22.8	3.39	77.3	2092	161711.6	8177	27793.62	5.82
2003	23.7	3.38	80.1	2197	175979.7	8472.20	28636.04	6.15
2004	25.0	3.36	84.0	2608	219072.0	9421.61	31656.61	6.92
2005	26.1	3.13	81.7	2937	239952.9	10493.03	32843.18	7.31
2006	27.0	3.17	85.6	3119	266986.4	11759.45	37277.46	7.16
2007	27.9	3.17	88.4	3645	322218.0	13785.81	43701.02	7.37
2008	28.3	3.16	89.4	3576	319694.4	15780.76	49867.20	6.41
2009	29.9	3.15	94.2	4459	420037.8	17174.65	54100.15	7.76

数据来源：中国统计年鉴 1992-2010 年. 2007-2009 年部分数据来自住建部网站等

通过研究统计局的统计数据，得出描述我国整体房价收入比的粗略数据，如表 10-2 所示。从表中能够看出，中国整体的房价收入比从 1991 年至 2003 年，除了 1992 年和 1993 年外运行比较平稳，都在 6.0 左右。但是，从 2004 年至 2007 年，由于房价增长速度超越人均可支配收入的增速，房价收入比明显上升，在 2007 年达到了 7.37 的历史高位。2008 年，全国房地产市场普遍降温，其房价收入比下降为 6.41。2009 年，伴随全国新建商品住宅价格上涨 25%，全国房价收入比也创下了 7.76 的历史新高。

历史经验已经证明，房价收入比越是上升，价格风险就越容易发生。上海易居房地产研究院综合研究部 2008 年发布的《我国房价收入比研究》报告认为，中国香港的房地产泡沫在 1997 年破裂，当时的房价收入比曾经达到 18.0 的历史最高水平，之后一路下滑，至今都尚未完全恢复。

而目前中国国内某些大城市的房价收入比情况，已经相当严重。上海易居房地产研究院在 2010 年发布的《我国房价收入比研究》报告认为，2001 年至 2007 年，北京的房价收入比从 9.55 增加到 13.09，上海从 6.7 增加到 11.25，广州从 6.49 增加到 12.09，深圳从 5.85 增加到 13.15，厦门从 5.41 增加到 13.22，重庆从 3.07 增加到 5.15，天津从 4.41 增加到 9.34。2008 年，北京的房价收入比为 15 倍，上海的房价收入比则高达 17.2 倍。

多家机构的研究数据也印证了上述结论。国家发改委的数据显示，2007 年北京的房价收入比为 13.6，上海的房价收入比为 9.8。同时，中国指数研究院提供的数据认为，2008 年到 2009 年，北京的房价收入比从 14.1 上升到 14.3，上海从 9.2 增加到 12.6，深圳从 14.4 增加到 14.6，天津从 8.6 增加到 10.1。

事实上，2013 年全年，广州的房价收入比已经达到 17.58，南京的房价收入比是 17.84，天津的房价收入比高达 18.59，杭州的房价收入比高达 19.13，深圳的房价收入比高达 22.13，上海的房价收入比高达 27.34，北京的房价收入比更是高达 37.14。

较高的房价收入比说明，目前中国房地产市场不仅存在价格风险，而且部分城市的价格风险还比较严重。这是因为，房价收入比数据通常就被用于衡量居民家庭收入能够支撑房价的合理性水平。联合国人居中心在《城镇住房改革的问题与方案》中认为，合理住房价格的房价收入比应该是 3-6 倍（世界银行的标准是 4-6 倍），也就是说，房价的“合理性价格水平”应该相当于每户居民 3-6 年平均收入的总和。如果房价收入比高于 6 这个范围，就会认为其房价偏高，居民的购房支付能力较弱，房地产价格存在泡沫。如果房价收入比超过 7，就会被认为该地区居民的购房支付能力相当弱，属于“国际房价最难承受地区”。而且，房价收入比越高，居民的购房支付能力就越弱，存在泡沫风险的可能性就会越大。

10.5.2.3　上市房地产企业的负债率偏高

根据 Wind 资讯统计，2011 年上半年末，房地产行业的资产负债率已经高达 71.28%。其中，房地产行业的总资产为 1.73 万亿元，总负债为 1.24 万亿元，总负债较 2010 年年底增加 1514 亿元。与过去 10 年年报数据相比较，2011 年房地产行业的资产负债率达到最高值。有学者认为，财务数据具有一定的滞后性，从市场情况分析，开发商的资金状况还在恶化。

根据表 10-3 统计数据，房地产企业的资产负债率由高到低排名前 5 位的分别是：ST 兴业（已经停牌重组），资产负债率达 968.7%，意味着已经资不抵债；ST 园城，资产负债率达 109.95%，已经资不抵债；高新发展，资产负债率为 95.27 %；鲁商置业，资产负债率为 92.29%；天津松江，资产负债率为 90.72%。

表 10-3 2011 年我国部分房地产上市公司的负债率

企业	负债率（%）	企业	负债率（%）
ST 兴业	968.70	中茵股份	83.58
ST 园城	109.95	格力地产	82.45
高新发展	95.27	滨江集团	81.44
鲁商置业	92.29	顺发恒业	81.41
天津松江	90.72	保利地产	80.74
新城 B 股	89.11	万科 A	78.97
西藏城投	86.96	中华企业	78.2

数据来源：A 股上市房地产企业三季报数据

有着较长历史的鲁商置业，资产负债率达到 92.29%，其较高的资产负债率是由较快的扩张带来的。齐鲁证券的研究资料显示，鲁商置业于 2010 年进入加速开工期和快速扩张期，至 2011 年鲁商置业的储备土地实现翻番，2011 年上半年未付地价款达到 88 亿元，同时，其三季度末净负债率达到 125%，比期初的 43%显著提高，短期资金周转率已达极致。

资产负债率是衡量企业健康与否的重要财务指标。过高的资产负债率意味着该企业的债务负担比较严重，财务风险比较大，财务压力比较大。如果房地产企业的资产负债率不断提高，则说明上市房地产企业的处境在不断恶化。不过，资产负债率也不是衡量企业资金链安全性的唯一指标。

10.5.3 中国房地产市场价格风险的可能性经济后果

房地产行业已经成为中国的经济之痛，因为它在一定程度上制约了中国经济。这就使得中央政府在出台针对房地产领域调控政策的过程中，不得不慎之又慎。房地产行业显然成了中国经济高增长的主要来源之一，也是各级政府追求 GDP 增加的主要经济工具之一。但是，房地产行业的急剧扩张和房价的加速发展，也使得中国经济的价格风险越来越大，其价格风险一旦变成现实，将会对中国的整体经济造成非常深刻的负面影响。

目前，全国房地产的价格风险已经存在，部分城市的地产价格风险还比较严重，而且已经延伸至二三线城市。2011 年 6 月，我国新建商品住宅同比上涨幅度位居前列的均属于二三线城市，例如石家庄、长沙、洛阳、丹东、牡丹江等。其中，乌鲁木齐房价的涨幅最高达到 9.3%，而兰州、南昌、洛阳等城市的涨幅分别是 8.2%、8.2%、8.1%。如果二三线城市的价格风险也严重起来，难免会爆发类似于上世纪 90 年代初日本泡沫破灭的房地产灾难。

而马克思经济周期理论告诉我们，经济具有复苏、高涨、危机、萧条的循环变化。当中国房价持续上涨的时候，也是积累价格风险等危机因素的阶段，房价越是高涨，也就越是预示着风险的加剧和房价掉头下跌的危险。

有学者认为，在城市化加速进行和工业化加速发展的背景下，中国房地产价格风险发生的潜在危险可能会由以下诱因触发：农村水利破坏引发潜在的粮食危机，暴力强拆等问题引发底层的群体性事件，还有产业创新体系遭到破坏后单纯依靠房地产业。

一旦中国潜在的房地产价格风险发生，其经济可能性后果将是极其严峻和极具打击性的。

第一，房地产行业及其相关产业将会迅速下滑。房地产投资和住房消费的快速发展，有效带动了我国许多相关行业的快速发展。例如钢铁、水泥、五金配件、木材、玻璃等原材料以及产品的需求都不断上升，互联网技术、移动技术、基于电子商务技术的生活服务行业以及交通建设等基础设施建设也获得巨大的商机。一旦房产泡沫破灭，以上这些行业都会受到影响，甚至是遭到严重打击。

第二，失业将会急剧增加，诸多已经买房且正在还贷的“房奴”甚至会迅速破产。一旦房地产价格风险发生，房地产业势必拖垮其相关产业，众多企业将会倒闭，失业将会大量增加，而那些正在还贷的“房奴”将会因为还不上贷款而迅速破产。2010 年，郎咸平认为，未来中国将会有 99%的白领破产。或许，房地产价格风险发生后经济破产的白领达不到 99%，但可以肯定的是，部分白领会随着房地产价格风险的发生而负债累累。

第三，可能引发更为严重的通货膨胀。一旦房地产价格风险发生，房地产领域近几年来大量吸收的巨额货币数量很可能迅速涌向粮食、食油等基本消费品领域，一旦这些领域的货币供给大于需求，势必引发全面的物价上涨，进而引起比现在更为严重的通货膨胀。

第四，经济增长可能会严重下滑甚至不增长。房地产价格风险的发生引起严重的通货膨胀，会使经济社会陷入混乱状态。即使社会的混乱状况得到有效控制，但其经济状况也可能像当年日本地产泡沫破裂之后那样，陷入短期甚至中长期的疲软状态。对此我们必须引起重视，冲破所有障碍，逐步消除已经存在的房地产价格风险。

第五，转变经济发展方式与建设消费型社会或许将推迟实现。房价的持续上升大比例地挤占了“刚需”部分人群的其他消费支出，使得我们转变经济发展方式与建设消费型社会迟迟不能实现。同时，部分百姓甚至因为拆迁问题被迫更换新的住所时，不得不倾尽所有，许多家庭因此而由小康之家变成巨额负债的贫困户。如果房价泡沫破裂并拖垮其相关产业，那么，这必将使全社会的消费能力在现在基础上急剧下滑，从而使转变经济发展方式与建设消费型社会缺乏微观基础，甚至将会推迟实现。

10.5.4 中国房地产市场价格风险的可能性政治后果

任何执政党都需要巩固和扩大其稳定的社会基础。中国政府推出的各种社会经济政治政策如“全面建设小康社会”、践行科学发展观、建设“和谐社会”和树立“八荣八耻”观等，也都有利于更好地巩固和扩大我们党执政的社会基础。

但房价的不断上涨及其引发的社会后果等问题，却很有可能弱化党的执政基础，甚至是破坏执政党的社会基础，并加剧党执政的国际风险。房地产领域在很大程度上已经聚集了中国经济、政治和社会各个方面的矛盾与问题，房地产行业也已经成为中国政府目前所面临的最大政策挑战之一。

这可以从以下几个方面得到解释：

第一，房价高涨使得中国社会的生存和发展缺乏牢固的基础。社会的生存和发展需要一系列的硬件和软件基础设施。可以说，住房是一个社会的硬件基础设施，而社会保障、医疗与教育等方面是一个社会的软件基础设施。如果社会缺乏住房那样的硬件基础设施，而社会保障、医疗和教育等软件基础设施又不到位，那么，这个社会的生存和发展就失去了基础。在中国社会生存和发展的软件基础设施不到位的情况下，中国的房价又持续高涨，这必然会加剧中国社会的生存难度，使得中国社会的生存和发展缺乏牢固的基础。

第二，房价持续上涨已经在中央政府和地方政府之间制造了麻烦，甚至还会带来后续麻烦，从而在政府与社会之间制造更多矛盾。房价的快速上涨给地方政府带来持续的利益，而且房产税收不用上缴中央财政。当中央政府调控房价时，客观上会减少各级地方政府的收入，而且调控前房价越是上涨则调控后房价就可能下降更多，从而地方政府的房产相关收入也就会减少越多。同时，房地产行业绑架中国经济以及为中国经济负责任的中国政府以后，就容易导致地方政府对普通百姓的服务质量下降，甚至扭曲服务型政府的根本属性，从而在政府与社会之间制造更多矛盾，积累起导致社会不稳定的因素。

第三，房地产行业客观上弱化了中国的中产阶级，阻碍着中国中产阶级的成长，使社会稳定缺乏坚强支柱。无论是在发达国家，还是在发展中国家，中产阶级都是社会稳定的支柱。因此，多数政府都会培养庞大的中产阶级队伍，否则国家治理恐怕难以为继。房价的不断高涨，使得中产阶级群体中的部分人群成为“房奴”，这就弱化了中国的中产阶级队伍。同时，房价上涨还遏制着中国中产阶级的成长，因为中国的“80 后”和“90 后”人群虽然努力，但多数人很难靠自己解决自己的住房权问题。这对社会有怎样的影响？我国香港地区受高等教育的人口越来越多，但找到工作之后也难以得到比较体面的住房，于是做出毫无理由的抗争，比如用反对建高铁的形式反抗社会。中国内地若不改变现在的情况，则难免会步香港的后尘。

第四，普通居民尤其是中低收入居民的居住权得不到解决，会影响整个社会的稳定并破坏党执政的群众基础。当部分社会群体为了获得未来的较高收益，每人获得三四套甚至更多住房数量的时候，另外一些社会群体的住房权必然得不到实现。也就是说，前一群体用货币或者其他形式剥夺了后一群体的居住权，而前一群体实际拥有的住房数量又大大超越了住房权本身，把本来应当属于别人的权利用于获取和投机更大的自我利益。前一群体之所以能够投资投机房地产，要么是他们凭借本身的财力资源，要么是凭借他们手中的权力、信息等资源，但结果都是一样的，即到处都在发生着以有钱有势者为主导的“圈房运动”。这实际上是住房的恶性投资投机问题，因为它会使这个社会丧失稳定的社会基础。当多数人不能实现或者被剥夺高度认同的居住权的时候，中国社会就会失去稳定的基础。

第五，房地产价格风险的持续积累，必然会使其成为中国经济最薄弱的环节，从而威胁国家经济安全甚至加剧党执政的国际风险。美国在日本、韩国以及菲律宾等军事基地即将部署完毕针对中国进攻性武器的防御系统，还将在对台军售的同时在我国台湾地区部署针对中国的反导系统。这说明国际敌对势力从未放弃对我国的战略威胁。如果中国的房地产价格风险持续积累，那么中国房地产价格风险不仅仅会导致房地产行业甚至国家经济安全变得更加脆弱，而且很可能因为战争威胁或者局部战争而破裂。其更糟糕的后果不仅仅在于将导致国民经济在房地产行业的滑坡中倒退，而且会加剧党执政的国际风险。

10.5.5 中国房地产市场价格风险后果的说明[①]

需要说明的问题是，实现经济增长对执政党非常重要，但并非所有类型的经济发展都对执政党有利。只有那些对社会有利的经济增长，才可能会有利于党的长期执政。

如果中国的房地产价格风险只是经济风险，那么问题还可以解决。而一旦形成严重的政治后果，社会的稳定或者政权的安全就会变成更加棘手的问题。而且，祛除严重的经济政治后果，越早越好，其原因非常简单，就是涉及严重后果的人数比较少且社会危害程度比较低。如果到一个社会大多数人都难以忍受的时候，势必会影响社会稳定和党的执政基础。

上述分析的目的在于，用房价上涨可能存在的潜在经济和政治风险问题，支持政府坚定房产调控不放松的立场，促使房价回归理性水平，最终实现巩固和加强党的执政基础的目标。也正是因为房地产行业聚集着中国经济、社会与政治问题，所以只要房价问题解决得好，就能够巩固和加强党的执政基础，就能够持续实现经济增长、社会和谐、政治稳定与国家安全。

10.6 房地产市场的风险管理

20 世纪 30 年代，风险管理起源于美国，但当时的风险管理主要依赖于保险手段。由于受到 1929-1933 年世界性经济危机的影响，美国约有 40%左右的银行和企业破产，经济倒退 20 年左右。美国企业为应对经营危机，大中型企业几乎都在内部设立了保险管理部门，负责安排企业的各种保险项目。1938 年以后，美国企业对风险管理开始采用科学方法，逐步积累了丰富经验。20 世纪 50 年代，风险管理发展成一门学科，“风险管理”一词开始形成。

20 世纪 70 年代以后，逐渐掀起了全球性的风险管理运动，美国、英国、法国、德国、日本等国先后建立起全国性和地区性的风险管理协会。1983 年，美国召开风险和保险管理协会年会，世界各国专家学者共同讨论并通过了“101 条风险管理准则”，它标志着风险管理的发展进入新的阶段。

房地产市场的风险管理是指通过房地产市场风险识别、衡量、预测以及选择有效手段，以尽可能降低风险损失，有计划地处理风险，促使房地产企业能

---

①郑永年. 中国“圈房运动”弱化执政党社会基础. 新加坡联合早报，2010 年 4 月 20 日

够实现安全生产。这就要求房地产企业在生产经营的过程中，识别可能发生的风险，预测各种风险发生后对资源及生产经营活动所造成的消极影响，使生产能够持续进行。房地产企业进行风险管理的主要步骤是风险识别、风险预测和风险处理三个方面。有关房地产市场的其他风险管理问题已经在其他章节做过阐述，因此，本节重点阐述房地产市场价格风险和投机风险的管理问题。

10.6.1 稳定房地产市场宏观调控政策，防止价格大起大落

从 2003 年到 2013 年，房地产市场的宏观调控政策持续实施。2003 年 8 月份，国务院发布 1 8 号文件即《关于促进房地产市场持续健康发展的通知》，明确将房地产行业作为国民经济的支柱产业。2004 年 3 月，国土资源部、监察部又联合发文，严令各地须在当年 8 月 31 日前将协议出让土地中的“遗留问题”处理完毕，否则国土部门有权收回土地，纳入国家土地储备。此为“8・31”大限。此举是中央政府从土地供给方面抑制房地产过热。2007 年，通过 5 次加息方式，抑制房地产投资投机过热现象。

2011 年，继续实施差别化房贷政策，首套房商业贷款的首付提高至 30%，二套房贷首付比例提至 60%，第三套及以上住房不发放商业贷款。2013 年，除了抑制投资投机性购房以外，还要求完善稳定房价的工作责任制。各直辖市、计划单列市和除拉萨外的省会城市要按照保持房价基本稳定的原则，制定并公布年度新建商品住房价格控制目标，并建立健全稳定房价工作的考核问责制度。这就从政策层面更加关注房价稳定工作，有利于防止房价大起大落，从而规避由此带来的风险。

10.6.2 提高居民的实际收入，降低房价收入比，稳定房价租售比

十八大报告提出，要在 2020 年实现全面建成小康社会的奋斗目标，国内生产总值和城乡居民人均收入要比 2010 年翻一番，“提高居民收入在国民收入分配中的比重，提高劳动报酬在初次分配中的比重”，“实现发展成果由人民共享”。同时，扩大我国中产阶级队伍的规模。中国中产阶级 2012 年总支出将近 1.5 万亿美元，规模仅在美国和日本之后。即使按照目前相对较低的 GDP 增速，未来 10 年中国中产阶级的人数和评价消费都将大增。在保持房价稳定的前提下，通过提高居民的实际收入和扩大中国中产阶级队伍，可以有效降低房价收入比、稳定房价租售比，从而降低房地产市场的价格风险。

10.6.3 构建房地产市场投机程度的风险指标体系[①]

房地产市场投机程度的风险指标体系主要包括5类具体指标：一是还贷收入比，即每月贷款还本付息额/家庭每月收入额。正常情况下，该指标不能高于28%。二是个人抵押贷款乘数，即申请抵押贷款数额/欲购住房总价值。一般情况下，有贷款保险时该指标为95%-100%；无贷款保险时该指标为80%。2008年12月31日，我国个人抵押贷款乘数在80%以下。三是单个项目的贷款率，即项目的申请贷款值/该项目的总投资额。一般情况下，该指标不高于60%。2008年12月31日，我国单个项目贷款率也低于60%。四是开发商施工进度指标，即某年土地购置面积/当年土地开发面积。该指标能反映未来1-2年内商品房的供应情况，也能反映开发商对未来的预期。如果指标值过高，则说明开发商手中待开发土地数量增加，房地产开发企业对市场、地价和利率发展走势有较好的预期，对未来房地产价格走高有信心。五是投资性购房比例指标，即当年空置面积与出租面积之和/当年商品房竣工面积。该指标可以衡量房地产消费者的投资性购房行为，国际上公认的投资性购房警戒线为20.5%。

分析思考

一、基本概念

风险 不确定性 盈亏平衡分析 敏感性分析 虚拟资本 经济周期 经济泡沫 房地产市场风险 风险识别 房地产环境风险 房地产生产风险 房地产技术风险 房地产财务风险 房地产人事风险 风险规避 房地产市场风险转移 房地产市场风险组合 房地产市场风险自留 房屋租售比 房价收入比

二、思考题

1. 风险是什么？风险产生的前提、风险分类与特点有哪些？
2. 不确定性是什么？不确定性产生的原因、方法与类型有哪些？
3. 风险的理论基础是什么？
4. 经济泡沫不利于经济增长吗？
5. 房地产市场风险的类型有哪些？
6. 房地产市场风险如何识别？又如何规避？
7. 国内外已有的房地产市场风险案例有哪些？

---

①中国工商银行上海市分行管理信息部课题组. 房地产金融风险影响宏观经济安全的相关研究. 金融论坛，2010（3）

8. 国内房地产市场价格风险的表现有哪些？

9. 国内房地产市场价格风险可能带来的经济、政治后果分别是什么？

10. 国内房地产市场风险如何管理？

推荐阅读

1. 曹建海.向高房价宣战[M].北京：中信出版社，2010

2. 郑永年.中国“圈房运动”弱化执政党社会基础[J].新加坡联合早报，2010年4月20日

3. 中国工商银行上海市分行管理信息部课题组.房地产金融风险影响宏观经济安全的相关研究[J].金融论坛，2010（3）

第 11 章　房地产市场预期与预期管理

通过学习本章，可以掌握：

※ 预期概念的产生与学术争鸣

※ 预期理论的分类

※ 房地产市场中的预期及其传导机制

※ 房地产市场的预期模型化与预期管理

导　言

预期，在房地产市场中有着重要地位，扮演着重要角色。那么，不同的经济学家认为，预期是什么？预期理论有哪些？何为完全预期与有限理性？房地产市场有什么特点？预期在房地产市场中的传导机制是什么？怎样进行预期的数据化分析与预测？如何有效管理预期问题？以上这些问题构成了房地产市场预期的主要内容，本章将详细解释。

11.1　预期理论

11.1.1　预期的定义

预期（Expectation）是指行为主体在进行某项经济活动或者社会活动之前，预估并判断未来可能发生的情况及其可能存在的变化,通过调整相应策略和采取必要的干预措施以实现既定目的。预期在决策理论中非常重要,这是因为当前的决策通常是根据现在的预期所采取的行为方案。预期本身正确与否,直接影响到决策目标能否如期实现。

英国著名经济学家马歇尔（Marshall，1890）意识到预期对现实经济的影响和对未来进行判断的重要性，首次在经济学分析中引入预期因素。经济学中的预期是指预测与当前的经济决策相关的经济变量的未来值。站在经济学的立场上,经济主体往往谋求自身经济利益的最大化或者自身经济成本的最小化，但是几乎当前所有的经济决策都关联着未来不确定性的经济报酬。因此，经济主体在决策中对未来进行适当的预期是必要的，可以尽可能地增加经济盈利或者减少经济损失。经济主体预期的成功与否，直接影响经济行为是否能够顺利实现预定的经济目标。

瑞典学派的事先和事后分析对其理论做出了较大贡献。而著名经济学家费雪（Fisher，1930）把利率和通货膨胀联系起来解释预期问题，他提出了基于利率期限结构的预期理论假说,并将第 1 年到第 T 年的实际通胀率的加权平均值作为第 T+1 年的预期通货膨胀率。

宏观经济学的鼻祖凯恩斯（Keynes，1936）在其《就业、利息与货币通论》中，正式把预期问题和不确定性问题引入经济学分析中，确立了预期在经济学中的地位。他认为，“仅仅是预期的改变，就可以在预期的改变发生作用的过程中，造成像经济周期那样的波动形式”。凯恩斯从心理学角度研究经济中的预期行为，认为预期本身是不确定的，是一种难以准确把握的心理现象，与经济活动的关系并不明确。其中，消费者的消费行为、厂商的投资行为以及政府部门的经济行为，都是基于对未来的某种预期，甚至投资决策、产量水平、就业需求、货币需求、经济周期等也都大致如此。凯恩斯把预期分成短期预期和长期预期两种，既研究一般预期对经济活动的影响，也研究不确定环境中的长期预期，而且长期预期经常处于不理智的波动中。只不过 Strasser（1986）认为，凯恩斯的预期理论只是经济分析模型的外生变量，不影响模型内部的变量。也有经济学家认为，凯恩斯理论也没有解释预期的形成机制问题。

11.1.2　预期理论的分类

（1）静态预期理论

静态预期（Classical Expectations）理论假定，经济主体完全依据已经发生的情况预估未来的经济形势。经济主体进行预期所依赖的信息仅仅是以往某个特定时期，只考虑经济变量前期特定方面的信息，所有行为主体均采取同样方式进行预期并忽略学习效应。所以，经济变量的预期水平等同于经济变量的前期水平，这就意味着该经济活动没有随机变量的干扰。

静态预期理论可以用数学式子表示：$P_t^e=P_{t-1}$。该式子的含义是，用第 $t-1$ 期的价格预期第 t 期的价格。所有生产者均认为，下一期的预期价格等于本期的实际成交价格，然后按此预期价格组织生产活动。

静态预期理论的典型代表是著名的“蛛网模型”。蛛网模型于 1930 年由美国经济学家舒尔茨、荷兰经济学家丁伯根、意大利经济学家里西各自分别提出，用弹性理论描述某些生产周期较长的商品在失去均衡时，其价格和产量所发生的不同波动情况。1934 年，英国经济学家卡尔多将这种波动图形命名为“蛛网模型”。根据供给弹性与需求弹性的比较，蛛网模型共分为三类，分别是发散性蛛网（$E_s>E_d$）、收敛性蛛网（$E_s<E_d$）、封闭性蛛网（$E_s=E_d$）。

实际上是一种动态均衡分析，证明了古典经济学自动均衡的某种不可信性。古典经济学基于完全竞争的理论假定认为，在市场均衡状态被打破的情况下，只要经过充分竞争，市场价格就会自动恢复到均衡状态。但蛛网理论却证明了，经济系统不一定会恢复到均衡状态。这对预期农产品的价格变化有一定的解释力，但是容易忽略市场主体获取与分析信息的能力，所以其预测的准确性不够好。

（2）外推预期理论

静态预期理论具有与生俱来的缺陷，那就是其假定市场价格固定不变，但市场价格并不是一成不变的。于是，麦茨勒（Metzler，1941）引入外推预期（Extrapolation Expectations）理论，完善了静态预期理论。麦茨勒认为，对未来的价格预测不仅要考虑过去的价格水平，而且要考虑经济变量未来的价格变化趋势。

外推预期理论模型可以用数学式子表示：$P_t^e=P_{t-1}+\varepsilon(P_{t-1}-P_{t-2})$。该式子中，$P_t^e$ 为外推预期价格，ε 为外推预期系数，P_{t-1}、P_{t-2} 分别表示第 $t-1$ 期、第 $t-2$ 期的市场价格水平。如果 $\varepsilon>0$，则生产者对未来的预期价格水平与以往价格的变动趋势相同；如果 $\varepsilon=0$，则外推预期模型就是静态预期模型，$P_t^e=P_{t-1}$；如果 $\varepsilon<0$，则生产者对未来的预期价格水平与以往价格的变动趋势相逆。可见，外推预期理论模型考虑了过去的价格水平 P_{t-1}、P_{t-2}，也通过预期系数 ε 考虑了未来的价格变动趋势，对未来的预期建立于经济变量变动与变动方向的基础上。

外推预期理论模型将人群区分为乐观者和悲观者两类，考虑了人们的预期情绪。该模型中，预期参数 ε 值的正负取决于人们的预期情绪。如果 $\varepsilon>0$，则说明乐观者预期未来的价格还会继续上涨；如果 $\varepsilon<0$，则说明悲观者认为价格上涨是暂时的现象，未来的价格水平会下跌。由于预期主体乐观与悲观情绪的

不同，从而容易得出极不相同的预期结果。

（3）适应性预期

美国经济学家卡根（Cagen，1956）提出适应性预期。所谓适应性预期（Adaptive Expectations）是指经济主体常常根据以往预期决策中犯下的错误来修正当前和以后的预期决策。该理论被美国货币主义经济学家弗里德曼关注，从而引入货币与通货膨胀问题的研究领域。

适应性预期可以表示为：$P_t^e = P_{t-1}^{\ e} + \varepsilon(P_{t-1} - P_{t-1}^{\ e})$。

在该式子中，P_{t-1} 表示第 $t-1$ 时期的实际成交价格；P_t^e 和 $P_{t-1}^{\ e}$ 分别表示决策者在第 $t-1$ 时期、第 $t-2$ 时期预测的第 t 时期和第 $t-1$ 时期的商品价格；ε 表示修正系数或者适应性系数，表示修正预期误差的程度，对以往预期起到调整或者修正的作用。

从本质上来说，适应性预期是一种反馈型预测，往往根据以往的实际成交价格与预期价格的差异来修正当期或者后期的预期数据。在这种预期之中，经济主体会根据前期的预期误差（$P_{t-1}-P_{t-1}^{\ e}$）来调整当前的预期值。如果当期的实际成交价格 P_{t-1} 高于预期价格 $P_{t-1}^{\ e}$，则会在下期预期中根据当期的实际成交价格调高预期价格；如果当期的实际成交价格 P_{t-1} 低于预期价格 $P_{t-1}^{\ e}$，则会基于当期的实际成交价格在下期预期中调低预期价格。

适应性预期公式还可以表示为：$P_t^e = \varepsilon P_{t-1} + (1-\varepsilon) P_{t-1}^{\ e}$。该式子表明，第 t 期的预期价格是第 $t-1$ 期的实际成交价格和第 $t-1$ 期的预期价格的加权平均数。如果适应性系数 ε 越接近 1，则说明最近的实际成交价格对预期价格的修正所起到的作用会越大。

运用无限递推思想，经过多次数学代换，适应性预期公式还可以表示为：

$P_t^e = \sum \varepsilon(1-\varepsilon)^{n-1} P_{t-n}$。该式子表明，第 t 期的预期价格 P_t^e 可以用过去所有时期实际成交价格的加权平均数来表示。经济主体对未来的预期信息均来自过去，会根据以往时期的实际成交价格和预期误差价格进行加权平均修正，不考虑其他相关变量的未来情况。从时间角度比较，适应性预期更加重视近期价格信息，赋予更大权重，而价格信息的时期越远，则所占的权重会越小，且呈几何级数递减。适应性预期认为，上期的价格信息对预期价格的形成至关重要，时期越远就越不重要。

然而，适应性预期理论依然没能摆脱静态预期与外推预期的理论缺陷，往往只依据过去的价格信息对未来的预期价格进行判断，基本不考虑其他相关变量的所有可能影响，被称为“非理性预期”。澳大利亚理性预期主义经济学家迈克尔·卡特（Carter，1988）和罗德尼·麦道克（Maddock，1988）认为，“没有任何经济以此理论为基础”，适应性预期理论“在本质上都是随意的”。

（4）理性预期

理性预期的思想最初由美国经济学家约翰·穆斯（Muth，1961）在《合理预期与价格变动理论》中提出，主要是针对适应性预期（Adaptive Expectations）的非最优特性问题。英国《经济学家》（1984）指出，“这种方法已帮助过对不同的经济思想流派之间的新边界进行解释。它是经济理论在过去 10 年的最大发展……理性预期理论从三个主要方面改变了经济学前景：第一，它阐明了预期在经济模型中所起的关键作用。第二，它迫使模型编制者提供更好的技术方法，把预期植入模型。传统的、回顾预期的朴素方程组不再是可接受的。第三，也是最为重要的，它改变了政府制定政策的方式”。

理性预期（Rational Expectations）是指人们在对某种经济现象进行预期的时候有足够的理性，会充分利用所得到的全部信息来作出决策，以谋求自身利益的最大化，而不会犯系统性的非理性错误。高鸿业（1996）认为，所谓的理性预期是指经济当事人面对不确定的未来时，为了获得最大收益或者为了避免风险，运用过去与现在一切可以获得的信息资源，对所关注的经济变量在未来的变动状况作出尽可能准确的预测。

穆斯（Muth，1961）在《合理预期与价格变动理论》中，先后作出 3 种假定：①信息资源是稀缺的，经济系统不会浪费信息；②预期的形成方式主要取决于描述经济的相关体系结构；③公众的预期对经济体系的运行不会产生重大影响。Muth 认为，理性人在对经济变量形成预期时，会充分利用所有可获得的信息。消费者的行动准则是消费效用的最大化，生产者的行动准则是利润的最大化，任何经济主体进行当前决策所预料的未来情况总是符合未来发生的实际情况。

理性预期模型方程可以表示为：$P_t^e=E(P_t|I_{t-1})=E(P_t)$。$I_{t-1}$ 是指经济主体在第 $t-1$ 期所获得的全部信息资源的集合，$E(P_t|I_{t-1})$ 是指第 t 期的价格水平在第 $t-1$ 期所获得的全部信息条件下的数学期望值。理性预期的预期价格取决于第 $t-1$ 期所获得的全部信息 I_{t-1}。

理性预期模型的误差式子为：$\varepsilon_t=P_t-P_t^e=P_t-E(P_t|I_{t-1})$，则 $P_t^e=P_t-\varepsilon_t$。根据理性预期理论的理论假定，$E(\varepsilon_t)=0$，于是 $P_t=P_t^e$。这意味着理性预期理论的预期价格是实际价格的无偏估计值。此外，由于预期值已经充分使用信息集合中的所有信息，所以以往的预期估计值不能提供任何信息。

理性预期只是说明，经济主体会根据已经掌握的信息对未来做出无偏估计，但这并不能说明理性预期的主观估计值与客观实际值完全一致。如果二者不一致，那么这种误差值只能来自无法预知且无法改善的随机干扰项。在理性预期的假定下，经济行为主体所面对的风险是非系统性的风险，信息不断充分的过程实际就是不断修正非系统性风险的过程，也是预估值不断接近实际值的过程。

Muth 的理性预期理论被用于分析金融市场的动态行为，但并未用于分析宏观经济行为。20 世纪 70 年代，在凯恩斯经济理论无法有效解释“滞胀”问题的时候，芝加哥大学的卢卡斯、明尼苏达大学的萨金特（Sargent）以及华莱士（Wallace）等学者进一步发展了理性预期理论，之后逐渐应用于分析宏观经济问题，并形成了理性预期学派。Lucas 在《预期与货币中性》（1972）中，将理性预期假说与货币主义模型结合起来，率先从理性预期角度研究货币经济周期问题。Lucas 在《经济计量学的政策评价批判》（1976）中提出了著名的“卢卡斯批判（Criticism of Lucas）”，凯恩斯主义的做法实际是假定模型参数保持不变，然而经济当事人具有理性预期能力，会随着经济环境的变化调整他们的行为，宏观经济政策有可能是无效的。Sargent、Marcet（1989）不仅考虑了经济行为人的学习机制，而且将理性预期的形成机制放入线性随机的计量模型中，从而拓展了理性预期的适用范围。

11.1.3 完全理性预期到有限理性预期

20 世纪 40 年代以来，美国诺贝尔经济学奖获得者西蒙（Simon）从心理学角度出发，分析了人类行为的理性实际是给定环境限度内的理性，于是提出了有限理性理论（Bounded Rationality）。Simon（1971，1982，1987）认为，决策人的认知能力具有局限性，不仅对知识信息的认识有限，而且对信息的处理能力也有限。经济行为主体面对信息成本或者信息不完备等多种因素限制时，将不再执着于追求利益“最大化”或“最优化”目标，而是追求接近于“最大化”或者“最优化”的状态。

有限理性的数学表达也不同于完全理性。完全理性的数学式子是：$\mu(x)=1$（$x\in X$）或者 0（$x\notin X$）。而有限理性的数学式子是：$\mu(x)\to[0,1]$，表示[0，1]的映射。

理性预期学派开始关注有限理性假定，通过学习有限理性使得预期均衡趋于收敛，从而实现强化理性预期理论的目的。萨金特（Sargent，1973）指出，

“理性预期给经济模型强加了两个要求：个人理性和认知一致性。当进行量化时，理性预期认定模型中的经济行为人（他们用平衡概率分布来评估欧拉方程）比计量经济学家掌握多得多的知识信息，以至于经济行为人以某种方法解决了计量经济学家面对的估计和推理难题。为了从理性预期的第二个要求上退出，我提议使用有限的‘理性经济行为人’来建构模型，从模型中排除理性经济行为人并用模仿计量经济学家的‘人工智能’经济行为人替代。为了得到概率分布，这些‘计量经济学家’建立理论,进行评估并适应性学习。而在理性预期理论中，概率分布是已知的。”在借鉴西蒙有限理性学说的基础上，萨金特利用计算机作为基本的分析工具，通过引入并发展学习机制来巩固和推进理性预期假定，使之更符合实际情况。

在继承有限理性思想上，对理性预期理论的其他发展是理性疏忽（Rational Inattention）假定、粘性信息（Sticky Information）假定、粘性预期（Sticky Expectation）学说。理性疏忽的思想可追溯到 Knight（1921）的论述：“明显地，如果考虑和估计的成本超过它们的所值，所做的理性的事情就变为不理性的。”

但正式提出该假定的却是 Sims，他在 1993 年首次提出理性疏忽理论。理性疏忽理论避开信息是否完备与信息是否有成本的直接争论，而是重点区分所有可供利用信息与经济主体做决策时实际使用的信息，认为实际使用信息只是可供利用信息其中的一部分。理性疏忽理论认为，经济主体往往采用局部信息代替全局信息，通过使用部分信息而非全部信息来降低信息成本，以追求决策结果的局部最优而非全局最优。

Mankiw 和 Reis（2002）首先提出了粘性信息理论。他们认为，信息的获取和处理是有成本的，可以通过采用过去信息代替当期信息的方法来降低信息成本。由于存在有限理性和信息成本，经济主体在做决策时不会经常更新信息与预期，而是用过去信息代替现期信息进行理性疏忽，从而追求局部利益的最大化。而 Morris 和 Shin（2006）认为，所谓的粘性信息预期是指用过去信息代替现期信息、用异质性预期代替同一性预期的预期方法。

而江世银（2008）认为，孔明预期是更高阶段的理性预期形式。所谓孔明预期（Kong-Ming Expectation）是指极少数经济主体往往采取科学的预测方法，完全预测到经济变量将要发生的所有变化,而且预测结果与实际结果完全一致。

11.2　房地产市场中的预期及其传导机制

11.2.1　房地产市场的特殊性

（1）信息不充分。市场信息包括商品的价格、质量、档次、供求情况等方面。然而在政府垄断土地一级市场的情况下，中国房地产市场的买方和卖方对房地产情况的掌握程度不尽相同。信息不充分性是房地产市场的首要特征，这主要表现在：①权属关系信息不对称，比如审批手续、建设权、所有权等；②价格信息不对称，卖方比买方拥有更多关于房地产成本、质量等方面的信息，导致卖方拥有绝对的信息优势并垄断商品房价格，但买方往往因为缺乏足够的信息而被迫接受高昂的价格并承担风险；③商品房的质量信息不对称，信息不对称的问题使得开发商能够充分利用自身的信息优势，使购买者形成不正确的市场预期，使得商品房的成交价格往往高于充分竞争市场下的均衡价格，损害购房者的正当利益。

（2）区域性较强。房地产市场的商品天生具有不可移动性，商品房的生产地就是消费地区，这使得房地产商品无法进行跨地区的流动，有效的消费需求大多数情况下只能是本地区内有条件的消费者。房地产市场大多自成体系，被分割为许多区域性市场，不同区域的房地产市场的发展程度千差万别，同一类型的商品房由于区域不同而价格迥异。

（3）时滞性。时滞是指某种因素的变动需要经过一段时间的传导，才能使其他因素产生反应，在时间上存在滞后性。房地产投资因为投资大、周期长、宏观经济形势复杂等特点，存在明显的时滞性。这表现为土地供应（出让）的时滞性、商品房建设与交房的时滞性等。房地产市场供不应求时，商品房建设也无法调整生产，难以平抑市场需求。

（4）垄断性。房地产商品由于信息不对称、投资规模庞大、建设周期过长等特点，使得房地产市场具有明显的垄断性。这种垄断性表现在：一是建设用地的异质性，任何地块均不可移动、无法复制，从而存在垄断地租；二是政府垄断土地一级市场，决定着出让什么地块和出让多少；三是开发商凭借信息优势垄断房地产市场的价格，获取超额利益。

（5）服务的专业性。房地产市场是一个细分的市场，从事权益交易服务的工作人员具有专业性强的特点，比如土地估价师、建造工程师、房地产评估师、建筑设计师、室内装修师、律师、房地产经纪人、物业管理师等。他们在各自的服务领域，提供着专业性比较强的专业服务。

此外，房地产市场还具有一定的反经济周期的特性。经济繁荣发展的时期，货币会随着物价上涨而贬值，此时，房地产起到使财富保值增值的作用。经济下滑的时期，房地产投资可以带来国民收入增加和就业增加的效果，对于稳定经济形势与稳定社会起到良好作用。

11.2.2 预期在房地产市场的地位

在现实世界里，经济活动的参与者往往只具有有限理性，因为有效信息是稀缺的、不完整的。因此，预期在房地产市场的决策中有着重要地位，其本质是预测与决策相关的经济变量的未来值。预期正确与否对于当期决策来说非常重要。此外，有限理性也导致了理性预期只能尽量拟合未来的均衡值，却不能实现完全预测，真实的未来值往往伴随着报酬的不确定性。

我国现行的经济制度明确规定，土地归国家所有。政府垄断了土地一级市场，决定着建设用地的供给数量、供给方式、供给时间建设规划和项目审批等环节，在房地产市场中发挥着主导作用。政府的宏观政策变化也会显著影响公众的理性预期，预期在房地产市场中占据重要地位。合理的公众预期，有利于房地产市场调控政策的推行；不合理的公众预期，却会消解房地产市场的调控效果，阻碍政策目标的实现。

11.2.3 预期在房地产市场中的应用

受到卢卡斯、萨金特、华莱士等学者的大力推动，理性预期成为宏观经济理论最主要的理论范式之一，被广泛应用于农产品市场、房地产市场、货币市场等许多领域。而耶鲁大学著名经济学家罗伯特•席勒（Robert Shiller）则侧重于从心理与行为角度阐释金融行为，他认为心理行为问题会影响资产价格的波动，从而引发了学者们开始重视资产价格波动中的预期因素。

预期在房地产市场中的使用情况，可以从以下几个方面进行解释：（1）居民的心理预期会影响房地产价格的波动。Wong（1998）通过研究泰国房地产泡沫发现，在国际资本大量流入与国内经济过热的背景下，泰国的地产商对市场的预期过度乐观，整个市场在过度乐观的预期作用下产生“羊群效应”，房价于是加速膨胀。Case 和 Shiller（1988，2003）通过问卷调查方式，研究了美国 4 个城市买房居民的看法后也发现，居民的心里预期推动了住宅价格水平的上涨。

（2）房地产市场中的预期变化，导致房地产市场周期性的繁荣或者萧条。Muellbauer 和 Murphy（1997）分析了英国 1957 年至 1994 年的房地产市场数据后发现，居民的预期收入、房地产企业的预期收益是英国出现房地产繁荣与萧条局面的主要因子。Luisa、Caterina 和 Maria（2010）分析了预期驱动型波动（Expectation-driven Fluctuations）后发现，对未来生产力状态、房地产供应量、投资成本、利率、通货膨胀以及中央银行政策目标等预期的变化，促成了房地产市场繁荣与萧条的周期循环。

（3）房地产市场中的预期信息来自过去住宅价格的变化情况，而不是来自经济基本面。Case 和 Shiller（1988，2003）的问卷调查得出了这样的结论。而 Eddie 和 Lui（2002）通过计量研究我国香港繁荣时期（1978～1981 年）与萧条时期（1982～1984 年）的数据后也发现，短期内香港房地产市场价格与经济基本面之间的关系非常不稳定，而且短期的市场干扰主要来自非预期的市场波动与政府干预。Shady、Ahmad（2008）等也认为，房地产市场中的价格预期是外生变量。白霜（2008）认为，仅从经济基本面角度分析，不足以解释我国房地产价格的不合理状态。

11.2.4　预期在房地产市场中的传导机制

预期在房地产市场中发挥作用，需要经过一系列的传导过程。在这个过程中，市场的每个参与主体都会根据自己所掌握的过去的信息与当前的信息对未来的房地产价格进行预测。然而，不同的经济主体会形成不同的预期结论，这是因为各个经济主体所掌握的信息数量与质量不同，各个经济主体的预测能力也是千差万别。但是，如果整个市场的预期被某种主流观点所控制，就会形成占据主导地位的公共整体预期，进而影响到房地产调控政策的制定和实施，从而影响宏观经济运行。新的宏观调控措施与新的经济情况会反过来影响各个经济主体的判断，使其调整当初的预期，形成新的公共整体预期，如图 11-1 所示。

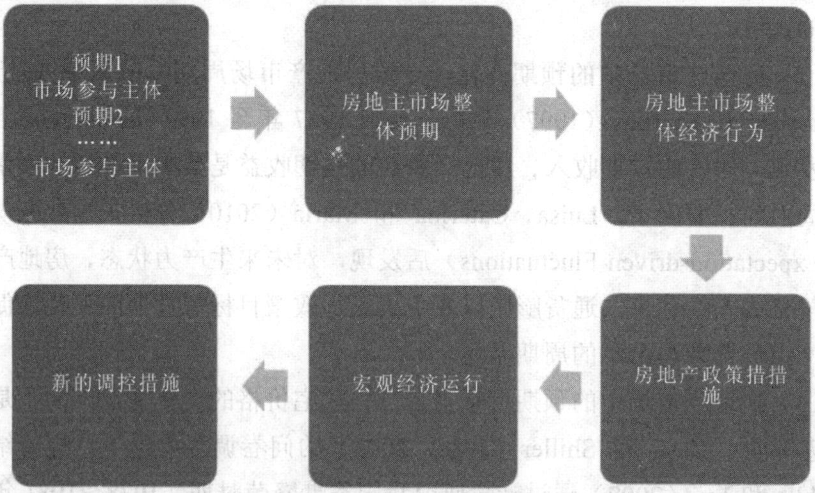

图 11-1　预期在房地产市场中的传导路线图

预期在房地产市场发挥作用的过程中，具有预期不确定性和预期粘性的双重属性。之所以产生预期的不确定性，是因为房地产市场的每个经济主体之间具有异质性，他们获取和分析信息的能力不同、调整预期的力度与方向不同、学习能力不同等。之所以产生预期的粘性，是因为房地产市场的每个经济主体调整预期需要一定的时间。预期的不确定性与预期粘性在一定程度上会放大或者缩小甚至逆转当初的预期，从而加剧经济波动。如果房地产市场繁荣，则乐观的预期会导致该市场过热；如果房地产市场萧条，则悲观的预期会使其更加萧条。

11.3　房地产市场预期的数据分析

本书使用 Eviews6.0 软件，对我国 1999 年到 2010 年住宅型商品房销售价格指数的季度序列数据，进行计量分析并建立 ARIMA 时序模型，对我国短期未来的住宅型商品房销售价格指数数据进行预测。本研究通过检测发现，该模型有比较好的预测效果。笔者使用时间序列的过去值与当前值对短期未来值进行较好的预测，其原因在于大多数经济数据具有惯性和迟缓性。

11.3.1　模型简介

时间序列预测是通过时间序列的历史数据来描述和探索现象随时间变化的数量规律，并将这种规律延伸到未来，从而对该现象的未来作出外推预测。传统的时间序列分析方法在经济中的应用主要是确定性的时间序列分析方法，包括指数平滑法、滑动平均法、时间序列的分解等。

但是，随着经济社会的发展，许多不确定因素在经济生活中的影响越来越大，必须引起人们的重视。1970 年，美国统计学家博克斯（Box）和詹金斯（Jenkins）在其合著的《时间序列分析：预测与控制》中提出了以随机理论为基础的时间序列分析方法，亦称 B-J 建模思想，使时间序列分析理论上升到一个新的高度，短期预测的精度也大大提高。其基本思想是：某些时间序列是依赖于时间 t 的一组随机变量，构成该时序的单个序列值虽然具有不确定性，但整个序列的变化却有一定的规律性，可以使用相应的 *ARMA* 数理模型近似描述。

ARMA 模型有三种基本类型：自回归模型 *AR*（p）、移动平均模型 *MA*（q）以及自回归移动平均模型 *ARMA*（p，q）。经过 d 阶差分变换后的 *ARMA*（p，q）模型称为（p，d，q）阶单整自回归移动平均模型（autoregressive integrated moving average models），记作 *ARIMA*（p，d，q），也称为综合自回归移动平均模型或单积自回归移动平均模型。

ARIMA 模型的形式。设 y_t 是 d 阶单整序列，故 $y_t \sim I$（d）。假定 $\omega_t = \triangle d y_t =$（$1-t$）$dy_t$，则 ω_t 是平稳序列，因此，$\omega_t \sim I$（0）。于是，可以对变量 ω_t 建立 *ARMA* 模型：

$$\omega_t = \phi_1 \omega_{t-1} + \phi_2 \omega_{t-2} + \cdots + \phi_p \omega_{t-p} + u_t - \theta_1 u_{t-1} - \theta_2 u_{t-2} - \cdots - \theta_q u_{t-q}$$

经过 d 阶差分变换后的 *ARMA*（p，q）模型称为（p，d，q）阶单整自回归移动平均模型 *ARIMA*（p，d，q）。通过对该数学模型的分析研究，我们能够更本质地认识到时间序列的结构与特征，并达到最小方差意义下的最优预测。

博克斯-詹金斯建模思想可分为如下四个步骤：

（1）对原序列进行平稳性检验，如果序列不满足平稳性条件，可以通过差分变换（单整阶数为 d，则进行 d 阶差分）或者其他变换，如对数差分变换使序列满足平稳性条件；

（2）通过统计量如自相关系数和偏相关系数，来确定 *ARMA* 模型的阶数 p 和 q，并在初始估计中选择尽可能少的参数；

（3）估计模型的未知参数，并检验参数的显著性，以及模型本身的合理性；

（4）进行诊断分析，以证实所得模型确实与所观察到的数据特征相符。

对于博克斯－詹金斯模型的第三、四步，需要一些统计量和统计检验来分析第二步的模型选择是否恰当，所需要的统计量和统计检验如下：

（1）检验模型参数显著性水平的 t 统计量；

（2）为保证 $ARIMA$（p，d，q）模型的平稳性，模型的特征根的倒数均小于 1，或者说特征方程所有根的绝对值都必须大于 1，即在单位圆外；

（3）模型的残差序列应该是白噪声序列，可以用检验序列相关的方法检验。

时间序列分析预测法与回归分析预测法的最大区别在于：该方法可以根据单个变量的取值按时间顺序排列后对其自身的变动规律进行预测，无须添加其他任何的辅助信息。另外，回归分析所涉及的时间数据都是平稳的，使用带有趋势的数据进行分析会出现伪回归问题，而时间序列分析却可以消除数据的趋势，避免伪虚假回归问题。

11.3.2 数据收集与特征分析

出于预测目的的需要，笔者在原有中国住宅型商品房销售价格指数 ZI' 的季度数据的基础上新增加了 2011 年前三季度的季度数据，而且消除了物价上涨因素的影响。

平稳性检验。利用 Eviews 6.0 画出我国 1999～2011 年住宅型商品房销售价格指数的时序图，如图 11-2 所示。我们从图中可以发现，1999～2011 年中国住宅型商品房销售价格指数时间序列图围绕数值 104 上下波动而且波动不太剧烈，因此可以初步判断该时间序列数据是平稳的。

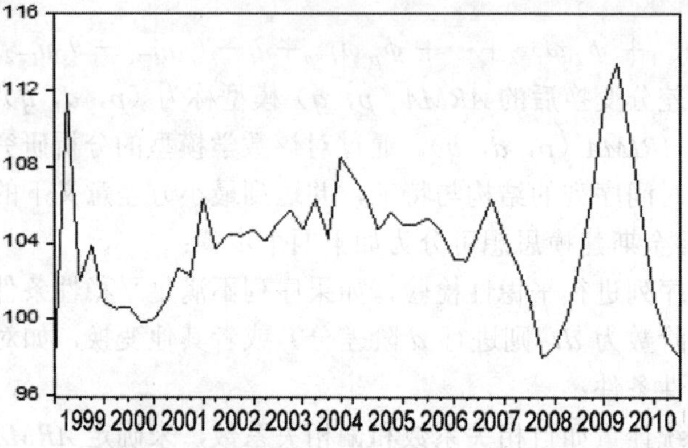

图 11-2 我国 1999～2011 年住宅型商品房销售价格指数的时序图

为了更精确地判断时间序列的平稳性，我们还需要对原序列进行 ADF 单位根检验。根据 Eviews 6.0 软件得出表 11-1。我们从该表可以看出，在有截距、有趋势和有截距、无趋势两种条件下，ADF 值分别小于 1%、5%和 10%情况下的临界值，因此，能拒绝我国 1999～2011 年的样本 ZI' 时间序列存在单位根的原假设，即我国 1999～2011 年的样本 ZI' 时间序列没有单位根，换句话说，它是平稳序列。

表 11-1　残差的单位根检验结果

分类	ADF 统计值	置信度	临界值
有截距，有趋势	-4.886377	1% *level*	-4.161144
		5% *level*	-3.506374
		10% *level*	-3.183002
有截距，无趋势	-4.985022	1% *level*	-3.574446
		5% *level*	-2.923780
		10% *level*	-2.599925
无截距，无趋势	-0.105898	1% *level*	-2.612033
		5% *level*	-1.947520
		10% *level*	-1.612650

11.3.3　模型选择与参数估计

（1）模型选择

ARMA 模型的识别和定阶，可以通过观察样本的自相关与偏自相关函数值得到。由自相关和偏自相关图可知，ZI' 的自相关系数在滞后阶数为 1、2 或 5 时显著不为零，在滞后阶数大于 5 时基本都处于置信带内，所以可取 $q=1$，$q=2$ 或者 $q=3$。而偏自相关系数在滞后阶数等于 1 或 3 时显著不为零，在滞后阶数大于 3 时基本都处于置信带内，故可考虑 $p=1$ 或者 $p=2$。综上所述，序列可以建立 *ARMA*（1，1），*ARMA*（1，2），*ARMA*（1，3），*ARMA*（2，1），*ARMA*（2，2），或者 *ARMA*（2，3）模型。

为精确判断，我们可以同时建立多个模型，采用 AIC（赤池信息准则）和 SC（施瓦兹准则）进行定阶，并从中选择最优模型。其基本思想是：AIC 准则能够在模型极大似然的基础上，对模型的阶数和相应参数同时给出一种最佳估计；根据平稳序列的自相关和偏自相关函数的特性，初选一些可供参考的阶数，然后计算不同阶数的 *AIC* 值，从中选择使 *AIC* 达到最小的那组阶数作为理想阶数。

需要注意的是，虽然我们通常用最小化的 *AIC* 值来选择合适的 *ARMA* 模型，但最小化的 *AIC* 值并不是得出最优 *ARMA* 模型的充分条件。我们通常采用的方法是先对最小 *AIC* 值建立模型，然后对估计结果进行参数显著性检验和残差随机性检验。如果通过检验，则此模型可以看作最优模型。如果不能通过检验，则选取次小的 *AIC* 值进行相关的统计检验，多次反复尝试，直至选到合适的模型。

笔者通过使用 Eviews 6.0 软件，对处理过的 ZI' 样本数据反复进行 1～3 阶自回归移动平均预估计，得到各个模型的 *AIC*、*SC* 值等统计结果，如表 11-2 所示。根据各个模型的 *AIC* 值和可决系数大小等数值的比较，我们不难发现，模型 *ARMA*（1，3）是最为可取的，而其他模型在 t 检验、DW 检验或者单位根检验方面存在缺陷。

表 11-2　多个 *ARMA* 模型下统计结果比较

模型	*AIC*	*SC*	$Adj\text{-}R^2$	*t*，*DW* 或单位根
ARMA（1，1）	4.778	4.893	0.42	*
ARMA（1，2）	4.173	4.327	0.69	**
ARMA（1，3）	4.211	4.402	0.69	+
ARMA（2，1）	4.323	4.478	0.61	**
ARMA（2，2）	4.124	4.317	0.68	*
ARMA（2，3）	4.135	4.366	0.69	*

注：*号表示没有通过 t 检验，没有显著性；**号表示估计结果 DW 检验值低，模型中存在自相关；+表示通过检验。

（2）参数估计

参数估计的方法有矩估计法、极大似然估计法以及非线性最小二乘法等。矩估计法比较简单，但精度较低，一般不采用。极大似然法比较精确，但是要求已知样本的分布函数，也不容易采用。非线性最小二乘法包含运筹学中的迭代搜索技术，具有较高的准确度，所以本研究选用非线性最小二乘法即 NLS 法来估计参数。使用计量经济软件 Eviews 6.0 对模型进行参数估计，其估计结果如表 11-3 所示。

表 11-3　住宅型商品房销售价格指数 ZI' 的时间序列回归结果

Dependent Variable: ZI__
Method: Least Squares
Date: 11/21/11　Time: 00:10
Sample (adjusted): 1999Q2 2011Q3
Included observations: 50 after adjustments
Convergence achieved after 22 iterations
MA Backcast: 1998Q3 1999Q1

Variable	Coefficient	Std. Error	t-Statistic	Prob.
C	103.8126	0.747593	138.8625	0.0000
AR(1)	-0.482588	0.101986	-4.731888	0.0000
MA(1)	1.432777	0.156489	9.155781	0.0000
MA(2)	1.182285	0.192510	6.141421	0.0000
MA(3)	0.522907	0.136744	3.823977	0.0004

R-squared	0.711057	Mean dependent var	104.0360
Adjusted R-squared	0.685373	S.D. dependent var	3.379033
S.E. of regression	1.895354	Akaike info criterion	4.211328
Sum squared resid	161.6566	Schwarz criterion	4.402530
Log likelihood	-100.2832	Hannan-Quinn criter.	4.284139
F-statistic	27.68499	Durbin-Watson stat	1.734090
Prob(F-statistic)	0.000000		

Inverted AR Roots	-.48		
Inverted MA Roots	-.33-.75i	-.33+.75i	-.78

由表 11-3 的回归结果可以知道 ZI' 样本数据的 $ARMA$（1，3）模型为：

$$ZI_t' = 103.81 - 0.483ZI_{t-1}' + u_t - 0.523u_{t-1} - 1.433u_{t-2} - 1.895u_{t-3}$$

$$t=(138.86)(-4.732)\qquad(9.156)\quad(6.141)\quad(3.824)$$

$$adj\text{-}R^2=0.69\quad DW=1.73\quad F=27.68$$

从回归结果可以看出，该模型 $ARMA$（1，3）无论是在 t 检验、DW 检验，还是单位根检验方面，都能够顺利通过，从而说明该模型拟合效果比较好。

11.3.4　模型检验

笔者主要是对模型 $ARMA$（1，3）的残差序列 e 进行平稳性检验和随机性检验，检验整个模型对信息的提取是否充分，也就是检查残差序列是否为白噪声序列。如果残差序列是白噪声，那么我们就可以接受这个具体的拟合；如果不是白噪声，那么残差序列可能还存在有用信息没有被提取出来，需要进一步改进模型。

使用计量经济软件 Eviews 6.0 找到 ZI' 时间序列数据的残差 e 序列，然后得出自相关和单位根的数据情况，如图 11-3 和表 11-4 所示。

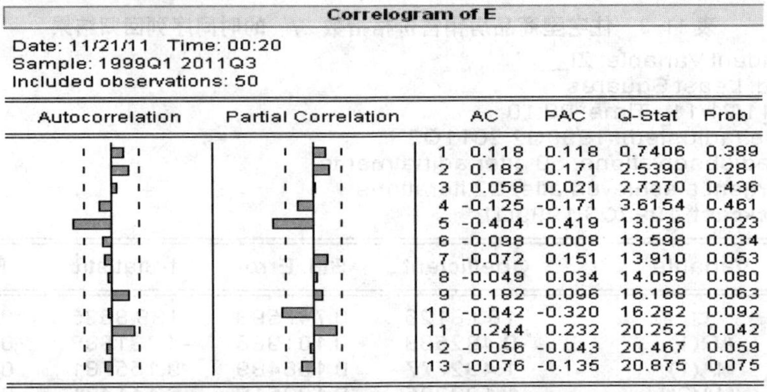

图 11-3 残差序列自相关和偏相关图

表 11-4 残差的单位根检验结果

分类	ADF 统计值	置信度	临界值
有截距，有趋势	-5.967930	1% *level*	-4.156734
		5% *level*	-3.504330
		10% *level*	-3.181826
有截距，无趋势	-6.015815	1% *level*	-3.571310
		5% *level*	-2.922449
		10% *level*	-2.599224
无截距，无趋势	-6.081398	1% *level*	-2.613010
		5% *level*	-1.947665
		10% *level*	-1.612573

从图 11-3 能够看出，回归后的残差序列 e 基本上是一个 0 均值的平稳序列。从该图的回归方程残差序列的相关系数可以看出，残差序列不存在序列相关。此外，由于各阶滞后的 Q 统计量的 p 值几乎全部大于 0.05，也说明在 5%的显著性水平下，接受原假设，残差时间序列不存在序列相关，是平稳的。

从表 11-4 残差序列 e 的 ADF 单位根的检验来看，无论是在有趋势项和有截距项、有截距项和无趋势项，还是在无截距项和无趋势项的条件下，都可以得出 ADF 的值分别小于 1%、5%和 10%情况下的临界值的结论。因此，笔者拒绝残差序列存在单位根的原假设，该序列是平稳的。

通过对残差序列进行的自相关图、Q 统计量、单位根等白噪声检验，本研究很快发现，残差序列相互独立的概率比较大。这就说明，我们不能拒绝序列相互独立的原假设，从而残差序列通过检验，可以用来预测。

11.3.5　模型的预测与分析

由于时间序列 *ARIMA* 模型的长期预测效果不是很佳，所以，笔者在本研究中只做短期预测。

首先，笔者使用时间序列分析的方法对我国住宅型商品房销售价格指数 *ZI′* 的季度数据建立起比较合适的单整自回归移动平均预测模型 *ARIMA*（1，0，3），并利用该模型对 2011 年二季度和三季度的 *ZI′* 数据进行试预测，其试预测结果如图 11-4 和表 11-5 所示。

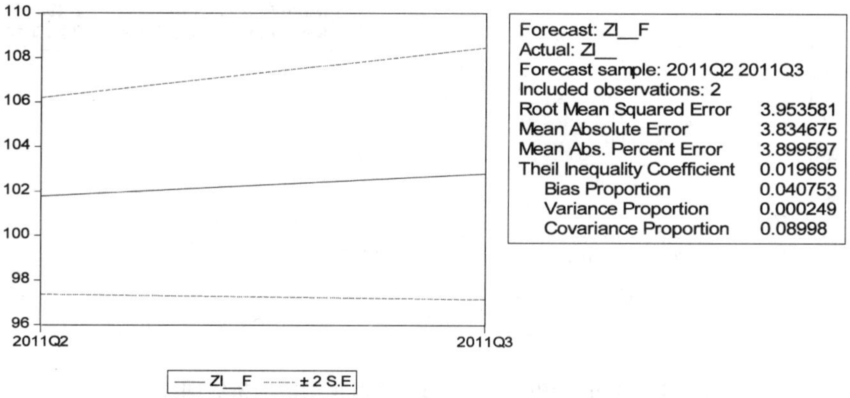

图 11-4　模型试预测值折线图

表 11-5　*ARIMA*（1，0，3）模型对我国 2011 年二季度和三季度的 *ZI′* 数据的试预测

季度	*ZI′* 实际值	*ZI′* 预测值	相对误差率（%）
二季度	100.11	101.77	1.66
三季度	99.99	102.51	2.52

从表 11-5 我们能够看出，我国 2011 年二季度和三季度的 *ZI′* 数据实际值与预测值的相对误差比较小，试预测数据效果比较好。从图 11-4 我们也能够看出，预测精度 *MAPE*=3.90，也比较理想。因此，我们可以得出结论，*ARMA*（1，0，3）模型对我国未来 *ZI′* 短期数据的预测效果比较好。

其次，本研究开始使用模型 *ARIMA*（1，0，3）对我国 2011 年四季度到 2012 年三季度的 *ZI′* 数据进行预测，如表 11-6 和图 11-5 所示。从表 11-6 中的预测结果来看，我国 2011 年四季度到 2012 年三季度的住宅型商品房销售价格指数

ZI' 数据将分别达到 101.63、103.73、104.25 和 104.00。

表 11-6 *ARMA*（1，0，3）模型对我国未来 ZI' 的预测值

季度	2011*Q*4	2012*Q*1	2012*Q*2	2012*Q*3
ZI'	101.63	103.73	104.25	104.00

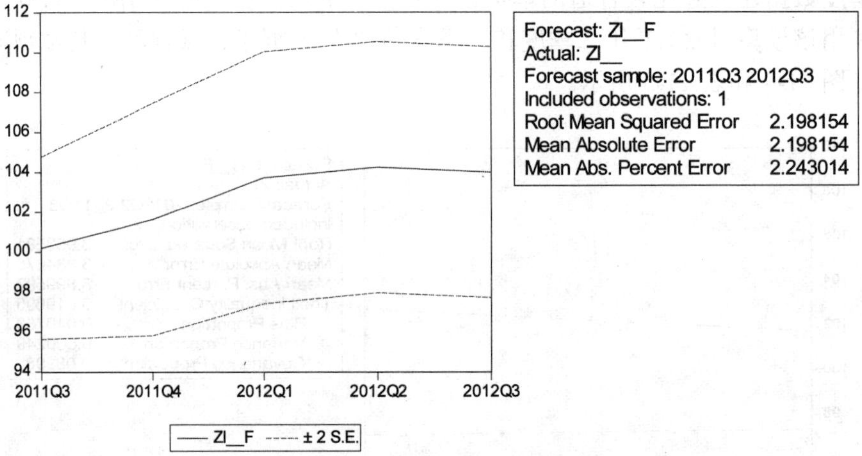

图 11-5 *ARIMA*（1, 0, 3）模型预测值的折线图

虽然 *ARIMA* 模型预测的实际 ZI' 数据与真实情况可能存在一定的误差，但是差距会比较小，因为图 11-5 给出了比较理想的预测精度值即 *MAPE*=2.24。由此，本研究认为 *ARIMA*（1，0，3）模型可以较好地预测实际的短期 ZI' 值。

从预测结果来看，我国住宅型商品房销售价格指数 ZI' 在 2011 年四季度到 2012 年三季度将保持稳中下降的基本走势，而且没有出现同比指数达到 2010 年二季度 113.4 的历史高位。由此可以判断，在政府宏观调控政策维持稳定和购房人口的总规模没有较大变化，以及没有其他外生变量严重冲击的前提下，我国住宅型商品房销售价格指数 ZI' 数据将会呈现出在小幅波动中逐渐下滑的基本趋势。

11.3.6 小结

本书还用 *ARIMA* 模型实际预测了我国住宅型商品房销售价格指数 ZI' 短期未来季度数据的基本走势。从 2011 年四季度到 2012 年三季度的预测结果来看，在政府宏观调控政策维持稳定和购房人口的总规模没有较大变化，以及没

有其他外生变量严重冲击的前提下，我国住宅型商品房销售价格指数 ZI' 数据将会呈现出在小幅波动中逐渐下滑的基本走势。

11.4　房地产市场的预期管理

11.4.1　建立市场化、可置信的房地产顶层调控制度，稳定市场供需预期

目前的房地产调控政策涉及土地政策、税收政策、金融政策、社会管理政策等多个方面，具有反复性、短期性、反市场周期性等特点，“相机抉择”的凯恩斯主义比较明显。而多个管理部门之间往往因为协调不足会加剧政策调控的不稳定，甚至出现政策对抗，不利于形成长期稳定的调控制度。房地产调控政策也因此成为一种“不可置信性”的市场威胁，难以达到预期的调控效果。

因此，有必要建立长期稳定的、具体明确的、适合市场需求的调控制度。一要建立长期稳定的住房供给调控机制，明确每年的有效供给数量，并改善房地产市场的产品供给结构，增加中小户型普通商品房的供应。二要支持合理的住房消费需求，抑制投资投机需求。三要完善差别化的住房信贷政策，并形成长期稳定的制度安排。四要建立住房保障制度，明确每年的供应增量并做到分配合理、有效监管，确保对低收入人群与外来务工人群应保尽保，稳定市场需求。这样，房地产市场调控就可以从“相机抉择”转变为“固定规则”，起到稳定市场供需预期的作用，从而由“不可置信性”威胁转变成“可置信性”威胁。

11.4.2　改变地方政府的考核方式，引导地方政府预期，使其严格履行调控责任

房地产市场的特点之一就是具有明显的区域性，各级地方政府是落实房地产调控目标的关键环节。地方政府能否严格履行调控责任，决定着宏观调控措施是否能够达到预期目的。以 GDP 为主要内容的地方政府考核制度，使得地方政府更加重视本区域经济能否实现稳定增长。另外，自上而下的“一把手”任命机制，使得官员具有谋求 GDP 政绩的巨大内在冲动，不断透支本区域未来的经济发展能力。

因此，要改变地方政府的考核方式，引导地方政府预期，尽快建立地方政府承担房地产调控责任的考核机制。一要进行税收制度改革，改变地方政府依赖土地财政的财政困境。二要把稳定商品房市场与增加保障房供给作为重要的考核指标，引入地方政府的政绩考核体系，使其建立明确的考核预期，从而严格履行调控责任。

11.4.3 加强媒体引导管理，使全社会形成合理房地产市场预期

房地产市场各个参与主体对房地产市场进行预期所依赖的信息，往往来自网络、报纸、电视等媒介组织。媒体在房地产市场调控中所扮演的角色十分重要，尤其是具有较强影响力的主流媒体。因此，要加强对媒体尤其是主流媒体的监督与管理，使其宣传真实的房地产价格信息与政府管理部门的调控目标，杜绝开发商的虚假宣传与捂盘惜售等乱象，从而引导各个经济主体形成合理的市场预期，最终实现房地产调控目标。

分析思考

一、基本概念

预期　静态预期　外推性预期　适应性预期　理性预期　有限理性　粘性信息　粘性预期　孔明预期　*ARIMA* 模型

二、思考题

1. 预期的本质是什么？
2. 预期理论共有哪几种？
3. 完全理性与有限理性有何区别？
4. 房地产市场的特点是什么？
5. 预期在房地产市场中起什么作用？
6. 预期在房地产市场中的传导机制是什么？
7. 房地产市场有什么特殊性？
8. *ARIMA* 模型是什么？如何进行有效预测？
9. 房地产市场如何进行有效的预期管理？

推荐阅读

1. 凯恩斯.就业、利息与货币通论[M].北京：中国社会科学出版社，2009

2. 周小平，熊志刚，王军艳.房地产投资分析[M].北京：清华大学出版社，2011

3. 易丹辉.数据分析与 Eviews 应用[M].北京：中国统计出版社，2002

4. 高铁梅.计量经济分析方法与建模-EViews 应用及实例[M]. 北京：清华大学出版社，2006

5. 李子奈，叶阿忠.高等计量经济学[M].北京：清华大学出版社，2000

6. 孙敬水.计量经济学教程[M].北京：清华大学出版社，2005

7. 薛志勇.基于预期理论的房地产宏观政策效果的影响分析[D].中国科学技术大学博士论文，2012

8. 范俏燕.房地产交易博弈与金融风险[D].西南财经大学博士论文，2012

第12章　社会主义制度与住房管理

通过学习本章，可以掌握：

※ 中国特色社会主义制度的基本特征和基本判断

※ 社会主义制度下房屋属性问题

※ 土地和房屋使用效率的标准问题

※ 社会主义制度下住房问题的改进

导　言

社会主义制度是房地产市场管理的制度环境。既然如此，中国特色社会主义制度的基本特征和基本判断分别是什么？社会主义制度下房屋属性问题是什么？土地和房屋使用效率的标准问题是什么？社会主义制度下住房问题如何改进？本章将逐个讲述。

12.1　社会主义制度与房屋属性

在解决居住问题的对策方面，我们从恩格斯的经典文献中能够知道，如果单纯地依靠市场经济机制本身的运行规则，那就不可能彻底解决普通百姓的住房短缺问题，而要想彻底解决房价上涨和住房短缺这个难题，只有依靠社会主义制度的制度力量。

12.1.1　中国特色社会主义制度属性研究

胡锦涛同志在《庆祝中国共产党成立90周年大会上的讲话》中说，中国共产党和中国人民取得了三大成就：开辟了中国特色社会主义道路、形成了中国特色社会主义理论体系、确立了中国特色社会主义制度。在这里，胡锦涛总书记第一次明确提出，我们已经确立了中国特色的社会主义制度。而未来的中国特色社会主义事业，就可以通过中国特色社会主义制度来规范全社会的行为模式，避免各行其是，影响中国特色社会主义事业的发展。

“制度是经验的凝结”，“还是制度靠得住”。制度具有根本性、全局性、稳定性以及长期性的特点，这是邓小平同志曾经强调过的观点。而且，把制度建设建立在深刻把握与灵活运用社会发展规律的基础之上，能够避免制度“大跃进”，避免制度“乌托邦”，避免抽象对待制度。

社会主义制度是适合中华人民共和国的根本制度，它客观上要求一切权力属于人民，这是新型的民主制度，充分尊重和保障人权。正如胡锦涛同志所讲的那样，“人民代表大会制度是中国人民当家作主的重要途径和最高实现形式，是中国社会主义政治文明的重要制度载体”。社会主义制度完全符合中国当前的基本国情。

胡锦涛同志强调，“中国特色社会主义制度，是当代中国发展进步的根本制度保障，集中体现了中国特色社会主义的特点与优势”。从中国共产党领导中国广大人民选择了社会主义方向并确立社会主义制度开始，我国的社会主义就已经具有了鲜明的中国特色。而提出中国特色社会主义制度的范畴以及明确界定其内容，则是中国共产党人对社会主义实践成果的科学总结与理论升华。

中国特色社会主义制度主要有以下几个方面：

第一，人民代表大会制度是中国特色社会主义的根本政治制度。该制度是党把马克思主义的基本原理同中国具体实际相结合的伟大创造，也反映了全国各族人民的共同愿望与共同利益。人民当家作主的最好组织形式也是人民代表大会制度。该政治制度按照“一切权力属于人民”的原则，以普选的方式选举产生各级人大代表，然后组成国家权力机关，并由国家权力机关产生其他国家管理机关，最终实现人民当家作主的目标，这就为社会主义制度奠定了坚实的群众基础。坚持人民代表大会制度，坚决不搞“三权分立”。

第二，中国特色社会主义的基本政治制度。基本政治制度主要包括人民代表大会制度、中国共产党领导的多党合作和政治协商制度、民族区域自治制度以及基层群众自治制度等。政治领域的民主形式与民主渠道越来越多，人民群众的知情权、参与权、表达权以及监督权越来越得到有效保障，各民主党派与中国共产党也才能够长期共存、互相监督、肝胆相照以及荣辱与共，各民族之间才能有效实现平等、团结、互助与和谐的民族关系，民族地区才能实现快速发展，农村村民自治和城市社区居民自治也才能够实现迅速发展。所有这一切都使得基本政治制度深深地扎根于中国社会的政治生活之中，有利于壮大中国特色社会主义制度的群众基础。

第三，中国特色社会主义的基本经济制度。该制度是指以公有制经济为主体，多种所有制经济共同发展的基本经济制度。经济领域要坚持两个“毫不动摇”：一是继续毫不动摇地巩固并发展公有制经济；二是继续毫不动摇地鼓励、支持并引导非公有制经济的快速发展，继续营造各种所有制经济平等竞争、相互促进的格局。国有经济要保证经济总体形势的平稳，控制好国民经济，而非公经济要在保持经济活力与解决社会就业等问题上发挥优势。

第四，中国特色社会主义的各项具体制度。不断完善建立于根本政治制度、基本政治制度以及基本经济制度基础之上的经济体制、政治体制、文化体制与社会体制等各项具体制度。发展文化产业、扶持公益性文化以及鼓励文化创新的政策已经到达制度层面，文化体制创新稳步推进。

第五，中国特色社会主义的法律制度。2010年，中国特色社会主义法律体系已经形成。该法律体系以《宪法》为统帅，以民法、商法等法律为主干，由行政法规、地方性法规等法律规范构成。中国特色社会主义法律体系能把国家各项事业全部纳入法制化轨道，实现国家经济建设、政治建设、文化建设、社会建设以及生态文明建设等方面有法可依，从法制上解决国家发展中的问题。中国实行法治，坚持依法治国的基本方针，要求一切活动都必须在宪法和法律允许的范围内进行，中国特色社会主义法律体系的目标是保护社会主义各项建设事业在中国特色社会主义制度的框架内创新发展。

结合胡锦涛同志的讲话，本书查阅了大量资料并研究了中国特色社会主义制度的相关文献，得到如下基本判断：

第一，最广大人民群众的立场是中国特色社会主义制度的制度立场。制度哲学告诉我们，制度从来都不是中性的。不同的社会制度关注不同社会群体的利益，不同的社会制度下有不相同的优势群体。中国特色社会主义制度坚持的是社会主义的性质，坚持的是“发展为了人民与发展依靠人民”的原则，其根本目标是要保证并实现最广大人民群众的根本利益。

第二，公平正义与共同富裕是中国特色社会主义制度的制度价值。邓小平同志曾经说过：“社会主义最大的优越性就是共同富裕，这是体现社会主义本质的一个东西。”胡锦涛同志曾经强调过：“实现社会公平正义是中国特色社会主义的内在要求。”中国特色社会主义制度的价值方向是共同富裕和让人民群众共享改革发展成果，更加注重实现社会的公平与正义。

第三，集中力量办大事是中国特色社会主义制度的制度绩效。制度绩效是评价制度优劣的关键指标。中国特色社会主义制度的内在机制和运行模式的基因决定了，它完全能够形成强大的统一意志与强大的组织力量。中国特色社会主义的优势特征之一是集中力量办大事，中国特色社会主义实践不断取得成功的重要原因之一也是集中力量办大事。

第四，中国特色社会主义制度的包容性可以调动一切积极因素。中国特色社会主义事业的成败最具决定性的因素是全社会、全民族的积极性与创造性。中国特色社会主义制度坚持统筹兼顾、求同存异的原则，实现“党委领导、政府负责、社会协同、公众参与”的社会管理新格局，能够最大限度地把各个社会阶层与社会各群体的积极性与创造性充分调动起来，能够最大限度地减少不和谐因素，有利于巩固并扩大中国特色社会主义制度的群众基础。

最后，中国特色社会主义制度的制度变革与制度创新依然存在，制度确立绝不等于制度定型。恩格斯曾经说过：“我认为，所谓‘社会主义社会’不是一种一成不变的东西，而应当和任何其他社会制度一样，把它看成是经常变化和改革的社会。”邓小平曾说过：“这个任务，我们这一代人也许不能全部完成，但是，至少我们有责任为它的完成奠定巩固的基础，确立正确的方向。”党的十七大报告也明确表示：“巩固和发展社会主义制度需要几代人、十几代人甚至几十代人坚持不懈地努力奋斗。”我们从这些观点能够明白，制度定型和制度完善任重而道远。

12.1.2　社会主义制度下房屋属性问题

在社会主义制度下，房屋的第一属性是民生属性，房屋首先是国民民生的保障需要。在社会主义制度下，房屋的基本功能是居住属性，是给普通百姓提供基本的生存保障。房屋的第一属性是民生属性，不是投机投资属性，也不是保值增值属性。

房子不应该成为少数人转移和获取多数普通民众财富的手段。住宅市场发展的基本思路应该是，生产出让普通居民居住舒适又有经济承受能力的房屋。即使是韩国、澳大利亚、加拿大这样的发达国家，其住宅市场的炒作也会受到严格限制。社会主义国家更应该限制对住宅的炒作，绝不能允许少数人通过炒作住宅市场转移多数民众的财富。

2010 年“新国十条”推动保障房建设，就是纠正此前片面发展商品房的政策失误，是政府落实保障责任的再次回归。“新国十条”颁布以后，强调保障房建设的推出转变了以前发展房地产的政策思路，房地产市场开始逐步步入正确的发展轨道。党中央明确要求大量建设保障房，表达了大胆改革的勇气，但能否建立比较完备的保障房运行机制，还要取决于宏观调控和体制改革的智慧。

12.1.3 房屋和土地使用效果的判断标准

“效率优先，兼顾公平”原则，在我国改革开放和社会主义现代化建设的过程中曾经起到非常积极的作用。我国改革开放以前实行的是计划经济，过多强调平等而忽视效率，使得经济生活缺少必要的激励机制，导致生产等方面的效率低下。为克服平均主义，1992年，党的十四大确立了建设社会主义市场经济的目标，而十四届三中全会更是第一次明确了“以按劳分配为主，效率优先、兼顾公平的收入分配制度”。党的十五大报告也强调“效率优先，兼顾公平”的原则。党的十六大报告要求，初次分配注重效率，而再次分配注重公平的分配原则。而且，党的十六届四中全会以来，党中央不再讲“效率优先，兼顾公平”的分配原则。这就瓦解了平均主义的畸形平等观念，迅速解放并发展了社会主义的生产力。徐秀红（2006）、顾金喜（2008）等国内多数学者的观点与上述观点基本一致。

向“效率与公平并重”原则过渡是落实科学发展观与构建和谐社会的必然要求。“效率优先，兼顾公平”的原则容易理解为，发展的目的是以经济为本而不是以满足国民需求为本，发展的标志是GDP的快速增长而不是国民生存状况的明显改善，产生片面的利益导向，不利于维护社会各个阶层和各个群体的合理利益诉求。同时，强调公平的政策导向有利于建立并完善社会保障体系，减少社会低收入群体的数量和降低其贫困程度，从而有利于转变经济增长方式，建设消费型社会。于是，党的十七大报告提出：“初次分配和再分配都要处理好效率和公平的关系，再分配更加注重公平。”这就从国家政策层面要求全民贯彻落实科学发展观，坚持以人为本原则，构建和谐社会。

“效率与公平并重”原则同样可以用于衡量房屋和土地的使用效果。市场经济要求资源优化配置，市场经济强调利润的最大化，所以房屋和土地的使用效果需要坚持效率的标准。同时，社会主义市场经济具有明显的社会主义属性，需要尊重和实现全体国民的居住权，所以房屋和土地的使用效果需要坚持公平的标准。党的十七大报告要求“效率与公平并重”，不是不强调效率标准，也没有否定相机抉择，而是更强调公平标准，更强调全体国民的居住权。但国内部分学者在考察房屋和土地使用效果问题上，依旧从地产企业的资金效益、规模经济、资本结构等效率方面入手，显然有失偏颇。

当前，衡量房屋和土地使用效果的标准应该“更加注重公平”原则，应该更加强调民生原则。自从1998年全国城镇住房实行货币补贴以来，坚持市场化的改革方向使得房价和地价急剧上涨，甚至脱离大多数国民的实际收入水平。在住房保障制度尚不完善的情况下，住房利益和住房资源明显倾向于社会的强势群体，而偏离了社会的弱势群体。这造成社会弱势群体的抱怨和不满，甚至诱发群体性事件，使得社会各阶层和各群体之间出现恶性互动。因此，更加强调住房和土地使用效果的公平原则和民生原则，正确调控住房利益和住房资源，解决全体国民的居住权问题，有助于消除影响社会稳定的隐患，营造社会各阶层和各群体之间互利互惠的良好局面。

此外，社会主义制度下，衡量房屋和土地使用效果的标准应该是民生标准，而不应该是货币标准。社会主义制度在客观上要求一切权力属于人民，要求充分尊重和保障人权，包括全体国民的居住权。因此，社会主义制度下，房屋的本质属性是居住属性，而不是投机投资属性；衡量房屋和土地使用效果的标准应该是民生标准，而不应该是货币标准。在社会主义制度下，房屋和土地的最好用途是解决普通国民尤其是社会贫困人口的居住权，而不是满足少数社会强势群体投机投资的金钱欲望，不能允许住房沦为少数社会强势群体谋取和转移社会财富的工具。

12.2　社会主义制度下住房问题管理

恩格斯（1872）在其名著《资产阶级怎样解决住宅问题》中告诉我们，房价上涨和住房短缺问题是资本主义生产方式下不可避免的问题。恩格斯在文章最后写道：“当资本主义生产方式还存在的时候，企图单独解决住宅问题或者其他任何同工人命运有关的社会问题都是愚蠢的。解决办法在于消灭资本主义生产方式。”基于这样的判断，我们目前虽然不能消除市场经济的生产方式及其带来的诸多负面问题，虽然不能违抗客观经济规律，但也不能允许中国的房屋完全脱离政府的调控干预，不能允许中国的房屋在市场经济的生产方式之下无节制地涨价。

12.2.1　改善商品住房市场的供给结构，增加有效供给

中国特色社会主义制度下，要解决住房问题，就必须遵守市场经济制度的基本规律，要么增加住房供给、要么抑制部分住房需求，但长期、可持续的办法是在抑制投资投机需求的前提下改善住房的供给结构、增加住房总量的有效供给，以平衡住房市场供需双方的力量对比，从而达到稳定房价的目的。

“十二五”期间，中国住房市场的实际需求明显增加。中国社科院报告认为，到2008年底，中国的城市化率已经达到45.6%，中国的城市人口已经达到6.07亿人。如果按照1%的速度增长，到“十二五”末，中国的城市化率将超过50%，中国的城市人口将超过农村人口。如果中国的城市化水平到2020年达到55%左右，我们可以估算，城镇居民数量将由当前的6亿多猛增到8亿左右，将会产生大约2亿人口的新增住宅需求。而改革开放的宏观政策加速了我国的工业化进程，使得农村大量的富余劳动力单向流入城市，形成对城市住房的刚性增量需求。

同时，我国楼市存在明显的悖论。房市悖论是指，普通住房严重短缺但其供应却持续不足，而中高档房屋空置率和空置面积居高不下但其供应却持续增加。早在2005年12月，《中国证券报》就认为，我国商品房的空置率已经达到26%，这明显超过10%的国际警戒线标准。

目前房价上涨的微观依据是房屋有效供给不足。有效供给是指一定地区在一定时间、一定价格水平下，进入市场且能够用来交易的房产总和，比如受市场欢迎的中低档普通商品房和已经实现交易的高档商品房等。如果有效供给增量持续小于市场需求增量，如果卖方市场不能转变成买方市场，如果不存在其他强势外生变量的系统性风险，我国未来的房价总体上仍然会趋于上涨。房产市场的有效供给不足以满足市场需求，成为中国目前房价上涨的根本原因。

客观经济规律不可抗拒，调控楼市价格要按照经济规律办事，其关键在于不断增加房屋的有效供给，因为限价限贷等政策手段虽然可以使用但不会解决根本性的问题。住宅市场发展的基本思路应该是，生产出让普通居民居住舒适又有经济承受能力的房屋.这在客观上要求我们根据商品住宅市场的实际需求，改善商品住房市场的供给结构，增加普通住房而非中高档房屋的供给数量。

12.2.2 继续推进房改，建立以保障民生为主要目标的住房制度

中国上一轮房地产改革措施容易产生房价走高等不利后果。其原因有二：第一，房地产改革的大背景是城市化和工业化的迅速发展，这就会产生住房供给不能满足住房需求的市场形势；第二，在没能有效解决中低收入群体住房的条件下进行全面货币化改革，并片面快速发展商品房市场，明显会在一定时间内剥夺中低收入群体的住房权。

房改政策的特征是，把房地产视为经济政策，而非单纯的社会政策。无论是凭借手中的财力，还是凭借权力与信息资源等优势来投资投机房地产行业，都是因为房地产行业有利可图，社会资源才会拼命进入。而众多社会资源之所

以能够进入，不能不说是房改政策把房地产行业视为经济政策的结果，房产行业成为各级政府经济增长的重要来源之一。之所以说房改政策不再是单纯的社会政策，那是因为房地产改革政策并没有首先解决普通居民的居住权问题。高企的房价扩大了贫富差距，加剧了社会财富的分配不公，导致我国的基尼系数（2013 年为 0.473）超出国际公认的安全标准 0.4，成为社会稳定的隐患。

因此，笔者认为，我们需要继续推进住房改革，大力发展保障性住房制度，尽快建立以保障民生为主要目标的国家住房保障体系。这是因为房屋的第一属性是房屋的民生属性，房屋首先是国民民生的保障需要。在社会主义制度下，房屋的基本功能是居住属性，给普通百姓提供基本的生存保障，尤其是解决中低收入家庭的居住需求。

社会性保障住房只应包括公租房和廉租房两种形式，取消现行的各种限价房、经济适用房政策，取消面向公务员和国企事业单位的限价房、经济适用房、自建房等优惠政策，坚决禁止各种变相的福利分房政策。其目的在于，既要解决部分城市居民买不起住房的问题，又要解决进城务工的农民工无力承受高房价的问题。

保障房建设既属于经济问题，也属于政治体制问题。2010 年“新国十条”颁布以后，强调保障房建设政策的推出转变了以前发展房地产的政策思路，房地产市场开始逐步步入正确的发展轨道。推动保障房建设本身，就是要纠正此前单边、片面发展商品房的政策失误。它是政府落实保障责任的再次回归。把低收入群体用保障房的形式剥离出商品住房市场，不仅能缩小未来可能存在的房地产市场崩溃的破坏范围，而且还能够强化党的执政基础。此外，党中央明确要求大量建设保障房，表达了大胆改革的勇气，但能否建立比较完备的保障房运行机制，还取决于宏观调控和体制改革的智慧。

12.2.3　综合使用税收等政策手段，坚决抑制投资投机行为

“圈房运动”的实质是部分国民对房屋的投资投机问题。当部分社会群体为了获得未来的较高收益，每人获得三四套甚至更多住房的时候，另外一些社会群体的住房权必然得不到实现。这实际上是住房的恶性投资投机问题，因为它会使这个社会丧失稳定的社会基础。

我们可以采取土地、税收、货币等政策措施打击投资投机行为。土地供给政策包括土地的供应方式、对土地用途的严格管制等措施。税收政策比如征收高额土地闲置税，甚至逾期收回囤积土地，征收高额房屋空置税，其目的在于严厉打击投资投机行为。而货币政策主要是通过利率政策、银行信贷政策等政

策措施合理引导社会的流动性。

打击住房投资投机问题的目的是逐步挤掉房地产领域的泡沫。房价的泡沫问题，可以从房屋租售比、房价收入比等角度进行比较与测量。不论是从房屋租售比还是从房价收入比角度进行研究，都能够比较容易地判断出中国房价存在泡沫。

而挤掉房地产领域泡沫的目的在于阻止中国房价泡沫破裂。这是因为一旦中国潜在的房价泡沫破裂，其可能性后果将是极其严峻和极具打击性的，比如房地产行业及其相关产业将会迅速下滑；失业将会急剧增加，诸多已经买房且正在还贷的“房奴”甚至会迅速破产；经济增长可能会严重下滑甚至不增长；弱化党的执政基础，甚至是破坏执政党的社会基础。

12.2.4 转变对地方政府的考核方式，并坚决贯彻执行问责制

转变对地方政府的 GDP 考核方式，祛除房价上涨的地方政府动力。对地方政府的考核多以 GDP 为目标，比如党的十四届五中全会公报提出“2000 年实现人均国民生产总值比 1980 年翻两番”，党的十五届五中全会公报要求“保持国民经济保持较快发展速度，为到 2010 年国内生产总值比 2000 年翻一番奠定坚实基础”，而党的十六届五中全会公报要求“实现 2010 年人均国内生产总值比 2000 年翻一番”的目标。周黎安在《转型中的地方政府》中指出，中国经济的高速发展，与地方政府对 GDP 的崇拜有不可分割的联系。因此，只有真正转变对地方政府的 GDP 考核方式，才能从根本上祛除房价上涨的地方政府动力。

此外，对暴力拆迁等问题必须问责，以防止该问题触发房价泡沫破灭。需要说明的问题是，实现经济发展对执政党非常重要，但并非所有类型的经济增长都对执政党有利。只有那些对社会有利的经济增长，才可能会有利于党的长期执政。

分析思考

思考题

1. 中国特色社会主义制度的范畴以及内容是什么？
2. 中国特色社会主义制度的基本判断是什么？
3. 社会主义制度下房屋属性是什么？
4. 土地和房屋使用效率的判断标准是什么？
5. 从社会主义制度角度如何改进住房问题？

推荐阅读

1. 马克思，恩格斯.资本论（第三卷）[M].北京：人民出版社，1975

2. 恩格斯.论住宅问题[M].北京：人民出版社，1975

3. 林岗，张宇.历史唯物主义与马克思主义政治经济学的分析范式[J].政治经济学评论，2004（3）

4. 顾金喜.“效率优先，兼顾公平”的收入分配原则：述评与反思[J].探索，2008（2）

5. 张玉丽.从“效率优先，兼顾公平”到“效率与公平并重”[J]. 中共山西省委党校学报，2008（1）

6. 辛鸣.论“中国特色社会主义制度”[N].北京日报，2011 年 7 月 25 日

第13章 房地产低碳与低碳管理

通过学习本章，可以掌握：

※ 低碳背景、低碳经济概念、低碳经济的理论基础

※ 低碳型房地产业的内涵、必要性

※ 英国贝丁顿零碳社区的发展经验

※ 瑞典汉莫比低碳小镇的发展经验

※ 国内低碳房地产发展的实践与发展困境

※ 国内低碳房地产发展的有效管理

导　言

低碳房地产是实施和推广低碳经济的重要内容，这关系到人们的生产方式、生活方式和价值观念的变革。既然如此，全球低碳发展的背景、低碳经济的内涵与理论基础是什么？低碳型房地产业的内涵、必要性分别是什么？英国贝丁顿零碳社区、瑞典汉莫比低碳小镇、以色列节能低碳、丹麦节能低碳以及日本低碳建筑的发展经验有哪些？国内低碳房地产发展的实践与发展困境是什么？国内低碳房地产发展如何进行有效管理？本章将逐个讲述。

13.1　低碳经济与房地产低碳

13.1.1　全球低碳背景与低碳经济的概念

人类活动消耗大量的化石能源，排放大量的温室气体，难免会产生气温升高的问题。地球温度逐年升高的主要原因在于温室效应和臭氧黑洞，而温室效

应主要由 CO_2 产生，因为它的生命周期最长。1992 年，在巴西的里约热内卢召开了联合国环境与发展大会，第一次明确提出“绿色建筑”的概念。

英国诺丁汉大学的著名学者布伦达（Brenda）和罗伯特·维勒（Robert Vale）教授在他们的专著《绿色建筑：为可持续发展的未来而设计》（Green Architecture，Design for a Sustainable Future）中提出，人类社会从 1880 年到 1990 年的 110 年间，地球的平均温度升高了 0.8℃，而且上升的趋势正在增加。

1997 年 12 月，联合国气候变化框架公约参加国的第三次会议在日本京都制定《京都议定书》（Kyoto Protocol），是《联合国气候变化框架公约》（United Nations Framework Convention on Climate Change，UNFCCC）的补充条款。该公约共有 84 个国家于 1998 年 3 月 16 日至 1999 年 3 月 15 日间开放签字，并约定于 2005 年 2 月 16 日开始强制生效。到 2009 年 2 月，共有超过全球排放量 61%的 183 个国家通过该条约。其目标是“将大气中的温室气体含量稳定在一个适当的水平，进而防止剧烈的气候改变对人类造成伤害”。1998 年，美国签署了《京都议定书》，但布什政府于 2001 年 3 月以“减少温室气体排放将会影响美国经济发展”和“发展中国家也应该承担减排和限排温室气体的义务”为借口，拒绝批准《京都议定书》。

2003 年，英国政府在能源白皮书《我们能源之未来：创建低碳经济》中首次提出低碳经济（Low Carbon Economy）的概念，即低碳经济是一种以低能耗、低排放、低污染和高效能、高效率、高效益为主要特征，以节能减排为主要发展方式，以碳中和技术为主要发展方法的绿色经济发展模式。低碳经济是人类社会继农业文明、工业文明之后的又一次重大进步。低碳经济的实质是高效利用能源、清洁开发能源、追求绿色 GDP，核心是能源技术和减排技术创新、产业结构和制度结构创新以及人类生存发展观念的根本性转变。①

近年来，气温变暖导致世界各地频发自然灾害性天气事件，对自然环境和生态系统造成不可逆的影响。欧盟等发达国家提出所谓的“2℃”目标，也就是说，相对于工业化前（1850 年）的气温水平来说，人类社会可以容忍的最高升温是每年升高 2℃，如果超过 2℃则会出现灾难。2008 年，联合国环境规划署把每年的 6 月 5 日确定为“世界环境日”，主题是“转变传统观念，推行低碳经济”，全球低碳经济成为大势所趋。

2009 年 12 月，在丹麦首都哥本哈根召开了世界气候大会。哥本哈根气候大会用《哥本哈根议定书》代替 2012 年到期的《京都议定书》。《哥本哈根议定

①王兴邦.经济转型与房地产低碳投资策略选择.中国证券期货，2010（11）

书》维护了《联合国气候变化框架公约》及《京都议定书》，确立了“共同但有区别的责任”原则，就发达国家实行强制减排和发展中国家采取自主减缓行动做出安排，并就全球长期目标、资金、技术支持和透明度等焦点问题达成广泛共识。中国政府会前宣布了“到2020年将把单位GDP碳排放在2005年的基础上减少40%到45%”的目标，而美国只同意减少4%。

13.1.2 低碳经济的理论基础

13.1.2.1 科斯定理①

科斯定理是由诺贝尔经济学奖得主罗纳德·哈里·科斯（Ronald H. Coase）提出的。1960年，科斯在《社会成本问题》中阐述了科斯定理的基本含义。1966年，乔治·施蒂格勒（George Stigler）首次使用“科斯定理”这个术语。科斯定理较为通俗的解释是：“在交易费用为零和对产权充分界定并加以实施的条件下，外部性因素不会引起资源的不当配置。因为在此场合，当事人（外部性因素的生产者和消费者）将受一种市场里的驱使去就互惠互利的交易进行谈判，也就是说，是外部性因素内部化。”科斯定理比较流行的说法是：只要财产权是明确的，并且交易成本为零或者很小，那么，无论在开始时将财产权赋予谁，市场均衡的最终结果都是有效率的，都能够实现资源配置的帕累托最优。在某些条件下，经济的外部性或非效率可以通过当事人的谈判得到纠正，从而达到社会效益的最大化。

科斯定理由三组定理构成。科斯第一定理的内容是：如果交易费用为零，不管产权初始如何安排，当事人之间的谈判都会导致财富最大化，即市场机制会自动达到帕累托最优。它所揭示的经济现象就是：在经济市场中，任何经济活动的效益都是最好的，任何工作的效率都是最高的，任何原始形成的产权制度安排都是最有效的，因为任何交易的费用都是零，人们会在内在利益的驱动下，自动实现经济资源的最优配置，因而，产权制度没有必要存在，更谈不上产权制度的优劣。

科斯第二定理被称为科斯第一定理的反定理，其基本含义是：在交易费用大于零的世界里，不同的权利界定会带来不同效率的资源配置。在有成本的交易中，不同的产权制度，交易成本往往不同，资源配置的效率也可能不同。为了优化资源配置，有必要选择合适的产权制度。在交易费用至上的理论中，科斯定理必然成为选择或衡量产权制度效率高低的唯一标准。

---

①智库名片.科斯定理.MBA 智库名片.2010

科斯第三定理描述了产权制度的选择方法，主要包括 4 个方面：（1）如果不同产权制度下的交易成本相等，那么，产权制度的选择就取决于制度本身成本的高低。（2）某一种产权制度如果非建不可，而对这种制度不同的设计和实施方式及方法有着不同的成本，则这种成本也应该考虑。（3）如果设计和实施某项制度所花费的成本比实施该制度所获得的收益还大，则这项制度没有必要建立。（4）如果建立新制度的成本无穷大，或新制度的建立所带来的收益小于其成本，则变革现存的不合理制度是没有必要的。

13.1.2.2　虚拟经济①

虚拟经济（Fictitious Economy）的概念最早由马克思提出的虚拟资本（Fictitious Capital）衍生而来，是从具有信用关系的虚拟资本衍生出来的，并随着信用经济的高度发展而发展。马克思认为：（1）虚拟资本产生于借贷资本和银行信用制度的基础之上，包括股票、债券等；（2）虚拟资本可以作为商品买卖，也可以作为增值资本，但本身并不具有价值；（3）它代表的实际资本已经投入生产领域或消费过程，而其自身却作为可以买卖的资产滞留在市场上。

虚拟经济是指证券、期货、期权等虚拟资本的交易活动。虚拟经济是相对于实体经济而言的，是经济虚拟化（西方称之为“金融深化”）的必然产物。经济的本质是一套价值系统，包括物质价格系统和资产价格系统。与由成本和技术支撑定价的物质价格系统不同，资产价格系统是以资本化定价方式为基础的一套特定的价格体系，这就是虚拟经济。广义地讲，虚拟经济除了目前研究较为集中的金融业、房地产业，还包括体育经济、博彩业、收藏业等。

与实体经济相比，虚拟经济具有明显不同的特征，主要表现为高度流动性、不稳定性、高投机性和高风险性等 4 个方面。人们的心理因素会对虚拟经济产生重要影响，也就是说，虚拟经济在运行上具有内在的波动性。另外，有价证券、期货、期权等虚拟资本交易虽然可以作为投资目的，但也离不开投机行为，这是由市场的流动性需要所决定的。而投机区别于投资的特征在于，投机的目的是短期操作、赚取暴利，这必然会导致或者加剧经济波动。

需要说明的是，虚拟经济（Fictitious Economy）不同于 Visual Economy 和 Virtual Economy。Visual Economy 是指用计算机模拟的可视化经济活动，是一种“可视化经济”。而 Virtual Economy 是指以信息技术为工具所进行的经济活动，包括网络经济等。

---

① 百科名片. 百度百科，2013

13.1.2.3 可持续发展理论

可持续发展（Sustainable Development）概念明确提出于1980年。当时，世界自然保护联盟（IUCN）、联合国环境规划署（UNEP）、野生动物基金会（WWF）共同发表了《世界自然保护大纲》，该大纲提出可持续发展命题。1987年，以布伦兰特夫人为首的世界环境与发展委员会（WCED）发表了《我们共同的未来》的报告，正式使用了“可持续发展”概念，并对之做出了比较系统的阐述。该报告认为，可持续发展是“能满足当代人的需要，又不对后代人满足其需要的能力构成危害的发展”。

2002年，中共十六大把“可持续发展能力不断增强”作为全面建设小康社会的目标之一，它成为一种新的发展观、道德观和文明观。我们的科学发展观把社会的全面协调发展与经济的可持续发展结合起来，以经济社会全面协调可持续发展为基本要求，促进人与自然的和谐发展，从而实现经济发展与人口、资源、环境相协调，坚持走生产发展、生活富裕、生态良好的文明发展道路，保证一代接一代地永续发展。可持续发展包括经济可持续发展、生态可持续发展和社会可持续发展三个方面。

我国可持续发展战略的指导思想是坚持以人为本，以人与自然和谐为主线，以经济发展为核心，以提高人民群众生活质量为根本出发点，以科技和体制创新为突破口，坚持不懈地全面推进经济社会与人口、资源和生态环境的协调，不断提高我国的综合国力和竞争力，为实现第三步战略目标奠定坚实的基础。

21世纪初，我国可持续发展的总体目标是可持续发展能力不断增强，经济结构调整取得显著成效，人口总量得到有效控制，生态环境明显改善，资源利用率显著提高，促进人与自然的和谐，推动整个社会走上生产发展、生活富裕、生态良好的文明发展道路。通过国民经济结构战略性调整，完成从“高消耗、高污染、低效益”向“低消耗、低污染、高效益”转变；促进产业结构优化升级，减轻资源环境压力，改变区域发展不平衡，缩小城乡差别。

13.1.3 低碳与房地产业

在全球低碳污染物中，50%的氯氟烃（CFCs）和50%的CO_2是在建筑物中产生的。索菲娅（Sophia）和斯蒂芬·彼林（Stefan Behling）在欧盟可再生能源指导委员会资助的项目“太阳能：太阳能建筑的演变”（Solar Power,The Evolution of Solar Architecture）中指出，世界上一半的能源是在建筑中消耗的。而建筑中二氧化碳的排放，主要是通过使用和消耗化石能源表现的。另外，氯氟烃（CFCs）是氟里昂家族中的一支，大约全球50%的氯氟烃是在建筑的使用中产生的，主要是指冰箱系统、空调系统、保温隔热和消防系统等 4 大系统。

问题的另一方面在于，既然 50%的氯氟烃（CFCs）和 50%的 CO_2 由建筑业使用能源产生，那么必然可以通过设计和使用建筑来控制。如果人们在建造建筑时，能够集约与节约使用能源，那么温室效应带来的气温升高问题就可以得到部分控制。而且，《京都议定书》把 CO_2 排放权作为一种特殊商品，从而形成二氧化碳排放权的交易，简称碳交易。

13.1.4　低碳型房地产业的内涵

低碳型房地产业是指要改变以往的高能耗、高排放模式，建立新的具有较高的科学技术、较大的创新能力与完善的制度体系的发展模式，在房地产投资开发过程中充分利用健康实用、建筑节能、科学环保以及可持续发展等理念，以降低化石能源的消耗、减少碳排放总量。低碳型房地产业要求实现低碳经济、房地产建筑、生态环境的多方共赢。

低碳房地产或者绿色房地产是贯穿于土地规划、房地产设计、施工、监理、消费全过程的理念，房地产开发企业要更加重视项目品质，主动应用绿色低碳技术。住宅建筑的碳排放涉及低碳住宅的技术体系，包括低碳设计、低碳用能、低碳构造、低碳运营、低碳排放、低碳营造、低碳用材等方面。房地产开发过程应从建筑规划设计、建筑材料选用、结构设计和装修材料准备等诸多环节，树立低碳观念，提倡低碳模式，最终实现人与自然的和谐发展。

13.1.5　低碳型房地产业发展的必要性

首先，由于煤炭和石油的大量消耗，中国的环境和资源承受着前所未有的压力。专家表示，中国近百年的年平均气温升高了 1.1℃，高于全球平均升温 0.74℃的水平。中国极端气候事件发生频率和强度的变化比较明显，未来极端气候事件还可能增多，比如夏季炎热时间拉长、极端高温地区增加等。因此，中国发展低碳经济基本上已经成为共识。

其次，发展低碳型房地产业是房地产自身摆脱发展局限的客观要求。我国房地产投资在固定资产投资中的比重达到 20%，房地产经济占 GDP 的比重将近 10%。而在我国的碳排放总量中，30%以上来自建筑业的排放。专家预计，到 2020 年，我国建筑业的能耗将达到全社会总能耗的 40%。据《低碳地产研究报告》统计，我国建筑业的规模大致 430 亿平方米，每年新增 16 亿～20 亿平方米左右，其中 95%以上是高能耗建筑，只有 4%的建筑采取了节能措施。房地产业的能耗过高，但发展低碳型房地产的技术潜力巨大，因此成为我国发展低碳经济、倡导低碳生活的天然载体。

再次，发展低碳型房地产业是我国经济从高能耗向低能耗、从忽视生态因素向重视生态因素、从不可持续向可持续发展转型的客观要求。房地产业处于我国国民经济产业链的中端，与钢铁、电力、化工、轻工、石化、建材、有色金属等 20 余个上下游产业领域直接相关。[①]在房地产领域采取低碳战略，必将在拉动上游产业的同时，还会带动下游的消费。如果大量采用低碳技术、绿色建材产品和可再生能源，还会直接或间接带动相关行业的发展，为我国经济发展方式转型和产业结构调整提供十分重要的途径。

此外，未来我国可持续的城镇化发展还有一个相当长的历史过程。因此，房地产业已经成为节能减排潜力最大的行业。地产低碳关系到整个国民经济的低碳发展，而要减少 CO_2 的排放，就必须走绿色低碳型的地产发展之路。

房地产业的碳排放问题涉及两个过程：一是住宅的生产过程，即开发商所主导的碳排放过程；二是住宅的消费过程，即消费者所主导的碳排放过程。而开发商所主导的碳排放过程，是实现建筑低碳的主要途径。

13.2 国外房地产低碳发展的典型案例

13.2.1 英国的贝丁顿零碳社区

英国是世界上第一个提出低碳经济理念并实践低碳经济的国家，也是世界上第一个为减排温室气体立法的国家，在工业、建筑、能源等领域制定标准、出台政策并提供财政支持。英国率先提出“后碳时代”的城市建设目标，把“零碳城市”建设作为发展低碳经济、应对气候变化的重点。[②]英国低碳城市的典范是贝丁顿零碳社区。

2002 年完工的贝丁顿（Bed ZED）零碳社区，全称为“贝丁顿零化石能源发展”社区，由世界著名低碳建筑设计师比尔·邓斯特设计。贝丁顿社区位于伦敦西南的萨顿镇，占地 1.65 公顷，公寓 82 套，办公和商住面积是 2500 平方米。2003 年开始运转的贝丁顿社区，使用可循环利用的建筑材料、太阳能装置、雨水收集设施等低碳技术和低碳设施。贝丁顿社区是上海世博会零碳社区的原

①黄朴，崔建霞.浅析低碳经济背景下房地产行业的发展.价值工程，2010（11）

②杜受祜.从贝丁顿到汉莫比.成都发展改革研究，2010（4）

型，曾获得可持续发展奖，成为英国第一个零二氧化碳排放社区，同时也是世界低碳建筑领域的标杆式先驱。

不过，贝丁顿零碳社区不是完全没有碳排放，而是通过利用节能建筑、太阳能等可再生能源代替煤和石油等传统化石能源，来满足自身的能源需要从而实现零碳和零能耗目标的。贝丁顿社区居民不交电费、不交水费甚至不用购买汽油。贝丁顿零碳社区的房地产低碳建设经验有以下几个：①

（1）低碳的建筑成本。贝丁顿社区 95%的建筑结构所用钢材，回收于 35 英里内的拆毁建筑场地，最大限度地节省了交通运输所需的能源消耗。建筑窗框选用木材而不是聚氯乙烯，这相当于在制造过程中减少了约 800 吨的二氧化碳排放量。

（2）零能耗的采暖系统。英国夏季温度适中，但冬季寒冷漫长，有大约半年的采暖期。因此，贝丁顿社区需要能源采暖。贝丁顿零碳社区是通过利用节能建筑、太阳能等可再生能源，来满足自身的采暖需要的。贝丁顿零碳社区还通过多种措施减少建筑的热损失：建筑物紧凑相邻，以减少建筑的总散热面积；建筑墙壁的厚度超过 50 厘米，中间还有隔热夹层以防止热量流失；窗户选用内充氩气的三层玻璃窗；窗框采用木材以减少热传导。如果没有特殊需求，居民家中不必安装暖气，整个社区也没有安装中央供暖系统，从而减少了能源消耗。此外，贝丁顿社区楼顶五颜六色的烟囱状装置称为“风帽”，是一种自然通风装置，能随风旋转并将室外的新鲜空气通过管道引入室内。室外冷空气进入和室内热空气排出时，还通过特殊装置在管道中发生热交换，从而节省保暖所需的能源。

（3）零排放的能源供应系统。贝丁顿社区所使用的能源主要来自两个方面，即建筑物楼顶等安装的太阳能光伏板和利用废木头等物质发电并提供热水的小型热电厂。贝丁顿社区的每户均安装了太阳能发电设备，每天发的电如有剩余还可以出售；如果不够，则可向邻居购买，也可向电力公司购买可再生能源发的电。贝丁顿社区的小型热电厂使用的燃料，是废旧木头和邻近的速生林等物质，通常不会造成额外的环境负担。发电过程中散发的热能被用来烧水，热水通过管道送入社区内的住户家中。由于树木成长过程中吸收了大量二氧化碳，而在燃烧过程中又等量释放出来，因此它是一种零排放的能源供应系统。

（4）循环利用的节水系统。贝丁顿社区采用多种节水装置减少水的消耗：节水龙头具有水流自动检测功能，每分钟的水流量比普通水龙头少 13 升；采用

①百科名片.伦敦贝丁顿零碳社区.百度百科.2013

节水喷头，每分钟水流量比普通喷头少6升；所有马桶均采用控制冲水量的双冲按钮，一次冲水量比普通马桶节水5～7升。同时，贝丁顿社区还建有完善的雨水收集系统和污水处理系统。生活废水被污水处理系统净化处理，部分处理过的中水和收集的雨水一起被储存并用于冲洗马桶。多余的中水通过铺有沙砾层的水坑渗入地下，重新被土壤吸收。

（5）绿色出行的交通系统。贝丁顿社区有良好的公共交通网络，包括两个通往伦敦的火车站台和两条公交线路。贝丁顿社区遵循“步行者优先”的政策，建造了宽阔的自行车道和宽敞的自行车库；人行道上装有良好的照明设备，四处都设有婴儿车、轮椅通行的特殊通道。贝丁顿社区鼓励居民使用网上预订的可出租电动车，还为电动车辆设置了免费的充电站，其电力来源于总面积为777平方米的太阳能光电板，峰值电量高达109千瓦/小时，可供40辆电动车使用。

实践证明，贝丁顿零碳社区的节能减排成效明显。住房取暖能耗减少88%，用电量减少25%，用水量近似于英国平均水平的50%，车辆及车辆使用减少65%，而这些节能目标的实现均未影响居民的生活品质。①

13.2.2 瑞典的低碳生态社区

从20世纪50年代开始，瑞典就推出了“生态循环城”的建设举措。该措施主要是结束传统的林业发展模式，促进森林及其产业步入良性循环的轨道，为整个国家的可持续发展奠定基础。1984年，瑞典建成第一个生态村，利用风能、太阳能、地热能、生物能、废物循环利用以及粪便储存发酵等方式发展低碳经济。目前，瑞典每年因矿物燃烧排放到大气中的二氧化碳是150万吨左右，但瑞典森林每年吸收的二氧化碳总量约4000万吨，瑞典成为世界上第一个实现碳排放负增长的国家。而瑞典低碳社区的典型是汉莫比小镇。

汉莫比（Hammarby）小镇位于瑞典首都斯德哥尔摩市中心的东南方向，占地1.5平方公里，计划建筑房屋1.1万套，居住人口2.5万，并为另外1万人提供工作场所，建设周期是1997～2015年。斯德哥尔摩市政府最初对汉莫比小镇提出相当超前的建设目标，即构建生态循环模式。现在的汉莫比小镇已经取得低碳建设的巨大成就，成为节能、环保、减排、可持续发展生态城的世界典范，也已经是继诺贝尔、沃尔沃、宜家等全球品牌之后新的瑞典名片。

汉莫比小镇房地产低碳建设经验有以下几个：②③

---

①杜受祜.从贝丁顿到汉莫比.成都发展改革研究，2010（4）

②王洁.汉莫比小镇的低碳生活.21世纪经济报道，2009年12月22日

③王洁.北欧小镇的低碳生活.资源再生，2012（4）

（1）土地规划利用方面坚持“政府-企业-用户-局外人”四位一体的模式。汉莫比小镇的地块最初由斯德哥尔摩市政府所有，后来进行私有化处理共分割卖给 30 家开发商。汉莫比小镇综合投资需要 45 亿欧元，而斯德哥尔摩市政府只需出资 2 亿欧元，其他 43 亿欧元则由 30 家开发商分别出资完成。汉莫比小镇最重要的规划部分，则由斯德哥尔摩市政府建设局、房地产开发商、私人建筑设计院等各方共同商议决定。不仅如此，汉莫比小镇还邀请批评家来点评方案，甚至让警察和罪犯告诉规划者应如何避免住房方面的犯罪。

（2）资源、能源供应循环系统也坚持低碳设施和低碳技术。住户院子与屋顶的雨水通过固定管道流入邻近的湖中，而街道上的雨水则通过固定的沉沙池排进湖中。同时，住户的卫生间装有低耗水的厕所洁具，排出的废水经过处理后成为沼气，其中的大部分供公共汽车使用，其余部分输送给住户用作厨房炉火。废水处理时产生的热量，可被能源部门利用，也可用于集中供暖，其余固体废渣则因未污染而可以返回农业生产或用于花园肥料。

（3）垃圾处理方面坚持低碳设施、低碳技术、低碳环保。居民楼下的灰色圆柱形垃圾桶 1 米多高，地上部分标有蓝、绿、黄三种不同的分类标签，分别代表书报废纸、食物垃圾和可燃烧垃圾三类，地下部分连接着各自类属的真空管道。丢进垃圾箱的垃圾会定时和其他在不同时段被投入这些垃圾箱的废弃物一起，被瑞典恩华特公司的垃圾抽吸系统所提供的负气压，以每小时 90 公里的速度，抽吸至 700 米外的垃圾中央处理站进行处理。98%的废物都可以循环使用，少量完全无法回收利用的干垃圾才会焚烧用于发电。

一旦居民户数达到 2000 户，便可设置一套垃圾抽吸系统。垃圾抽吸系统属于公共管道，先期由开发商或者地区政府合资投入，而后分摊至居民，每户 1 万瑞典克朗左右。而这 2000 万瑞典克朗全部支付给恩华特公司，包括成本、安装费、收益等项目，其后的运营主要由开发商、物业管理公司来操作，可以使用计算机远程操控，遇到技术障碍时再向恩华特公司求助。

此外，政府在人力和减排方面的压力大大降低，物业公司无需工人和垃圾车进行繁重的清理和搬运工作，小镇居民的垃圾处理费降至其他地区的 50%。因此，汉莫比小镇垃圾低碳处理系统实现了政府、垃圾处理公司、物业管理公司和居民共赢的局面。

（4）绿色交通。汉莫比小镇提供公共小车服务，在市内分布着很多公共小车站，居民输入密码后即可使用公共小汽车。汉莫比小镇还大力推进自行车道建设，发展绿色、简便的公共小交通。汉莫比小镇八成左右的居民上下班不开私家车，而是徒步、骑车或者乘坐公交汽车。

（5）汉莫比小镇低碳房地产业的市场价格与瑞典首都房地产业的市场价格几乎持平。有的瑞典人宁愿放弃斯德哥尔摩市中心的住房，而在汉莫比小镇上排队购买房屋，其均价在4500～6000欧元/平方米，跟斯德哥尔摩市中心的房价差不多。而当前汉莫比小镇一套公寓的租金，价格在每月850～1500欧元不等，包括暖气与供水。

13.2.3 其他国家的低碳生态社区

以色列在能源使用问题上较早开始低碳实践。1980年开始，以色列就意识到应该减少使用化石能源，随后出台相关政策，要求所有新建建筑物必须安装和使用太阳能装置，不装太阳能则不准开工。在这样的背景下，以色列成为世界上太阳能普及率最高的国家，太阳能热水器的使用率已经接近95%。

丹麦在低碳房地产方面有很多典型案例。丹麦在哥本哈根大学建有“绿色灯塔”，这个项目被称为“碳中和生态住宅生命之家”。该项目无论是能源利用率、舒适度，还是美观感受方面，均已超过现有标准。

日本的积水住宅株式会社（SEKISUI）是日本著名的建筑公司，是日本最大的综合性企业之一。积水住宅株式会社以“为您提供关爱地球环境，并且能放心舒适地持续居住60年以上的住宅”为理念，其“搭载太阳能发电系统住宅”、“瓷砖外墙住宅”、“全电化住宅”的销售份额在日本首屈一指。积水住宅株式会社关东工厂“零排放中心”的“零排放住宅”，在住宅的设计和能源的利用方面，也实践了零碳排放的目标。

13.2.4 国外低碳生态社区的基本经验

国外低碳房地产开发的基本经验，主要有三个方面：一是充分利用太阳光能与热能、风能、生物质能等可再生性新能源；二是依靠科技进步发展新技术，充分回收并再次利用旧资源；三是搞好热能源的储存和发展绿色交通等技术以减少能源消耗与污染排放，在增强住宅玻璃与墙体的保温隔热性能的同时，还尽可能存储空气交换过程中的室内热量。

13.3　我国房地产低碳发展的现状

13.3.1　我国低碳房地产发展的实践

20 世纪 80 年代，建设绿色建筑在发达国家已达成共识，但中国绿色建筑的发展相对来说却比较晚。2006 年 6 月 1 日，正式实施《绿色建筑评价标准》。2008 年 8 月，正式公布第一批“绿色建筑设计评价标志”。2010 年 4 月 1 日，正式实施《可再生能源法》，这标志着我国开始进行低碳转型。

（1）全国首个通过住建部验收的低能耗建筑是深圳市建筑科学研究院的办公大楼。该建筑地上 12 层，地下 2 层，总建筑面积约 1.8 万平方米。建科大楼实际使用 40 多项低碳建筑技术和低碳理念，包括楼下院子里铺设的晚上用来照明的太阳能地砖、楼顶的太阳能光热、太阳能光电、外墙遮阳板、风力发电机、光伏发电幕墙、节能保温系统、自然通风系统、人工湿地、中水回收、雨水收集系统、能耗与环境检测系统以及地下室的采光导管系统等等，最大限度地减少土地、资源与能源消耗。2009 年 4 月，建科大楼正式投入使用。根据实际检测的能耗数据测算分析，建科大楼每年可节约标煤 610 吨、电费 145 万元、水费 5.4 万元，减排二氧化碳 1600 余吨，达到了国家绿色建筑三星级的评价标准和 LEED 金级标准。2011 年，深圳建科大楼获得“全国绿色建筑创新奖”。

（2）奥运场馆的雨水利用系统。奥运场馆建设安装了 15 个高水平的雨水利用系统，并使用了透水性强的铺装材料，每年就可收集利用雨水 100 万吨。鸟巢的雨水利用系统，即鸟巢内部钢架结构暗藏了特制的“雨水斗”。如果比赛期间遇到雨天，“雨水斗”将自动将水接住，从而成功实现雨水的回收利用，作为体育场的灌溉和卫生间用水等。水立方游泳馆屋顶也同样设有雨水收集系统，经过收集、初期弃流、调蓄、消毒处理等过程，将雨水用于室外的灌溉、景观补充用水、冷却塔补水以及室内卫生间用水，平均每年可以回收利用雨水 1.05 万立方米，雨水利用率达到 76%。此外，网球中心、射箭场、曲棍球场等地都设有雨水收集和污水处理系统。这些场馆不依靠外界的水源补给，而是依靠内部的水源循环利用。

（3）2010 年，上海世博会园区使用量最大的绿色能源是太阳能。在世博中心、主题馆、中国馆和南市电厂等建筑屋顶以及玻璃幕墙上，安装了大量的太阳能电池，该发电系统的总装机容量约 4.6 兆瓦。据能源测算数据分析，世博会的光伏建筑一体化系统年发电量可达408万千瓦时，年减排3330吨左右的二氧化碳。此外，世博会场馆还采用江水源热泵技术，即从黄浦江抽取冷却水，供水源热泵机组使用，使用后的温热水再排入黄浦江。实际运行数据表明，此项技术能使世博园区的年能耗减少40%～60%，年运行费用可降低30%～50%，年减排2600吨左右的二氧化碳。

此外，还有获得“北京市建筑节能试点小区”的北京锋尚国际公寓，获得“绿色建筑卓越奖”的深圳招商地产的泰格公寓，与英国零能耗工厂联手打造的深圳万科城四期，以及“将新都市主义的概念与生态环境的可持续发展相结合”的天津万科东丽湖等低碳房地产项目。

13.3.2 我国低碳房地产发展存在的问题

美国绿色建筑委员会曾表示，绿色建筑评估体系（LEED）是建立在国家觉悟基础上的、市场驱动的和旨在加速推进绿色建筑开发和实施的绿色评价体系。而我国目前缺乏完整有效的低碳房地产鼓励政策和监管机制，是导致房地产市场主体参与低碳房地产事业积极性不高的主要原因。

（1）政府的政策支持力度仍需改进，低碳房地产事业总体上仍处于示范阶段。政府先后提出了生态建筑、环保建筑、健康住宅、低能耗建筑、资源循环型建筑等一系列概念，但对于低碳房地产业在整体国民经济中的定位和发展方向等问题，并未提出相应的指导性建议、配套的政策措施、强制性的标准体系以及值得考核的评价指标。同时，中央财政是以“以奖代补”方式支出的，而且主要是事后奖励，很难用于项目启动。因此，我国的低碳建筑仍然处于示范阶段，示范工程多，但实际推广少，大规模应用的时代还没有到来。①

（2）低碳房地产项目的成本较高、风险较大，房地产开发企业缺乏低碳开发和大规模推广的动力。房地产开发企业如果要发展低碳住宅项目，则需要在住宅小区低碳设计、建筑规划、环境控制技术、照明节能技术、水工业技术、垃圾处理系统、暖通空调系统等方面投入大量资金，进行建筑节能开发的低碳建造，而这势必会增大建筑的开发成本。同时，低碳节能技术尚未标准化、工业化，低碳节能产品也未形成统一的技术规范和完善的售后服务体系等，房地产企业在开发过程和后续维护过程中承担着较大的责任风险，因而缺乏低碳开发和规模推广的市场动力。

（3）我国的低碳技术与英国、瑞典等国家相比，还存在较大差距。我国低

---

① 刘薇等.低碳经济下房地产开发运行对策研究.吉林建筑工程学院学报，2013（5）

碳技术起步较晚，研发经费投入不足，创新能力不够，产学研尚未有机结合，低碳技术不够成熟。新能源技术方面，与瑞典、英国等发达国家相比，我国的太阳能光伏电池技术、大型风力发电设备、燃料电池技术、生物质能技术及氢能技术等，存在不小的差距。其他低碳技术像汽车燃油的经济性问题、混合动力汽车的相关技术、高能效技术、建筑设计节能技术等方面，也不够成熟。

（4）低碳产品和低碳材料存在价格普遍较高等问题，消费者不愿意消费。在低碳市场中，低碳材料及产品的价格相对比较高，往往是普通商品的 1.5 倍以上，超出了居民的购买意愿，这就导致消费者不愿选择低碳装修材料和低碳消费产品，最终使得节能环保的低碳装修装饰材料及其产品存在推广和普及的价格障碍。例如北京海淀的峰尚国际公寓 2010 年售价 47436 元/平方米时，周边非低碳房地产开发项目的售价不到 30000 元/平方米。同时，我国建筑节能产品的质量不稳定，合格率不达标。2009 年，上海市建设工程安全质量监督总站进行监督抽查，在抽取的 112 组工程节能材料中，不合格率高达 19.6%。

（5）建筑设计能力欠缺，难以保障低碳房地产业的规模化推广。低碳建筑要求在建筑设计、建筑建造及建筑使用中，充分考虑节能、环保、经济、舒适等综合因素，在方案推行前期不仅需要引入可持续发展的整体理念，而且需要采暖、采光、通风、照明等“多工种”的提前参与。然而，我国低碳建筑评估体系不完善，评估标准过多强调技术与部件的应用，忽视设计环节对技术部件的整合效应，造成低碳建筑难以实现节能减排的目标。同时，我国低碳建筑的设计师人才相当缺乏，这也造成了我国低碳建筑的设计能力相对比较落后。总之，无论是体制环境还是人才队伍环境，都不利于激励低碳建筑设计能力的发展，更难以保障低碳地产的规模化推广。

13.4　房地产低碳发展管理①

发展节能建筑、推广低碳地产逐步成为社会各界的共识。2010 年，北京市规定新建设的普通商品房、公共建筑等，若使用太阳能供热且太阳能热水器的利用面积超过 100 万平方米的，将享受每平方米 200 元的补贴。住房和城乡建设部与深圳市签署协议，共建国家低碳生态示范市。同时，宁夏成为全国首批开展绿色建筑评价的省区，广西、江苏、重庆等地也陆续建立了地方标准。但

①万利等.低碳经济下大力推行绿色建筑正逢其时.经济参考报，2010 年 3 月 26 日

是，我国低碳建筑的可持续发展不仅需要借鉴发达国家的低碳经验，制定有效的激励政策，而且需要制定全国统一的国家标准和切实可行的政策措施。

13.4.1 建立健全低碳建筑优惠制度，充分调动各方积极性

从国外低碳地产发展的经验来看，在低碳发展的起步阶段，政府的扶持和激励政策是引导房地产低碳之路的重要手段。政府要制定和推行有利于低碳房地产发展的政策，尽快出台涉及低碳建筑各个环节的优惠政策和法律制度，充分调动房地产开发企业、建筑公司、能源服务公司、设计事务所、建材供应商、物业公司、居民业主等各方面发展低碳住宅和低碳写字楼的积极性，并从法律方面保护各参与主体的正当利益，鼓励他们发展节地、节能、低碳环保、经济、舒适的低碳建筑。

英国、瑞典等国外低碳建筑的发展经验告诉我们，具体的激励措施可以包括快速审批、特别规划许可、材料折扣、现金奖励、政策贴息、风险补偿、税收优惠甚至在一定期限内免税、低碳技术研发专项基金等方面，把事后奖励的方式改为事前激励。只有房地产开发商等低碳建筑的市场主体在生产和销售低碳建筑材料和产品时获得了切实收益，低碳建筑市场才能够得到比较好的发展，低碳建筑才能够从示范阶段步入规模操作阶段。房地产行业更要以低碳建筑为目标，通过技术创新实现新的跨越，使房地产业更加符合低碳经济的发展要求，实现人与自然的和谐相处，从而使整个社会实现可持续的发展。

13.4.2 设置专门的低碳建筑顶层管理部门，完善低碳评估体系

英国、瑞典、丹麦等较为成功的国家推行低碳建筑时，都有一套科学完备并适合本国行业情况的权威的低碳建筑评估体系。虽然我国于 2006 年、2008 年和 2010 年也出台了相关标准和技术细则，但仍存在部分项目是为评级、评星而建的现象。因此，国家层面上应建立一个专门负责低碳项目规范制定、低碳项目审批、低碳项目建设、低碳项目验收与低碳项目评估工作的具体部门，明确规定低碳建筑应达到的节能率、节地率、节水率、节材率、温室气体的排放率、建筑材料的环保标准等相关节能减排的技术标准，对节能减排的企业给予补偿，对超标排放的企业予以征税或者处罚。操作实施方面，应结合当地的经济、人文、气候、资源以及区域生态特征等因素，充分发挥各个地方的积极性和主动性，由地方政府管理部门因地制宜地制定针对性强、可行性高的低碳建筑评价标准和实施细则，再由顶层管理部门对其进行论证和评估后付诸实践。

13.4.3　从公共建筑项目入手启动低碳建筑市场

低碳建筑从产品设计、技术开发、生产建造以及房产销售等各个环节，都应坚持市场需求的价值导向。低碳建筑建设初期，可通过国家机关的办公建筑、大型公共建筑等建设项目，强制建设低碳型绿色建筑标准以启动低碳建筑市场的需求力量，强化全社会节能减排的低碳意识。对新建的大型公共建筑，要对设计方案建立公开透明的专家评审制度和社会公示制度，严格执行工程建设的强制性节能标准，把能耗标准作为项目审批和项目开工建设的强制性门槛。项目建成后，应对建筑能效做专项测评，凡达不到工程建设强制性节能标准的，一律不允许进入市场销售。

13.4.4　大力发展低碳公司，促进低碳技术创新又分散低碳风险

低碳建筑的推广，最终需要用市场化手段取代原有的行政命令，以此来调动金融机构与专业服务公司共同推广节能减排技术的积极性。而市场化手段的有效方式之一，就是大力发展低碳公司。（1）低碳公司凭借自己的低碳技术参与房地产项目建设，并做好项目建成后的后期维护工作，从而为开发商分担开发成本和责任风险。（2）低碳公司通过前期的资金投入进行技术创新，以产学研相结合的方式促进太阳能、风能、生物质能等低碳技术产业的发展和完善。（3）低碳公司通过低碳技术的产业化运作，可降低低碳材料和低碳产品的市场价格，从而为低碳房地产的发展赢得居民基础并提高市场份额。（4）低碳公司的收益与低碳地产销售和低碳地产的节能减排量直接挂钩，低碳公司分享低碳地产的部分利润和地产项目的部分节能收益，既可以收回低碳技术成本又可以获取合法利润。总之，低碳类公司通过提供专业化的服务，能够更好地改善低碳建筑设计与低碳技术的专业化应用工作，从而实现低碳建筑的精细化开发。

13.4.5　完善低碳人才制度，提高低碳建筑的专业化设计能力

我国目前的低碳人才奇缺，太湖低碳社区、无锡低碳社区建设等低碳建筑的建设工作，主要是通过引进瑞典、英国等国外设计人才的方式进行的。因此，我国需要要大力培养低碳建筑的设计人才，尤其是造就低碳建筑的设计大师，为低碳建筑设计能力的提高提供人才支持。同时，在低碳建筑方案推行的前期，要让采暖、制冷、采光、节能、通风、照明等专业化建设主体提前参与。此外，我国低碳建筑的评估标准也要有利于提高低碳建筑的设计能力，不仅要强调低碳技术与低碳产品的应用，而且要充分考虑低碳设计环节对技术部件的整合效

应，以最终实现节能减排的低碳建筑目标。总之，无论是加强低碳建筑的体制环境建设工作，还是加强低碳建筑的人才队伍建设工作，都要有益于促进低碳建筑专业化设计能力的发展。

分析思考

一、基本概念

低碳经济 科斯定理 虚拟经济 可持续发展 低碳型房地产

二、思考题

1. 低碳经济的背景是什么？
2. 低碳经济的含义是什么？
3. 低碳经济的理论基础是什么？
4. 低碳型房地产的含义是什么？
5. 为什么发展低碳型房地产业？
6. 贝丁顿零碳社区的经验有哪些？
7. 汉莫比小镇的低碳经验有哪些？
8. 丹麦、以色列、日本的低碳经验是什么？
9. 国内低碳房地产的发展有哪些实践？
10. 国内低碳房地产市场如何进行有效的管理？

推荐阅读

1. 涂逢祥.建筑节能[M].北京：中国建筑工业出版社，2001

2. 万利等.低碳经济下大力推行绿色建筑正逢其时[J].经济参考报，2010年3月26日

3. 易明，李哲.房地产低碳经济发展模式及配套政策研究[J].建筑经济，2011（10）

4. 汪宏，陶小马.房地产业低碳化转型中的问题与对策[J].建筑经济，2012（11）

参考文献

1.大卫·李嘉图，周洁译.政治经济学及赋税原理[M].北京：华夏出版社，2005

2.马克思，恩格斯.资本论（第三卷）[M].北京：人民出版社，1975

3.恩格斯.论住宅问题[M]. 北京：人民出版社，1975

4.林岗，张宇.历史唯物主义与马克思主义政治经济学的分析范式[J].政治经济学评论，2004（3）

5.张宇，柳欣.论马克思主义经济学的分析范式[M].北京：经济科学出版社，2005

6.邱海平.《资本论》的范畴和原理[M].北京：经济科学出版社，2000

7.中国人民大学经济研究所，东海证券研究所等. 中国宏观经济分析与预测（2010-2011）——流动性回收与新规划效应下的中国宏观经济[M].北京：中国人民大学出版社，2010

8.叶剑平，田晨光.中国农村土地权利状况：合约结构、制度变迁与政策优化——基于中国17省1956位农民的调查数据分析[J].华中师范大学学报（人文社会科学版），2013（1）

9.易丹辉.数据分析与Eviews应用[M].北京：中国统计出版社，2002

10.高铁梅.计量经济分析方法与建模——EViews 应用及实例[M].北京：清华大学出版社，2006

11.李子奈，叶阿忠.高等计量经济学[M].北京：清华大学出版社，2000

12.孙敬水.计量经济学教程[M].北京：清华大学出版社，2005

13.叶剑平，宋家宁，毕宇珠.土地整治模式创新及其权益分配优化研究[J].中国土地科学，2012（9）

14.陈灿煌.房价上涨与城市居民收入差距的关系[J].统计与决策，2007（22）

15.汪小亚，代鹏.房地产价格与CPI相关性:实证分析[J].中国金融，2005（2）

16.谢赤，郑岚.货币政策对房地产市场的传导效应:理论、方法与政策[J].财

经理论与实践，2006（1）

17.杨重光，吴次芳.中国土地使用制度改革 10 年[M].北京：中国大地出版社，1996

18.国务院.国务院关于加强土地调控有关问题的通知[N].新华社，2006 年 9 月 5 日

19.国家统计局.中国统计年鉴 2006[Z].北京：中国统计出版社，2007

20.邓瑞兆，蔡吉源.地方财政、资本化与居所选择之经济分析[J].台湾土地金融季刊，1995（4）

21.皮舜.中国房地产市场与金融市场的 Granger 因果关系分析[J].系统工程理论与实践，2004（12）

22.高波，洪涛.中国住宅市场羊群行为研究——基于 1999～2005 动态面板模型的实证分析[J].管理世界，2005（2）

23.高凌江.地方财政支出对房地产价值的影响——基于我国 35 个大中城市的实证研究[J].财经理论与实践，2008（1）

24.毕宝德.土地经济学[M].北京：中国人民大学出版社，2004

25.郭峰，任宏.中国商品房空置问题研究[J].华中科技大学学报（城市科学版），2004（12）

26.李波.2006 中国地方财政发展研究报告[M].北京：中国财政经济出版社，2007

27.梁若冰，汤韵.地方公共品供给中的 Tiebout 模型：基于中国城市房价的经验研究[J].世界经济，2008（10）

28.刘溶沧，马拴友.论税收与经济增长——对中国劳动、资本和消费征税的效应分析[J].中国社会科学，2002（1）

29.孔煌.城市住宅价格变动的影响因素分析[J].贵州工业大学学报（社会科学版），2007（9）

30.任宏，温招，林光明."城市价值决定房价"论证分析及宏观调控建议[J].建筑经济，2007（8）

31.施建刚，朱华.影响房价的相关性因素实证分析[J].上海房地产，2004（7）

32.王家庭. 中国商品住宅空置率过高的原因及对策[J].经济评论，2002（1）

33.翁少群，刘洪玉.宏观调控下的房价表现——从需求方心理预期的角度分析[J].价格理论与实践，2005（6）

34.谢昌浩，阮萍.对房地产市场中空置问题的界定及衡量[J].中国青年政治学院学报，2002（2）

35.谢伏瞻.中国不动产税收政策研究[M].北京：中国大地出版社，2005

36.崔光灿.房地产业发展与宏观调控[J].宏观经济管理，2004（8）

37.奥茨，丁成日译.财产税与地方政府财政[J].北京：中国税务出版社，2005

38.易宪容.房地产如何消解泡沫[N].南风窗，2004（12）

39.郑思齐，王寅啸.房价波动与影响因素分析[J].价格理论与实践，2005（4）

40.杜雪君.房地产税对房价的影响机理与实证分析[D].浙江大学博士论文，2009

41.阿瑟·奥沙利文．苏晓燕等译.城市经济学[M].北京：中信出版社，2003

42.蔡立雄，何炼成.马克思市场价值理论分析——兼论房地产市场的吉芬商品现象[J].经济评论，2006（5）

43.冯邦彦，刘明.我国房价与地价关系的实证研究[J].统计与决策，2006（4）

44.崔新明.城市住宅供给的动力因素及其实证研究[M].北京：经济科学出版社，2005

45.丰雷，朱勇，谢经荣.中国地产泡沫实证研究[J].管理世界，2002（10）

46.张晓晶，孙涛.中国房地产周期与金融稳定[J].经济研究，2006（1）

47.邓富民，王刚.货币政策对房地产价格与投资影响的实证分析[J].管理世界，2012（6）

48.高喜善，聂燕军，石利琴.招拍挂出让与协议出让方式下地价与房价之间的关系比较分析[J].中国房地产估价师，2006（3）

49.宫玉泉.土地供应政策与房地产市场[J].宏观经济研究，2005（7）

50.顾杰.城市增长与城市土地、住宅几个空间结构演变——基于杭州市的实证研究[D].浙江大学博士学位论文，2006

51.郑娟尔.土地供应模式和供应量影响房价的理论探索与实证研究[D].浙江大学博士学位论文，2008

52.洪涛，高波，毛中根.外生冲击与房地产真实价格波动——对1998～2003年中国31省（市、区）的实证研究[J].财经研究，2005（11）

53.胡晓添，淮励杰等.土地因素对房价的时效影响实证分析——以南京市为例[J].中国土地科学，2005（6）

54.丰雷，蒋妍，叶剑平，朱可亮.中国农村土地调整制度变迁中的农户态度——基于1999～2010年17省份调查的实证分析[J].管理世界，2013（7）

55.景娟，刘志林，满燕云.低收入住房政策的国际经验借鉴:需求方补贴[J].城市发展研究，2010（6）

56.周文，齐畅.美国公共住房分配及其启示[J].调研世界，2014（1）

57.龙筱刚. 国外公共住房价格管制的比较及其启示[J].价格月刊，2010（11）

58.李春吉，孟晓宏.中国房地产市场结构和价格影响因素的实证分析[J].产业经济研究，2005（6）

59.李宁衍，楚建群，李听.香港政府房屋政策制定的市场效应[J]. Journal of US—China Public Administration，2005（6）

60.李珍贵.房价与地价争议评析及实证研究[J].中国土地，2005（8）

61.易宪容.非理性的繁荣[M].北京：北京大学出版社，2006

62.梁云芳，高铁梅.我国商品住宅销售价格波动成因的实证分析[J].管理世界，2006（8）

63.刘琳.房地产市场互动机理研究[D].哈尔滨工业大学博士学位论文，2002

64.罗是辉.基于 GWR 模型的城市住宅地价空间结构研究[D].浙江大学博士学位论文，2007

65.卢新海，王明.地价与房价的关系及稳定地价的对策[J].统计与决策，2006（1）

66.张祚，刘艳中，陈彪，朱清.新加坡公共住房发展研究：从“广厦”到“恒产”的智慧[J].建筑经济，2011（3）

67.明迪.房地产投机度比较及房价影响因素分析——北京、上海、天津、重庆的实证分析[J].北京大学硕士学位论文，2007

68.母小曼.土地市场中政府与开发商之间博弈[J].管理世界，2006（5）

69.刘斌，姜博.住房保障政策的国外文献及引申[J].改革，2013（1）

70.平新乔，陈敏彦.融资、地价与楼盘价格趋势[J].世界经济，2004（7）

71.任荣荣、刘洪玉.土地供应对住房价格的影响机理——对北京市的实证研究[J].价格理论与实践，2007

72.郭宝林.土地出让金对房价的影响[J].统计与决策（理论版），2007（7）

73.王阿忠.中国住宅市场的价格博弈与政府规制研究[M].北京：中国社会科学出版社，2007

74.王克强，王洪卫等.土地经济学[M].上海：上海财经大学出版社，2005

75.周京奎.我国公共住房消费融资现状、问题及模式选择[J].城市问题，2010（7）

76.刘斌，幸强国.我国公共住房、失业与劳动力参与意愿——基于一个延伸的奥斯瓦尔德假说的经验证据[J].财经研究，2013（11）

77.夏南新.单位根的 DF、ADF 检验与 PP 检验比较研究[J].数量经济技术经济研究，2005（9）

78.杨玉珍，文林峰.抑制房价过快上涨宏观调控政策实施效果评价及建议[J].管理世界，2005（6）

79.朱品.最复杂的商品——房产市场分析的理论引进与实证探索[D].复旦大学博士学位论文，2005

80.曾向阳，张安录.基于 Granger 检验的地价与房价关系研究[J].中国土地科学，2006（2）

81.周刚华.城市土地价格微观影响因素研究[M].北京：经济科学出版社，2005

82.管陵，葛扬.中国是否存在住房泡沫的“避难所”[J].当代经济科学，2013（2）

83.闫妍，成思危，黄海涛等.地产泡沫预警模型及实证分析[J].系统工程理论与实践，2006（7）

84.王鹤.基于空间计量的房地产价格影响因素分析[J].经济评论，2012（1）

85.赵丽丽，焦继文.房价影响因素的灰色关联度分析[J].统计与决策，2007（23）

86.高波，王斌.中国大中城市房地产需求弹性地区差异的实证分析[J].当代经济科学，2008（1）

87.张玉丽.从“效率优先，兼顾公平”到“效率与公平并重”[J].中共山西省委党校学报，2008（1）

88.顾金喜.“效率优先，兼顾公平”的收入分配原则：述评与反思[J].探索，2008（2）

89.杜雪君，黄忠华，吴次芳.中国土地财政与经济增长——基于省际面板数据的分析[J].财贸经济，2009（1）

90.辛鸣.论“中国特色社会主义制度”[N].北京日报，2011 年 7 月 25 日

91 张红，杨飞.房价、房地产开发投资与通货膨胀互动关系的研究[J].经济问题，2013（1）

92.孔煜，魏锋.预售对房地产开发投资的影响——基于中国房地产市场的考察[J].中央财经大学学报，2013（2）

93.谭小芬，林木材.人民币升值预期与中国房地产价格变动的实证研究 [J].中国软科学，2013（8）

94.Bosworth B.G. Burtless and J. Sabelhaus. The Decline in Saving: Evidence from Household Surveys. Brookings Papers on Economic Activities，1991（1）

95.Yukio Noguchi. Housing Markets in The United States and Japan. University of Chicago Press，1994

96.Abraham J.M and P.H. Hendershott. Bubbles in Metropolitan Housing Markets. Journal of Housing Research，1996（7）

97.Muellbauer J. and Murphy A. Booms and Busts in The UK Housing Markets. Economic Journal，1997（107）

98.D.Maclennan. Some Thoughts on the Nature and Purpose of House Price Studies. Urban Studies，2000（14）

99.Levin A, Lin C.F and C. Chu. Unit Root Tests in Panel Data: Asymptotic and Finite –Sample Properties. Journal of Econometrics，2002（108）

100.Scott Susin. Rent Vouchers and the Price of Low-Income Housing.Journal of Public Economics，2002（83）

101. Juan' er Zheng， Cifang Wu and Yangyang. Mechanism of The Reform of Land Granting Ways，Land Price and House Price in China. Proceedings of CRIOCM，2007

102.Angel M. and Gareia. L. Housing Prices and Tax Policy in Spain.Spanish Economic Review，2004

103.Barclay M.J.，Kandel E. and Marx L.M. The Effects of Transaction Costs on Stock Prices and Trading Volume. Journal of Financial Intermediation，1998（7）

104.Boelhouwer P.，Haffner M.，Neuteboom P. and Devries P. House Prices and Income Tax in The Netherlands: An International Perspective.Housing Studies，2004

105.Gabriel S.A.，Mattey J.P.and Waseher W.L.House Price Differentials and Dynamics:Evidence from the LosAngeles and SanFrancisco Metropolitan Areas.FRBSF Economic Review，1999（1）

106.Glaeser E.L.and Shapiro J.M.The Benefits for the Home Mortgage Interest Deduction.National Bureau of Economic Researeh. Working Papers，2002

107.Hoffmann R.，Ging L.C. and Ramasamy B.FDI and Pollution: A Granger Causality Test Using Panel Data. Journal of International Development，2005

108.lra K.S.,Pesaran M.H.and Skin Y. Testing for Unit Roots in Heterogeneous Panels.Journal of Econometrics，2003

109.John M. Quigley and Steven Raphael. Regulation and the High Cost of Housing in California[J].American Economic Review，2005

110.Brian B.Building Public Trust Through PPP.Internation Review of Administrative Science，2005

111.Kao C. and Chiang M. On The Estimation and Inference of A

Cointegration Tests in Heterogeneous Panels. Econometries Journal，2000

112.Larsson R.，Lyhagen J. and Lothgren M. Likelihood-Based Cointegration Tests in Heterogeneous Panels. Econometries Journal，2001

113.Levin A.，Lin C.F. and Chu C.S. Unit-Root Test in Panel Data: Asymptotic and Finite Sample Properties. Journal of Econometries，2002

114.Meen G.P.25 Years of House Price Modelling in The UK.What Have We Learnt and Where Do We Go from Here? The ENHR Conference in Cardiff，1998（9）

115.Meen G.P. Modelling Spatial Housing Markets:Theory,Analysis and Policy. Boston:Kluwer Academic Publishers，2001

116.Muth R.Urban Residential Land and Housing Markets .Perloff，Wingo（Eds.）Issues in Urban Economics.Baltimore:Johns Hopkins Press，1968

117.Noord P.V.D. Tax Incentives and House Price Volatility in the Euro Area:Theory and Evidence.Economic Internationale，2005

118.Seko M.Housing Prices and Economic Cycles:Evidence from Japanese Prefectures.Paper Presented in the Nexus Between the Macro Economy and Housing Workshop，2003

119.Tse R.Y.C.Housing Price，Land Supply and Revenue from Land Sales.Urban Studies，1998

120. Angus Deaton，Guy Laroque.Housing，Land Prices and Growth .Journal of Economic Growth，2001

121.Arthur Grimes，Andrew Aitken.Regional Housing Markets in New Zealand:House Price，Sales and Supply Responses，2006

122.C.Tsuriel Somerville.Residential Construction Costs and the Supply of New Housing Endogeneity and Bias in Construction Cost Indexes.Journal of Real Estate Finance and Economics，1999

123.Casey J. Dawkins,Arthur C. Nelson.Urban Containment Policies and Housing Prices: An International Comparison with Implications for Future Research.Land Use Policy，2002

124.Dale Johnson D.and W.J.Brzeski.Land Value Functions and Land Price Indexes in Cracow:1993-1999.Journal of Housing Economics，2001

125.Eddie C. M. Hui, Vivian Sze-man Ho. Does The Planning System Affect Housing Price?Theory and with Evidence from HongKong[J].Habitat International，

2003（27）

126.ManHui Chi. An Empirical Study of the Effects of Land Supply and Lease Conditions on the Housing Market:A Case of HongKong[J].Property Management，2004

127.Edwin Deutsch，Piyush Tiwari and Yoko Moriizumi. The Slowdown in the Timing of Housing Purchases in Japan in the 1990s[J].Journal of Housing Economics，2006（15）

128.Frederic Deng. Public Land Leasing and the Changing Roles of Local Government in Urban China[J].The Annals of Regional Science，2005

129. Fulong Wu. China’ s Recent Urban Development in the Process of Land and House in Marketisation and Economic Globalization[J].Habitat International，2001（25）

130.John M. Quigley and Larry A. Rosenthal. The Effeets of Land Use Regulation on the Price of Housing: What Do We Know? What Can We Learn? Cityscape: A Journal of Policy Development and Research，2005

131.MingLi Si and Youqin Huang. Urban Housing in China: Market Transition. Housing Mobility and Neighbourhood Change. Housing Studies，2006

132.Michelle Norris and Patrick Shiels.Housing Affordability in The Republic Of Ireland:Planning Part of the Problem or Part of the Solution ?Housing Studies，2007

133. Betsey Martens.A Political History of Affordable Housing. Journal of Housing and Community Development ，2009

南开大学出版社网址：http://www.nkup.com.cn

投稿电话及邮箱： 022-23504636 QQ：1760493289
QQ：2046170045(对外合作)

邮购部： 022-23507092
发行部： 022-23508339 Fax：022-23508542

南开教育云：http://www.nkcloud.org

App：南开书店 app

南开教育云由南开大学出版社、国家数字出版基地、天津市多媒体教育技术研究会共同开发，主要包括数字出版、数字书店、数字图书馆、数字课堂及数字虚拟校园等内容平台。数字书店提供图书、电子音像产品的在线销售；虚拟校园提供 360 校园实景；数字课堂提供网络多媒体课程及课件、远程双向互动教室和网络会议系统。在线购书可免费使用学习平台，视频教室等扩展功能。